Os filhos secretos de Deus

Annette Bruhns | Peter Wensierski

Os filhos secretos de Deus

Tradução de
ELENA GAIDANO

Prefácio da edição brasileira
REGINA SOARES JURCKEWICZ

CIP-Brasil. Catalogação-na-fonte
Sindicato Nacional dos Editores de Livros, RJ.

B916f Bruhns, Annette
    Os filhos secretos de Deus: filhas e filhos de padres contam sobre seu destino / Annette Bruhns e Peter Wensierski; tradução de Elena Gaidano. – Rio de Janeiro: Nova Era, 2006.

   Tradução de: Gottes Heimliche Kinder
   Anexos
   ISBN 85-7701-069-4

   1. Filhos de padres. 2. Filhos ilegítimos. 3. Igreja Católica – Clero – Comportamento sexual. 4. Igreja Católica – Clero – Conduta. I. Wensierski, Peter. II. Título.

06-0158   CDD – 262.14
                           CDU – 262.14

Título original alemão:
GOTTES HEIMLICHE KINDER

Copyright © 2004 Deutsche Verlags-Anstalt, Munique, parte de Verlagsgruppe Random House GmbH e SPIEGEL-Buch-Verlag, Hamburgo

Todos os direitos reservados. Proibida a reprodução, no todo ou em parte, sem autorização prévia por escrito da editora, sejam quais forem os meios empregados, com exceção das resenhas literárias, que podem reproduzir algumas passagens do livro, desde que citada a fonte.

Direitos exclusivos de publicação em língua portuguesa para o Brasil adquiridos pela EDITORA BEST SELLER LTDA.
Rua Argentina 171 – Rio de Janeiro, RJ – 20921-380 – Tel.: 2585-2000
que se reserva a propriedade literária desta tradução

Impresso no Brasil

ISBN 85-7701-069-4

PEDIDOS PELO REEMBOLSO POSTAL
Caixa Postal 23.052
Rio de Janeiro, RJ – 20922-970

Agradecimentos

Os autores agradecem a ajuda prestada por
Renate Bohlmann, Carmen Fritzsch, Merve Japes,
Ewa-Maria Lidsheim, Christiane Menter,
Frauke Muniz de Faria, Cornelia Rump e Judica Wesenick.

Nota dos autores

Christina, Christian, Günter, Miriam, Simone, Thomas e os pais do não-nascido — Maria e Volker — foram casos pesquisados por Annette Bruhns. Peter Wensierski documentou os relatos de Anna, os filhos de Bruno Ix, a mãe de Catharina, a família do pároco Martin, a mãe de Lena e Anton Aschenbrenner.

Sumário

Prefácio da edição brasileira   **13**

"Melhor seria se eu não existisse!"   **17**
   Anna, sobre a raiva de seu pai, da Igreja e de sua vida com eternas mentiras e jogos de esconde-esconde.

Ocultar, desmentir, acobertar: a sina dos filhos de padres   **21**

"Eu sou um ser que não deveria ter sido"   **49**
   Günter encontrou seu pai pela primeira vez aos 36 anos. A vergonha de sua existência foi escondida durante os primeiros nove anos de sua vida.

Resta o sonho com o pai   **75**
   Catharina não conhece seu pai. Ele pertence a uma Ordem religiosa e desapareceu antes do nascimento da filha.

Uma infância por detrás de máscaras   **93**
   O pai de Thomas era monge beneditino. Thomas ficou depressivo e, aos 17 anos, teve câncer.

A bomba-relógio ativada   **135**
   Pia e Florian são filhos de uma família que, na realidade, não poderia existir num presbitério católico.

O rejeitado 149
Aos 17 anos, Christian descobriu que seu pai clandestino, padre, tinha uma segunda amante secreta.

A voz de cima 157
O pai de Lena é padre. Ele tem autorização do bispo para cuidar da filha, mas não da mãe dela, sua mulher.

A criança que não devia vir ao mundo 165
Maria não levou adiante a gravidez de seu segundo filho com um capelão.

Dois homens e uma pequena dama 185
Christina cresceu com dois pais – o marido de sua mãe e o seu padrinho, que era padre.

"Esta Igreja não vai sobreviver" 203
Gabriella Loser Friedli fala a respeito de filhos de padres e de sua família com um religioso pertencente a uma Ordem.

"Sou filha do amor" 217
Miriam é filha de um padre que por amor a sua mãe abandonou sua Ordem.

"Este é seu filho!" 233
Dorothea nasceu em abril de 2003, filha de um padre católico e uma professora de religião evangélica. Seu pai foi imediatamente demitido por seu superior, o bispo, por ter assumido a criança e sua mãe.

O milagre de Dreiborn   247
Matthias e Anne foram criados na casa paroquial de Bruno Ix e sua governanta, como numa família normal.

Órfã e traída   259
O pai de Simone morreu quando ela estava com 11 meses de idade. Sua mãe lutou em vão durante 17 anos para receber uma pensão. A Igreja age como se o padre nunca tivesse existido.

"O trauma é transmitido"   267
O professor e psiquiatra infanto-juvenil Horst Petri, referindo-se à carga psicológica que recai sobre os padres e seus filhos.

A controvérsia em torno do celibato   287
A história de um conflito de proporções mundiais.

"Amor estrangulado"   301
Eugen Drewermann, teólogo de Paderborn, sobre os filhos de padres e pais religiosos.

Experiências acumuladas durante o trabalho neste livro   307

Endereços dos grupos   315

Prefácio da edição brasileira

Segredo, silêncio, conspiração!
É sabido que as relações sexuais entre padres e mulheres acontecem sob o manto da clandestinidade. No entanto, parece que o maior pecado não é a transgressão à norma eclesiástica do celibato, mas sim a quebra do silêncio que envolve as práticas afetivas e sexuais de padres católicos com mulheres. Há tolerância com aqueles que rompem o voto do celibato, desde que o segredo seja mantido.

Uma das palavras mais presentes no código de direito canônico é a palavra *escândalo* — grave acontecimento que abala a opinião pública — isto sim, a Igreja Católica não tolera. A transgressão pode ser perdoada, desde que mulheres e crianças se calem.

Os relatos vivos que este livro nos apresenta vêm confirmar que o grande mandamento da Igreja tem sido muitas vezes a normatividade do silêncio, e não a exigência do Amor.

Os filhos e filhas de padres cumprem um papel profético. Suas vidas denunciam a inviabilidade do celibato eclesiástico obrigatório. Enquanto os padres que infringem a lei do celibato continuam preservando sua identidade social que lhes dá prestígio, as mulheres são forçadas a esconder-se no anonimato e seus filhos/as são condenados/as ao silêncio. A vida que nasce como fruto de tais relações desvela a sexualidade clerical não submetida às normas eclesiásticas.

Sabemos que existem controvérsias no interior da própria Igreja sobre a manutenção ou não do celibato como lei. Ora, as razões que instituíram o celibato eclesiástico não são de ordem teológica. Os Evangelhos fazem referências aos apóstolos como homens casados. Pedro era casado. Jesus não precisou de homens celibatários para divulgar a Boa Nova! Portanto, razões de outra natureza, que não a teológica, são as que elevaram o celibato à condição obrigatória, entre elas a preservação do patrimônio da Igreja Católica e a influência da herança cultural maniqueísta que vê o corpo e o sexo como realidades intrinsecamente más.

De fato, o que está subjacente à intransigência da hierarquia católica, em não rever suas posições relativas a temas como o celibato obrigatório, a negação do sacerdócio feminino, a proibição do uso de anticoncepcionais, a condenação ao aborto em quaisquer circunstâncias e a recriminação às práticas homossexuais, é a vigência de uma moral sexual repressiva, que entende a sexualidade humana como uma ameaça à ordem divina e à lei natural e, por conseqüência, um mal que deve ser combatido.

Entretanto, a modernidade trouxe consigo mudanças significativas nos padrões culturais norteadores dos comportamentos humanos, des-naturalizando diferenças e valores que haviam sido construídos socialmente, ainda que apresentados como derivados de uma ordem natural. Um dos exemplos mais atuais em nossas sociedades é o crescente reconhecimento de que as mulheres não são *naturalmente* inferiores aos homens e por isso têm a mesma capacidade e o mesmo valor moral que os homens, tendo direito à autonomia e a fazer suas próprias escolhas. Esses processos questionam as construções da moral católica que historicamente tende a associar o corpo feminino ao pecado e ao mal, o que justifica, por exemplo, que o celibato eclesiástico seja em si mesmo um valor.

O tratamento e a análise das questões acima referidas requer que coloquemos o foco de nossa atenção muito mais na crise estrutural que a Igreja Católica vem enfrentando, no campo da moral sexual, do que na culpa individual de padres transgressores.

É necessário e urgente que a Igreja reconheça que há uma grande esquizofrenia entre seu discurso moral sexual e a conduta de seus membros. A hierarquia católica ainda não admitiu que tem em suas mãos um grave problema estrutural e que este problema não será resolvido enquanto continuar vigente uma política que conspira em favor do silêncio, ocultando escândalos ou fazendo calar aqueles/as que ousam criticar a omissão de autoridades eclesiásticas.

Se não bastassem as questões relacionadas à vivência sexual de padres com mulheres através de relações consentidas, nos últimos anos a imprensa brasileira e internacional noticiou inúmeras denúncias relacionadas ao abuso sexual e à pedofilia cometidos por padres contra mulheres e crianças.

O debate no Brasil ainda é recente, mas há uma grande sensibilidade social ao problema. Sem dúvida *Os filhos secretos de Deus* significará um estímulo importante para o amadurecimento dessas discussões em nosso país.

REGINA SOARES JURKEWICZ
Doutoranda do Programa de Ciências da Religião — PUC — SP
Membro da Coordenação de Católicas pelo Direito de Decidir
Autora do livro *Desvelando a política do silêncio:*
abuso sexual de mulheres por padres no Brasil
www.catolicasonline.org.br

"Melhor seria se eu não existisse!"

Anna,* sobre a raiva de seu pai, da Igreja e de sua vida com eternas mentiras e jogos de esconde-esconde.

Sombras repousam sobre meus olhos, para que ninguém veja neles o reflexo de meu coração e de minh'alma.

De um poema de Anna

No primário, as outras crianças me diziam freqüentemente: "Você nem tem um pai!" Então, eu ficava muito triste e sempre retrucava: "Toda criança tem um pai!" E aí elas perguntavam: "Ah, é, onde é que ele mora, então?" Todos os outros tinham seu pai em casa ou não e eu sequer sabia onde o meu morava. Então, inventava histórias quaisquer, de como ele era e onde vivia. E aí elas queriam saber: "Qual é a profissão dele?" Novamente, era obrigada a gaguejar e tartamudear.

Aos quatro anos, perguntei a minha mãe, pela primeira vez, onde meu pai estava. "Mais tarde, quando você for maior", ela respondeu. Um ano depois, minha mãe me disse que então poderia conhecer meu pai. "Devo te dizer logo agora, ou somente quando ele tiver chegado?"

---
*Nome fictício.

Achei que viria um homem totalmente desconhecido. Fiquei muito surpresa de perceber que era aquele que visitava minha mãe a cada seis ou oito semanas. Compreendi logo que, daquele momento em diante, a coisa giraria em torno do fato de que, no fundo, eu, na condição de sua filha, teria que protegê-lo.

Assim, comecei a mentir para as pessoas aos cinco anos de idade. E, afinal, era muito boa nisto. Ninguém percebeu nada. Desse modo, porém, se perde a desenvoltura da infância. Eu precisava fingir, era muito cansativo. Raramente me sentia realmente bem.

São tantos pequenos detalhes que constituem um pai. Estes me faltaram na vida, sinto carência deles. Ele nunca me cobriu à noite com o cobertor. E nunca vou poder suprir aquilo que me falta nesse sentido. Nunca mais vai ser possível construir esta proximidade.

Meu pai foi e sempre permaneceu apenas uma visita. Mesmo quando vinha, não estava mentalmente. Mais tarde, chegamos inclusive a sair de férias a três, algumas vezes. Mas a intimidade não era real. Tudo aquilo sempre me pareceu artificial. Então, encenava para todos a criança amorosa e gentil.

Contudo, nunca tive uma conversa com ele sobre assuntos realmente importantes. No fundo, não havia relacionamento. Para tanto, devia ter acontecido algum fato mais cedo. Com freqüência, tentei convencê-lo a vir me ver mais vezes. Mas, então, ele sempre só respondeu: "Quando eu tiver um tempo na minha agenda."

Algumas vezes, também fomos visitá-lo. Eu sentia nojo das pessoas ali, especialmente as mulheres que ficavam à sua volta e o colocavam sobre um pedestal. Teria gostado de chegar e dizer quem eu era. Ainda que eu fosse uma criança pequena, sabia mais sobre o padre daquela comunidade do que os outros membros. Aquilo era grotesco. Tudo era tão falso: à primeira vista, tudo parecia estar certo e correto. Não obstante, não havia nada de verdadeiramente certo. Então, eu nunca podia dizer nada. Durante as refeições, me dava vontade de vomitar.

Ainda creio em Deus, mas não acredito na Igreja. Ela prega o amor ao próximo, que ela mesma infringe. Os padres se fazem às vezes de pais para os outros, mas o meu só não pôde sê-lo para sua própria filha. Como é que poderia admitir que essa Igreja me ditasse como devo viver?

Meu pai e seus irmãos monásticos que conheciam o segredo sempre repetiam que sua situação era ruim. Ninguém nunca perguntou como é que eu me virava — por exemplo, com o medo de que as pessoas não pudessem lidar com a verdade. Por isto, não falei sequer para minha melhor amiga. Somente agora, que estou com 15 anos e tenho um namorado, é que criei confiança e lhe contei, algumas semanas atrás.

Depois que meu pai, após 13 anos de relação secreta com minha mãe, a deixou por outra, é que escrevi em meu diário, no ano passado: "Não posso me lembrar de ele ter feito alguma vez algo só por mim, sem o fazer por dever. Ele não passa de um babaca mentiroso! O principal é que ele consiga o que quer e está tudo bem para ele. Quero apenas ser absolutamente normal e ter um pai que me abrace e me proteja.

"Minha mãe e ele nunca deveriam ter dormido juntos, então eu não existiria e nada disso jamais teria acontecido. Seria melhor para todos. Não quero vê-lo nunca mais!"

Ocultar, desmentir, acobertar: a sina dos filhos de padres

Em fevereiro de 2003, os membros da comunidade de Sarceaux, um vilarejo de 825 almas na Normandia francesa, encontraram uma correspondência incomum em suas caixas de correio. "Isto não é publicidade, mas apenas um recado de um ser enraivecido", estava escrito acima de uma mensagem sucinta: "Nome e sobrenome de meu pai: Jean M. Profissão: padre." O remetente era Olivier, 33 anos, o mais velho de três filhos ilegítimos. "Talvez vocês achem repugnante que eu dedure alguém que vocês prezam. Mas é que já estou farto com o fato de que essa pessoa possa viver tranqüilamente, enquanto eu sofri e ainda sofro com essa situação."

A carta caiu como uma bomba. "Não tínhamos a menor idéia", disse uma anciã, moradora do vilarejo, sacudindo a cabeça. O bispo Jean-Claude Boulanger de Sées, que também recebera a missiva de Olivier, exortou o padre octogenário a reconhecer a paternidade. O padre caído foi suspenso do ofício e recebe sua pensão meramente por misericórdia. "Agora, a Igreja reage, mas o antigo bispo esteve a par da história o tempo inteiro", afirma Olivier, "aos 19 anos, me caiu nas mãos uma troca de correspondência entre ele, meu tio e meu pai — foi somente então que descobri quem era meu pai." Durante toda a sua infância, Olivier e suas irmãs consideraram que o pai tinha falecido ou estivesse preso.

De Dublin à Cidade do Cabo, de Montreal a Calcutá — em toda parte em que a Igreja Católica Apostólica Romana oficia, vivem filhos de padres, monges, bispos e cardeais. Eles representam o tabu mais bem guardado da Igreja. Oficialmente, não deveriam existir, porque as relações sexuais com mulheres são proibidas aos padres. Na linguagem do clero, essas crianças são chamadas desdenhosamente de "ladrões de templos", em latim, *sacrilegi*. Então, as relações são postas às avessas: enquanto que, do ponto de vista das crianças, a Igreja lhes rouba o pai, do ponto de vista da Igreja, são essas crianças que lhes roubam o padre.

Segundo dados de movimentos envolvendo pessoas prejudicadas pelo celibato, o número desses descendentes indesejados gira, somente na Alemanha, na casa dos milhares: de acordo com as estimativas, pelo menos 8.500 do total dos quase 17 mil sacerdotes católicos alemães — a metade — mantêm relações sexuais. Quantos dentre eles geraram filhos, isto ninguém sabe na Alemanha. Em contrapartida, na Suíça existe um número: 146 filhos de padres. Esses 146 filhos contados do clero se defrontam com os 3.078 padres existentes. Caso se transfira a relação existente na Suíça entre filhos de sacerdotes e sacerdotes para os padrões alemães, isto daria aproximadamente 800 crianças. Contudo, este número não inclui todas as crianças geradas, nem de longe — nem na Alemanha, nem na Suíça.

O número 146 foi apurado no ano de 2003 pelo movimento de mulheres suíças ZöFra (Associação das Mulheres Prejudicadas pelo Celibato), a pedido da Conferência dos Bispos. Todas essas crianças são conhecidas da ZöFra porque suas mães entraram em contato com o movimento. De acordo com a ZöFra, a maioria é menor de idade: esse número, portanto, não leva em consideração nem os filhos já adultos de padres, nem todos aqueles cujas mães jamais procuraram a ZöFra — seja porque desconhecem a existência da Associação, seja porque temem colocar em risco o segredo que as protege.

Esse número obscuro, portanto, poderia ser multiplicado. Provavelmente, vários milhares de pessoas de todas as idades vivem na Alemanha carregando o estigma de serem filhos de sacerdotes. Todos eles foram tratados pela Igreja, que defende a vida dos que não nasceram, como se fossem aquilo que segundo a Constituição não pode mais existir: bastardos sem nome.

Ocultar, desmentir, acobertar — este é o lema da Igreja em relação aos descendentes das próprias fileiras clericais. Em geral, eles crescem nas condições mais difíceis: suas mães devem educá-los sozinhas, com pouco ou absolutamente nenhum apoio financeiro por parte dos pais. Com freqüência, os filhos de padres devem renunciar totalmente à dedicação emocional de seus genitores. Ou, então, pagam por isto um preço insuportavelmente alto: o da mentira. Não podem confidenciar a ninguém quem é o seu pai, não podem falar com ninguém sobre o ponto central de sua vida — com freqüência, nem mesmo com seus avós, amigos ou professores.

Alguns anos atrás, foi publicado pela primeira vez um livro acerca das proles secretas da Igreja.[1] Os envolvidos receberam, quase todos, nomes fictícios. Em muitas comu-

---

[1] Karin Jäckel: *Sag Keinem, wer dein vater ist! Das Schicksal von Priesterkindern* [Não diga a ninguém quem é seu pai! O destino dos filhos de padre]. Bitter, Recklinghausen, 1992.

nidades, os sacerdotes passaram a advertir contra "o tecido diabólico de mentiras", conta a autora, Karin Jäckel. "Do púlpito, os párocos proibiram suas ovelhas de lerem o livro, e meu então editor recebeu cartas pedindo que fosse tirado de circulação." Senhoras mais velhas escreviam para Jäckel afirmando que era preciso se calar sobre esse assunto, ainda que se soubesse de crianças assim. Pelo telefone, pessoas desconhecidas da autora ameaçavam: "A gente vai pegar você. Uma pessoa como você não merece viver."

"Eu não queria somente forçar meu pai a reagir", justificou Olivier, filho de sacerdote francês, sobre a revelação de seu genitor, "mas, acima de tudo, a Igreja, com sua hipocrisia. Quero que ela possa compreender o sofrimento de todos os filhos e mulheres de párocos." "Vamos acabar com o segredo e a dissimulação", reivindicam também os filhos de padres alemães. Eles é que têm que pagar o pato, quando seus pais não conseguiram manter sua promessa de viver em abstinência — com uma infância desprovida de pai e a sensação de ter estragado a vida de seus pais. Bem cedo, perdem o gosto pela crença de seu pai — pela Igreja que ignora sua existência, porque "Eu sou alguém que não deveria ter sido", conforme diz o bávaro Günther, filho de sacerdote.

"Não sou filho do pecado, sou fruto do amor", assim o sexagenário desafia a doutrina da Igreja (ver página 49). A mãe de Günther, filha de camponeses, viveu a vida toda sem conseguir aceitar a perda de seu amor proibido pelo pároco do vilarejo. Ela descontou sua frustração em Günther, que pariu em segredo. Dois dias após o parto, o levou para Munique, para uma família de criação. Aos nove anos de idade, Günther pôde voltar para o sítio materno: como um criado barato.

Christina, 21 anos, de Osnabrück, desafia: "Ninguém mais deve ficar envergonhado, nem os filhos, nem as mães, nem os pais" (ver página 185). Ela própria nunca sentiu vergonha. Christina cresceu com dois pais — o marido de sua mãe e o padre Walter, que sua mãe amava e que era o pai "biológico" de Christina. Por "medo diante das reações dos circundantes", diz a mãe de Christina, Susanne, ela ocultou durante muitos anos a verdadeira relação de parentesco. "Além do mais, Walter não queria abrir mão de seu ofício."

Normalmente, a privação do pai durante a infância gera um "trauma" para os envolvidos, afirma o psiquiatra infanto-juvenil Horst Petri. Em muitos filhos de padres, o fato de manter secreta a identidade do pai acrescenta ainda outra problemática específica. "Em relação a este assunto particular, considero que a tragédia é o pesado complexo de culpa e de vergonha que todos os envolvidos carregam: pai, mãe e filho. Isto pesa muito mais sobre essas crianças do que, por exemplo, em crianças de pais separados ou divorciados" (veja a entrevista na página 267).

Durante a puberdade, o filho de padre Christian, de 38 anos, teve bulimia — uma doença psíquica que pode levar à morte (ver página 149). Por um lado, Christian ficou sabendo ainda criança que o amigo de sua mãe era o seu pai — mas, ao mesmo tempo, seus pais lhe impuseram um silêncio absoluto sobre sua origem. Muitos daqueles que compartilharam o destino de Christian se queixam de depressão ou de distúrbios como enxaqueca ou asma. Um garoto de nove anos chegou inclusive a perder a fala e a ficar mudo quando descobriu que o padre que ele anteriormente sempre chamara de "tio" era, na realidade, seu pai.

Thomas, 26 anos, de Tutzing, no lago Starnberger, acredita que o câncer que lhe foi diagnosticado aos 17 anos de idade foi conseqüência de seu silêncio, que durou anos (ver página 93). Ele sarou de seu tumor, mas se pergunta permanentemente se poderá realizar seu grande desejo de encontrar uma esposa. "Com os meus pais, cada abraço parecia fingido", recorda, "nunca fomos uma família normal." Ele também só ficou sabendo aos nove anos que o chefe de sua mãe, professora numa escola conventual, era seu pai.

Certos filhos de padres chegam a se torturar com pensamentos suicidas. Alguns escolhem esta última saída. Marc Bradfer, 44 anos, filho de padre francês, divulgou seus sofrimentos no outono de 2003, depois do falecimento de sua mãe, numa biografia avassaladora.[2] Para Marc, casar ou ter filhos está fora de questão. Em 1976, um de seus irmãos enforcou-se. Vergonha e sentimentos de culpa oprimiam igualmente todos os oito irmãos. A mãe de Marc ficou tão amargurada que "no dia das mães jogou pela janela do banheiro as flores que recebeu de mim e de meu irmão, com vaso e tudo". Na Suíça, uma mulher freqüenta a missa todo domingo unicamente para ficar sempre lembrando a seu ex-amante, no púlpito, o suicídio de seu filho.

Muitos filhos de homens que, aos domingos, fazem a leitura das pastorais contra o aborto, nunca vieram à luz. Maria, 43 anos, e Volker, 56, colocaram à disposição sua correspondência sobre o período amargo em que o então capelão de 32 anos coagiu sua jovem amada a interromper a gravidez com a ameaça: "Ou a criança morre, ou eu" (ver página 165). "A

---

[2] Marc Bradfer: *Fils de Prêtre. L'Etreinte et l'Eternité* [Filhos de sacerdotes. O abraço e a eternidade]. Elytis Edition, Cestas, 2003.

ferida nunca sarou", afirma o casal, que atualmente vive separado, a despeito do nascimento de outros filhos. Depois daquele "assassinato", Maria nunca mais pôde comungar.

O que muitos dos envolvidos ocultam é que a culpa da desgraça de seus filhos atinge primeiramente os pais. Mulheres que se envolvem com padres sabem que esta é uma aliança tão funesta quanto a com um homem casado. Por outro lado, os padres têm a clareza de que seu empregador se negará a abençoar seu amor e, caso fiquem do lado de sua família, até os despedirá.

"Ninguém poderá dizer que a Igreja é a culpada", diz Miriam, 31 anos, filha de um padre que, muito antes de seu nascimento, abandonou seu ofício para casar com a mulher de seu coração (ver página 217). "Muitos padres que se vêem numa situação como essa usam a Igreja má somente como desculpa — são tipos que abandonam seus filhos ou obrigam suas namoradas a abortar. Qualquer indivíduo adulto é responsável por sua vida e pela vida das pessoas que são importantes para ele."

Muito embora as mulheres que se envolvem com padres sem adotar medidas de prevenção sejam cúmplices, elas passam mais tarde a ser vítimas, quando suas crianças vêm ao mundo. A minoria dentre elas resolve se desfazer de seus filhos — como o fez a mãe de Günther. Em vez disto, procuram substituir-lhes o pai tanto quanto possível e zelar sozinhas pelo seu bem-estar.

Já no caso dos pais, a coisa é totalmente diferente: freqüentemente, eles fogem de sua responsabilidade em todos os aspectos. Algumas mães de filhos de clérigos travam batalhas humilhantes para receber pensão e alimentos. A mãe de Catharina, de quatro anos de idade, teve primeiramente que mandar determinar de maneira incontestável, por meio de teste de DNA, a paternidade do religioso que a engravidou. Depois, o advogado da Ordem declarou que, infelizmente, o monge era pobre demais para lhe pagar pensão. Após mais de dois anos de pendengas judiciais, a mãe solteira obteve finalmente o direito a alimentos para Catharina, formulados como uma surra jurídica: 158 euros por mês (ver página 75).

A mãe de Anna, de 17 anos, teve que assinar um acordo de silêncio e mandar autenticar o documento de quatro páginas pelo tabelião, antes que a Ordem de seu pai lhe concedesse o pagamento de uma pensão alimentícia reduzida, sem direito real. Esta prática não é rara, especialmente no caso de frades que não recebem um salário mensal como os padres. A maldade do bom pastor encontra-se na página 3: a obrigação "de manter silêncio absoluto acerca do conteúdo deste acordo" (ver figura 1). Caso contrário, se houver "quebra da obrigação de silêncio", cabe indenização. A mãe de Anna: "Minha filha e eu éramos para o abade e sua Ordem apenas um número de conta bancária, na qual se deposita dinheiro." O comentário de Anna: "Simplesmente, nós não devíamos existir" (ver página 17).

Ursula Köhler-Bladeck, 57 anos, foi internada numa clínica, em 1992. Motivo: severa síndrome do pânico em decorrência de uma batalha de um ano de duração envolvendo o pagamento de uma pensão de órfã para sua filha. "Minhas mãos começavam a tremer assim que voltava a receber uma daquelas cartas", conta a mãe, "nas quais os assim chamados representantes de Cristo distorciam a verdade para afastar de si sua responsabilidade em relação à minha filha." Ursula lutou durante 17 anos por uma pensão de órfã para sua filha Simone, hoje com 25 anos (ver página 259).

Então, desistiu. "Contudo, ainda considero levar o caso ao tribunal europeu."

O pai de Simone sofreu um desastre fatal quando ela estava com exatamente 11 meses de idade. Inicialmente, pareceu que sua viúva ilegítima tivera sorte na desgraça: pouco tempo antes, o pai da criança, cujo nome não constava na certidão de nascimento, reconhecera sua paternidade junto a um tabelião. Por isso, parecia inequívoco o fato de que seu empregador, a arquidiocese de Paderborn, devesse assumir o pagamento de uma pensão de órfão — afinal, as Igrejas na Alemanha são obrigadas legalmente a contribuir com um fundo de pensão para seus padres.

Não obstante, sucedeu diferente. "Os advogados da Igreja alegaram que o pai de Simone não tinha sido incardinado — portanto, admitido." A mãe considera que seja uma escusa, na medida em que, antes de seu falecimento, seu companheiro já havia trabalhado por dois anos em Paderborn. Seu chefe anterior, um bispo polonês, esclareceu, por sua vez, que ele excardinara o sacerdote e que os alemães é que eram responsáveis — burocracia "cristã" à custa de uma criança inocente.

O posicionamento moral da Igreja foi esclarecido ao advogado da mãe de Simone pelo seu consultor jurídico no Natal de 1988: "Não é absolutamente compreensível que o arcebispado pague para os filhos de padres que renegaram a obediência prometida ao arcebispo e que romperam seus votos."

Em vez da pensão, o pároco do vilarejo entregou à mãe de Simone, por ordem do arcebispo, uma esmola — 500 marcos. Naquela época, Ursula se desmanchou em lágrimas. "O Serviço de Assistência aos Menores calculou 100 mil marcos para Simone", afirma, "mas os mentirosos saíram vitoriosos, inclusive diante do juizado federal." Em seu desespero, escreveu a todos os políticos democrata-cristãos importantes, a Ernst Albrecht, então ministro-presidente* da província federativa de Baixa-Saxônia, ao chanceler Helmut Kohl e até ao presidente da República. "Richard von Weizäcker nos enviou 500 marcos."

Knut Walf, jurista alemão especializado em assuntos da Igreja e que vive nos Países Baixos, aceitou o caso em 1988. Depois de quatro anos, também desistiu. Nenhuma instância se sentia responsável pelo esclarecimento: nem a Conferência Alemã dos Bispos, nem a Congregação Eclesiástica em Roma, nem a Assinatura Apostólica — o tribunal da própria Igreja. Eis a declaração de Walf: "Segundo todas as regras, num caso de conflito dentro da Igreja Católica, sucumbe o mais fraco na hierarquia. Na prática, todos os esforços num processo envolvendo um conflito com um bispo ou contra um metropolita posicionado acima do bispo, ou até mesmo em Roma, são de antemão fadados à falta de perspectiva de sucesso."

Em outras palavras, quem reivindicar pensão alimentícia para um filho de padre, quem se esforçar para ser readmitido no serviço religioso após ter quebrado o celibato, encontra-se num espaço sem lei. "Fica-se dependente da boa vontade do respectivo bispo — alguns são humanos, outros, menos", afirma Walf.

Esta insegurança jurídica torna a situação imprevisível para ambos os genitores: na medida em que, com freqüência, também as mães são funcionárias da Igreja, havendo

---

*A figura do ministro-presidente equivale, aproximadamente, ao nosso governador de estado. (N. da T.)

divulgação do pai de seus filhos, elas também correm o risco de serem demitidas. No caso do filho de padre Thomas, isto que é o maior desastre possível para uma família aconteceu quando ele já estava com 12 anos de idade, e sua irmã com nove: sua mãe, Gisela Forster, era professora na escola conventual que seu pai dirigia. Quando este foi declarado chefe de família, ambos foram demitidos sem aviso prévio.

O sindicato dos professores (GEW) apoiou então a impugnação da demissão da senhora Forster até diante do tribunal constitucional. Karlsruhe se fez esperar uma década, e então declarou: a ação não é cabível. "A Igreja", opina a doutora filósofa, "goza ainda, neste país, de um *status* especial." Sendo que, naquela época, seu salário regular de professora era subvencionado em 80 por cento por dinheiro proveniente de impostos. O mesmo aconteceu com o pai, sendo que, posteriormente, o convento não mais se responsabilizou pela sua pensão de alimentos, muito embora a Ordem tenha recebido do Estado, durante decênios, a subvenção para seu ordenado de professor de nível superior.

A opinião, bastante difundida nos círculos católicos, de que a Igreja possui um caixa clandestino para sustentar os filhos de seus padres provou ser mero boato em todos esses casos. As respostas foram sempre as mesmas: "Não há, nem nunca houve, em nosso bispado, caixas secretos próprios para alimentar os filhos dos padres."

"A Igreja premia os padres que se separam de mãe e filho", afirma o ex-padre Anton Achenbrenner, "e pune aqueles que se posicionam do lado deles."

Natural de Passau, aos 41 anos de idade, ele ainda sofre da vingança de seus antigos superiores, pelo fato de ter se posicionado a favor de sua namorada grávida, no Dia de Reis de 2003 (ver página 233). Depois de ser suspenso do ofício, todas as tentativas do jovem pai de trabalhar profissionalmente junto a organizações próximas à Igreja foram evidentemente impedidas por um veto vindo de cima. Quando, desesperado, se converteu para a fé evangélica, para poder assumir uma posição de professor de religião desta confissão, o bispo mandou transmitir este recado por meio de seus colegas evangélicos: será que ele não sabia que um convertido não pode ser empregado em sua antiga diocese? Depois de apenas quatro semanas de emprego num ginásio estadual, Aschenbrenner viu-se novamente desempregado.

Em contrapartida, um tipo como o pai de Lena, de quatro anos de idade, é premiado. O padre procurou oficialmente a autorização de seu bispo para poder visitar sua filha como um pai divorciado. Em troca, prometeu a seu chefe interromper o contato íntimo com a mãe de Lena. Assim, a garotinha cresce envolta num grande segredo — porque, como antes, seu pai fica freqüentemente para passar a noite. Se Lena não aprender muito cedo a se calar, então seu pai poderá perder o emprego (ver página 157).

Só é possível fazer conjeturas a respeito dos motivos que levam a este posicionamento pouco cristão da instituição. O clero se cala terminantemente a este respeito. Em relação a um artigo sobre filhos de sacerdotes publicado na revista *Spiegel*, n° 52/2002, o cardeal Karl Lehmann somente colocou em dúvida o número estimado de violadores do celibato e de filhos: "Estes números estão totalmente fora da realidade." Fim da declaração. A Conferência dos Bispos concordou com este veredicto, mas acrescentou que "a violação do voto de castidade também acarreta, com freqüência, conseqüências humanamente muito graves".

Um ano mais tarde, a Conferência dos Bispos não fez nenhum progresso: "Não podemos citar números, porque não nos foi apresentado nenhum. Isto é assunto dos bispados."

Contudo, é muito diferenciada a política de informação dos 27 bispados em relação a este assunto espinhoso. O bispado de Eichstätt não quer absolutamente se manifestar. O bispado de Berlim alega que os números acerca de tais crianças não podem ser encontrados, porque "os padres envolvidos não notificaram o bispo sobre seus filhos". Somente uma criança teria sido comunicada. Munique declara quatro, Osnabrück, três, Paderborn, dois, e Essen, cinco filhos de padres — 20 bispados não acusam descendente algum ou não respondem.

À soma infimamente reduzida de 15 filhos de padres declarados se contrapõem outros números oficiais, que acenam para a real dimensão do problema. Assim, no arcebispado de Paderborn, desde 1968, 110 padres abandonaram seu ofício por causa de uma mulher; no pequeno bispado de Osnabrück foram 40 desde 1963; e, em Essen, desde 1958, foram exatamente 118. No bispado de Essen, conforme confirmou o porta-voz local, nos últimos 45 anos, um quinto de todos os religiosos pôs oficialmente um fim a seu celibato. Caso não fossem 20 por cento, como no bispado de Essen, mas apenas dez por cento de todos os 27 mil sacerdotes que haviam por volta de 1960 — os que abandonaram seu ofício por causa de uma mulher —, então isto já somaria 2.700 padres na Alemanha — e muitas mais crianças, já que a minoria constitui famílias de uma prole só.

Outro fato está indissoluvelmente ligado a isto: na Alemanha, estão faltando servidores para a Igreja. Ela se agarra a qualquer um que se propõe a fazê-lo. Isto porque os remanescentes devem tapar o vazio deixado pelos seus colegas que se retiraram e elevar sua cota de trabalho que, independentemente disto, já é elevada. As estatísticas para a Alemanha ainda indicavam, no fim de 2002, a existência de 16.777 padres católicos, sendo que 14.479 padres seculares e 2.298 padres pertencentes a Ordens religiosas. Na realidade, contudo, restam somente 9.368 religiosos ativos para as 13.099 paróquias. Isto porque o número total inclui pensionistas e aqueles que, por exemplo, trabalham em escolas. Quando comparado com os dados de 1960, a Igreja Católica apresenta cerca de 10 mil religiosos a menos. E não há esperança de alívio: o número dos novos candidatos ao ofício de padre se reduz constantemente. Se, em 1983, ainda 829 jovens se propunham a servir em bispados alemães, em 2002 somente 242 queriam fazer o mesmo — aproximadamente 70 por cento a menos.

Na medida em que o pessoal que se mantém no ofício está ficando velho — a média etária dos eclesiásticos já gira, em algumas dioceses, em torno dos 60 anos —, as aposentadorias que já são iminentes acarretarão outro déficit. A Igreja já pratica hoje o que acontece na República Federativa: aposenta seus sacerdotes o mais tarde possível, com freqüência, somente aos 70 anos. E há muito tempo existe uma solução de tipo *green-card* no seio da Igreja: cada vez mais, sacerdotes provenientes da Índia ou da Polônia fecham as lacunas existentes em matéria de pessoal.

Magdeburg, o quarto maior bispado da Alemanha, ilustra bem a situação vigente: em 2003, ainda havia meros 150 sacerdotes para os 150 mil católicos, e, em 2010, eles serão apenas 80. Nos tempos da RDA, ainda havia 300. "Necessitamos urgentemente de párocos mais jovens!", queixa-se o bispo sufragâneo Gerhard Feige, de Magdeburg. Talvez esta necessidade também seja um dos motivos pelo qual a Igreja adota qualquer meio para manter seus sacerdotes — mesmo quando estes têm, na verdade, uma família para sustentar.

Uma das causas para a falta de sacerdotes é a lei que torna o ofício tão pouco atraente: o celibato, a obrigação do sacerdote de viver em abstinência (ver página 287, "A controvérsia em torno do celibato"). E isto não acontece somente na Alemanha. De acordo com uma estatística do próprio Vaticano, durante os últimos 40 anos, aproximadamente 65 mil eclesiásticos do mundo inteiro — sacerdotes, monges, bispos — deram entrada em Roma ao requerimento para reassumirem a condição de leigos — quase sempre, para casar. Acrescenta-se a isto outros 10 mil que, em função de uma mulher ou de um filho, simplesmente abandonam o ofício, sem se submeter ao aviltante processo laicizador.

"Seria possível abolir o celibato com uma canetada do papa", diz Heinz-Jürgen Vogels, teólogo católico e historiador da Igreja. "Esta obrigação não está fundamentada nem numa mensagem de Cristo, nem na Bíblia." Em vez de ideais de fé, Eugen Drewermann, proeminente crítico da Igreja, atribui aos que zelam pelo voto milenar um frio cálculo de poder (ver página 301): "Não há nenhuma justificativa teológica, a não ser a finalidade de separar o homem de Deus, a alma do corpo, os sacerdotes da comunidade. Enfim, que se queira exatamente a divisão entre o pensar e o sentir, para que se possa usá-la como poder político."

Os próprios praticantes consideram, há muito, o celibato como um velho costume atrasado. Em todas as pesquisas de opinião relativas a este assunto, a maioria esmagadora — ora 80, ora 90 por cento — se posiciona contra o solteirismo forçado de seus pastores. Políticos católicos, como Heiner Geissler ("O celibato não é um evangelho") e Rita Süssmuth, também criticam a lei, o mesmo acontecendo com grandes associações como o Comitê Central dos Católicos Alemães ou grupos de reforma dentro da Igreja, como Nós Somos a Igreja e Igreja de Baixo.

Peritos no assunto consideram sua revogação como uma questão humanitária. "O celibato compulsório causa danos sérios e extremamente graves à psique das mulheres e homens atingidos por esta lei", afirma o psicólogo da pastoral de Nuremberg e ex-sacerdote Wynfrith Noll, que analisou muitos antigos colegas. "Nos pacientes que me procuraram, descobri, como conseqüências, depressões, tóxico-dependência, neuroses obsessivas, principalmente cleptomania e compulsão de limpeza."

O alcoolismo, amplamente difundido entre muitos daqueles que quebram o voto de castidade, representa uma pesada hipoteca para seus filhos. "Não sei o que mais oprimiu meu filho", afirma a presidente da ZöFra suíça, Gabriella Loser Friedli, que manteve uma relação secreta com um sacerdote ordenado durante 22 anos, "se a clandestinidade ou o abuso de álcool de seu pai" (ver página 203). Já aos seis anos de idade, seu filho declarou que não queria mais viver. Àquela altura, ele já vira diversas vezes o pai estendido "como morto" no chão. Cenas deste tipo traumatizaram muitos filhos de padres, ainda que eles não gostem de falar sobre o assunto publicamente: evidentemente, o alcoolismo é impregnado de um tabu ainda maior que a quebra do celibato.

"Por um lado, muito sofrimento, muita depressão e muito desespero; e, por outro lado, insinceridade, ambigüidade e dissimulação invadiram o coração de muitos padres em relação ao celibato", esclarece Wunibald Muller, diretor de uma instituição terapêutica para sacerdotes psiquicamente esgotados, na abadia de Münsterschwarzach. O terapeuta interpreta o apego de sua clientela à bebida como uma tentativa de fuga.

A despeito de todas as críticas, o papa João Paulo II se ateve inexoravelmente ao mandamento do celibato: "O valor do celibato enquanto presente do Senhor à sua Igreja deve ser protegido cuidadosamente." Os seus subordinados de muitos locais diferentes têm outra opinião e a divulgam publicamente. Bispos britânicos, canadenses, brasileiros ou australianos consideram conveniente a supressão do celibato compulsório. Somente a Alemanha quer ser mais papalina que o papa — nenhum dos 27 bispos e arcebispos alemães quer mexer no celibato. O bispo de Speyer, Anton Schlembach, chamou recentemente a crítica de Geissler, homem da CDU,* de "irresponsável disparate". O "celibato por amor ao reino do céu" seria "uma decisão livre".

Somente um antigo bispo aposentado, Hermann-Josef Spital, se atreveu, por ocasião do jubileu de 25 anos do papado, em outubro de 2003, a mexer novamente na ferida: o celibato seria "uma questão que deve ser discutida. Nas escrituras está escrito que não é bom que o ser humano seja só e, por isto, Deus colocou Eva ao lado de Adão. Aí, já surge o questionamento sobre o fato de a Igreja poder transformar a solidão do homem em ideal. Eu acho que precisaríamos encontrar, neste caso, soluções mais flexíveis".

---

*CDU — Sigla para Christlich-Demokratische Union [União Democrata-cristã], partido político alemão. (*N. da T.*)

A flexibilidade mostrada até agora pela Igreja Católica mais parece escárnio para os padres desesperados com o celibato: assim, o pastor evangélico ou anglicano que se converter para o catolicismo pode se mudar para o presbitério juntamente com sua família.

Portanto, a Igreja Católica conhece perfeitamente o padre não celibatário. De modo geral, esta instituição parece ser imbatível no que diz respeito a criar exceções para confirmar a regra. Uma, dentre elas, é o caso do pároco Bruno Ix, em Eifel. Aproximadamente 20 anos atrás, o religioso, que hoje está com 67 anos de idade, teve vontade de ser pai — e pôde realizá-la: foi-lhe permitido acolher no presbitério uma governanta juntamente com seu filho ilegítimo. Daí em diante, o garoto, Matthias, passou a chamar o pároco Ix de "papai". Na medida em que o experimento se desenvolveu tão bem, Ix se atreveu a fazer uma nova investida: queixou-se junto ao bispo de que a criança se sentia muito só. Seria possível lhe conceder recolher outro filho de criação, de preferência, um bebê? O milagre católico aconteceu: um ano mais tarde, lá estava uma garotinha, Anne, que, depois da missa, queria ir para os braços paternos do pregador (ver página 247).

Em 1999, o pároco Ix publicou suas idéias para uma Igreja renovada, numa biografia (*Ein Priester bricht das Taber des Schweigens* [Um sacerdote quebra o tabu do silêncio]). Três dentre essas idéias estão dedicadas ao celibato: que os padres casados possam continuar a exercer seu ofício; que os sacerdotes celibatários e casados — e até sacerdotisas! — trabalhem juntos nas comunidades e, acima de tudo: "Não há mais filhos de padres abortados somente por causa do celibato compulsório."

Ix sabe que sua forma especial de família sacerdotal ampara o sistema que é sagrado para os bispos alemães: a lenda da casta dos sacerdotes puros. Isto porque, o que acontece na casa de Ix também se dá em muitos presbitérios alemães — com a sutil diferença de que as crianças que vivem ali sob o mesmo teto que o pastor da comunidade católica são realmente seus filhos carnais. Com freqüência, todos o sabem ou o intuem: os freqüentadores da igreja, os superiores da paróquia e até mesmo o bispo. Contudo, todos preservam o tabu. Os que sofrem as conseqüências são as crianças: "Sua alma está sempre oprimida", diz a mãe de duas crianças de presbitério deste tipo, no sul da Alemanha (ver página 135), "e a minha também."

Um ex-clérigo de Nordrhein-Westfalen, casado e feliz, qualifica de ilusão religiosa o acoplamento do sacerdócio e do celibato. Com isto, "a Igreja criou um reduto potemkinesco de dimensões difíceis de avaliar. Se todos os sacerdotes que não podem viver seu celibato sem compromissos procurassem amanhã seu bispo e pedissem para serem dispensados de seu serviço, depois de amanhã o problema todo estaria resolvido".

Contudo, acontece o contrário. Mais do que em qualquer outra parte, o lema que parece prevalecer nos bispados alemães é: "O que os olhos não vêem, o coração não sente." É bem verdade que a Espanha católica também está familiarizada com a relação com governantas, "os filhos em comum são, então, sempre seus sobrinhos", reconhece Magdalena, amante de padre espanhol. Em contrapartida, na Grã-Bretanha, França ou até mesmo nos Países Baixos liberais, mundos paralelos deste tipo são impensáveis: as mulheres que têm ligação com padres locais "desconhecem" famílias de presbitério secretas. Os relacionamentos com governantas são quase impossíveis, inclusive pelo fato de que, em muitas paróquias, as contribuições recolhidas no saquinho do ofertório não são suficientes sequer para contratar uma faxineira.

Assim, talvez também o dinheiro seja o fator determinante que torna as relações alemãs mais suportáveis. Pagamentos de pensões alimentícias a filhos secretos de padres na França? "Altamente problemático", diz Elisabeth, porta-voz de Plein Jour, o movimento de mulheres francesas. "Na França, os sacerdotes não dispõem dos meios próprios necessários. Seu pagamento provém dos donativos da comunidade e, normalmente, é inferior à quantia mínima estipulada pelo Estado para os salários. No caso de demandas de pensão, o pai secreto deve ser revelado, porque somente assim é possível reclamar seu pagamento — junto da própria diocese."

Em vez disto, na Alemanha, o Estado recolhe o dízimo bíblico junto aos membros da comunidade: o imposto da Igreja presenteou a Igreja Católica, na Alemanha, com aproximadamente 4,3 bilhões de euros em 2002, e a Evangélica com 4,1 bilhões. Os curas católicos e os evangélicos são remunerados como professores do ensino médio. E, contrariamente ao que acontece com seus colegas franceses ou húngaros, mesmo no caso de uma suspensão do ofício eles ainda têm direito a receber pensão, como qualquer ex-servidor do Estado.

Além disso, na Alemanha, os bispos e cônegos são pagos pelo Estado — a título de compensação pelo confisco dos bens da Igreja pela secularização ocorrida em 1803. Um disparate antiqüíssimo que, de acordo com a opinião de muita gente, deveria ser eliminado urgentemente. Um bispo ganha anualmente aproximadamente 100 mil euros. Em numerosos estados alemães, os curas também são alimentados pelo Estado por este motivo.

A resistência civil contra a violência da instituição da Igreja cresce em toda a Europa. O fato de, entretanto, a ZöFra, o movimento das amantes de padres na Suíça, ser levada extremamente a sério nos círculos internos da Igreja, está relacionado a dois dramas infantis particularmente espetaculares. Em junho de 1995, um bispo suíço abandonou seu ofício por causa de um filho ilegítimo. Ao mesmo tempo, o filho de padre Jean-Bernard Modoux também se manifestou na imprensa: o professor proveniente de Pully, perto de Lausanne, então com 44 anos de idade, revolvera os arquivos da Igreja depois da morte de seu pai. Daí depreendeu que seu pai clérigo enviara sua mãe para a Inglaterra para o parto. Quando ela regressou com o bebê, ele mandou internar sua amada numa instituição psiquiátrica, com o auxílio do médico do vilarejo. Ela permaneceu lá durante 40 anos — vítima de uma lobotomia. Modoux cresceu com pais adotivos. Hoje em dia, a mulher, que pesa uns 100 quilos, não reconhece o filho quando ele vai visitá-la.

Na Grã-Bretanha, também, o movimento de mulheres Seven-Eleven ganhou novo fôlego depois que uma mulher, que foi engravidada ali por um padre, resolveu divulgar o caso na revista inglesa *Guardian*, em 2003, depois de dez anos de silêncio: no dia 2 de setembro de 1993, padre Sean Seddon deitou-se nos trilhos, na rural Gloucestershire. À uma e meia da manhã, o trem para Swindon o atropelou. Motivo de sua autopunição: a morte do embrião gerado por ele "na minha barriga", conforme escreveu a mulher, que logo se viu "perseguida pela Igreja". O porta-voz da diocese do falecido, padre

John Lloyt, aconselhou a infeliz a abandonar a região. Oficialmente, o religioso mandou comunicar que "o celibato não é um problema para aqueles dentre nós que rezam". Evidentemente, ele próprio não se ajoelhava suficientemente de mãos postas: o mesmo padre John cumpre hoje uma pena de prisão de oito anos, pelo estupro de uma garota de 16 anos de idade, além de outros abusos sexuais.

Membros do Seven-Eleven estão sempre colocando notas impressas na coleta, em vez de uma cédula de dinheiro: *Não posso colaborar com um donativo enquanto mulheres não forem admitidas em papéis de destaque e não forem ordenadas na Igreja Católica Apostólica Romana — inclusive no ofício de padres.* "Caso todas as freqüentadoras da Igreja participassem desse boicote", afirma Anne, porta-voz do Seven-Eleven, "a Igreja não poderia mais admitir homens, inclusive por motivos financeiros: a formação de um sacerdote custa-lhe 75 mil libras."

Existe, na Grã-Bretanha, em Northamptonshire, até um *hotline* nacional para filhos de sacerdotes e suas mães, o Sonflowers. Sua dirigente, Adrianna Alsworth, de 47 anos, é ela mesma interessada. "Depois de ter tido minha situação revelada involuntariamente pela imprensa, em 1996", diz, "resolvi usar minha posição para ajudar outras pessoas." Ela já teria auxiliado algumas dezenas de mulheres e, neste contexto, sempre teria esbarrado com as mesmas estruturas, o "jogo da dissimulação", conforme ela o chama: "Assim que a coisa se torna pública, os envolvidos notam que, na realidade, todos já estavam a par — os parentes, os amigos, os membros da Igreja. Contudo, eles são incapazes de violar a condenação ao silêncio." Esta é sua definição dos religiosos hipócritas: *"A priest is someone everybody calls father — except his children, and they call him uncle.*" [Um padre é alguém que todos chamam de pai — com exceção de seus filhos, que o chamam de tio.]

Atualmente, existem grupos de auto-ajuda para amantes de padres em muitos países. Em setembro de 2003, foi realizado, em Augsburgo, o segundo encontro europeu desses grupos, com mulheres da Alemanha, Áustria, Suíça, Bélgica, Países Baixos, Grã-Bretanha, França e Hungria. Lema: "Porque não queremos mais ficar caladas." Suas associações — a maior parte dentre elas existe há mais de dez anos — registram, todavia, entre 100 e 400 membros. "Não somos uma minoria de ovelhas negras, conforme a Igreja gosta de pretextar", diz uma participante.

A porta-voz do grupo de mulheres holandesas, Magdala, relatou, acerca de uma pesquisa realizada internamente na Igreja, em 1980. Seu companheiro participou dela. "Descobriu-se, naquele processo, que 60 por cento dos sacerdotes viviam uma relação", conta, "80 por cento dentre eles se manifestaram contrários ao celibato. O estudo foi engavetado, mas os resultados foram amplamente comentados." A inglesa Anne contou o quanto a situação é paradoxal na Grã-Bretanha: desde que se introduziu a ordenação de mulheres na Igreja Anglicana, em 1992, muitos pastores anglicanos conservadores se converteram ao catolicismo. "Eles entram na nossa Igreja com suas famílias, ao passo que nós devemos chegar a nossos maridos de forma dissimulada."

Faz 30 anos que Anne está se relacionando secretamente com um sacerdote. "Separem-se imediatamente", aconselha as jovens mulheres que ainda se encontram no início de sua relação. "Não vale a pena." A Igreja sempre reage da mesma maneira: "*Keep the priest and chase the woman and children"* [Mantenham o padre e enxotem a mulher e as crianças]. Trata-se de um reflexo centenário — já em 1089 o papa Urbano II apelou para o Sínodo de Melfi: "Se eles não se emendarem depois de serem advertidos pelo bispo" — trata-se aqui dos que violam o celibato —, "autorizaremos os príncipes das províncias a vender suas mulheres como escravas."

Com exceção do caso excepcional da Suíça, na maior parte das vezes, as mulheres, a quem a união confere autoconfiança, são ignoradas pelos bispos e mais ainda pelo Vaticano. Assim, depois de seu primeiro encontro internacional em Paris, dois anos atrás, elas se dirigiram a seu respectivo episcopado, solicitando uma discussão acerca do celibato. Na maioria dos países, inclusive na Alemanha, nenhum desses senhores sequer dignou-se a responder. Nos Países Baixos, pelo menos três bispos reagiram. Um deles escreveu que tinha uma outra posição acerca do celibato, um agradeceu e um terceiro chegou a anunciar que levaria a carta à Conferência dos Bispos. Apelos similares dirigidos ao papa João Paulo II morreram na praia — inúmeras vezes, durante visitas ao Vaticano, mulheres que protestavam foram detidas pela Guarda Suíça.

Em contrapartida, as mulheres do Movimento das Mulheres Atingidas pelo Celibato, que está ativo há 20 anos, relatam que o clima social na Alemanha se modificou sensivelmente a seu favor. "Durante o Congresso Eucarístico de 1984, em Munique, ficamos com medo de ser agredidas com ovos podres, e durante nossa demonstração antipapa, em 1987, em Münster, a polícia teve que nos proteger dos partidários do papa", conta a representante Lieselotte Loemke, que há muito está casada com um padre. "Já agora, em junho de 2003, durante a jornada ecumênica da Igreja, em Berlim, quando nos posicionamos junto do Brandenburger Tor, na noite do encontro, fomos literalmente atropeladas por simpatizantes."

Não se tem conhecimento da existência de nenhum grupo de auto-ajuda para padres que vivem relacionamentos secretos. Entretanto, a maioria dos padres casados oferece, confidencialmente, sua ajuda aos colegas de ofício envolvidos — na Suíça, isto se dá inclusive de forma totalmente explícita. Assim, chamados grupos de "padres sem ofício" — de acordo com a concepção da Igreja, os padres permanecem homens ordenados pelo resto da vida — se organizaram em todo o mundo: como forma de pressionar por um sacerdócio renovado, no qual também os pastores casados poderão seguir sua vocação.

A organização americana Corpus (Corps of Reserve Priests United for Service) é um dos exemplos mais notáveis de representação nacional de interesses. A Corpus iniciou sua atuação em 1974, quando um bispo americano declarou que os padres que abandonassem seu ofício e casassem não teriam nenhum interesse na Igreja. No mesmo ano, uma pesquisa realizada nacionalmente revelou que 79 por cento de todos os católicos preferiam ter, como pároco da comunidade, um padre casado a um solteiro. Contudo, a Corpus, com seus mais de 4 mil membros, se transformou numa voz influente na Igreja Católica dos EUA.

No início de setembro de 2003, representantes dos EUA, da Alemanha, Bélgica, Irlanda, do Canadá, dos Países Baixos, da Áustria, Suíça, República Tcheca e Hungria fundaram, em Wiesbaden, a Federação do Atlântico Norte, sob a proteção da Federação Internacional dos Padres Católicos Casados. Durante a assembléia de fundação, a Federação exigiu o fim do celibato compulsório: "A liberação do celibato não resolveria todos os problemas da Igreja, porém traria nova energia, nova vida e saúde para uma Igreja que está oprimida pelo clima de acobertamento."

Não obstante, o papa João Paulo II* permanece insensível no que diz respeito a seus quadros caídos — o que inclusive atrapalha que continuem trabalhando com empregadores ligados à Igreja, depois de terem sido suspensos. De Caritas a Misereor, das escolas católicas às creches — todos exigem um documento de laicização de Roma quando se trata de admitir um padre casado. Loser Friedli, filiada ao ZöFra, conhece ex-padres que "tiveram que trabalhar no depósito do supermercado para alimentar seus filhos".

Mesmo alguns dignitários consideram a prática da Santa Sé bastante nefasta. O ex-bispo austríaco Reinhold Stecher redigiu, em 1998, uma carta aberta na qual ele denuncia o tratamento dado aos padres caídos — especialmente, de acordo com Stecher, por causa das conseqüências para os seus filhos: "Quando estes últimos descobrem, mais tarde, porque os pais que eles amam nunca podem participar dos sacramentos, então, em muitos casos, a Igreja morre para eles. Tenho dificuldade para aceitar indiferentemente estes caminhos, quase forçados pela Igreja, de estranhamento e rejeição."

O religioso austríaco emenda, amargurado: "Eu já absolvi adúlteros, apóstatas, perseguidores da Igreja, impostores, ladrões e até assassinos. Contudo, não posso dar a paz à alma

---

*A edição alemã original de *Os filhos secretos de Deus* foi publicada durante o papado de João Paulo II. (*N. da T.*)

de um padre (não laicizado e casado no civil — *Nota dos autores*). Ele é considerado pior que um assassino. Por mais que se preze o voto de castidade — e sem ter a intenção de transformá-lo em bagatela —, assassinato, aborto e rejeição da fé são pecados maiores."

Para a filha de padre Simone, da Baixa-Saxônia, a coisa está clara: "Proibir a um homem de amar uma mulher é exatamente o mesmo que proibir um pássaro de voar." A jovem de 25 anos está feliz que seu pai tenha rompido o celibato "para passar seu amor adiante — inclusive para mim".

"Eu sou um ser que não deveria ter sido"

Günter, 60 anos, encontrou seu pai, então padre aposentado, pela primeira vez aos 36 anos. A vergonha de sua existência foi escondida durante os primeiros nove anos de sua vida: Günter foi criado por uma mãe de criação em Munique. Então, sua mãe o chamou para ser seu criado no sítio onde residia. Somente aos 27 anos Günter conseguiu se libertar. Tornou-se maquinista, casou-se e teve três filhos. Em 1994, divorciou-se, e em 1999 Günter casou com sua segunda mulher, Luise, de 36 anos.

Sou um homem matinal. Meus momentos mais agradáveis são quando estou me dirigindo ao trabalho pelas ruas desertas, a altas horas da matina, passando pelos morros. Quando, então, chego na estação ferroviária, os colegas perguntam: "Günter, como é que já pode assoviar a estas horas?" Aí, respondo: "Imagine se você não pudesse se levantar. Não deixa de ser uma experiência agradável levantar-se com saúde!" Sim, e então, viajar ao encontro do dia, principalmente durante o verão, quando o sol se levanta. A vida é bela!

Então, o chefe de serviço te recebe. Ele não fica somente contente pelo fato de você lhe fazer uma cara amável. Ele fica feliz por você estar ali. É que meu chefe se dana todo quando o trem está esperando e não há nenhum maquinista ali. O mais importante na vida é que as pessoas precisem de ti. Isto porque este é o sentido da vida dos homens: ser útil aos outros.

Na realidade, eu gostaria de ter feito alguma coisa para lidar com pessoas, de preferência, ser intérprete. Pároco também seria uma boa profissão para mim, porém, somente se fosse com família. Mas nunca pude estudar, ainda que levasse jeito para a coisa. Porque eu sou uma pessoa "que não deveria ter sido", como se diz na Baviera: um filho de padre. Entre meus dez e meus 27 anos de vida, fui criado de meu padrasto. Depois, o empregado de minha família. Jamais tive tempo, nem mesmo para aprender línguas, o que sempre foi meu maior sonho (ver figura 2).

Precisei de muito tempo para poder falar como faço agora. Lá em casa, quando eu era criança e queria abrir a boca, diziam: "Você não tem nada para falar, cale a boca." Ou, então, me batiam. A liberdade de que gozo, agora, encontrei-a dentro de mim mesmo. As dificuldades da vida, o fato de ser renegado pelos meus pais e, mais tarde, a fé, fizeram de mim aquilo que sou. A fé em Deus, a fé no amor absoluto.

Um acontecimento chave foi o encontro com meu pai. Então, eu já estava com 36 anos. Foi um momento inacreditável, quando li em seus olhos: "Você é meu filho querido." Dizer, ele nunca o disse, o que me fez sofrer terrivelmente, mas aquele momento de amor me deu forças.

Sou feliz. Feliz com minha segunda mulher, que é 25 anos mais nova que eu. E sou feliz com meu trabalho de maquinista. Porque sou feliz com tudo o que faço em minha vida. Deixei crescer dentro de mim a sabedoria de fazer tudo certo. Posso fazer tudo nesta vida. Posso amar todas as pessoas. Recentemente, vi as últimas fotos de Hitler e percebi que posso amar até ele. Porque me compadeci muito dele. Porque ele era, sem dúvida, o mais pobre de todos os homens.

O que a Igreja Católica apronta com essas condenações! O pior mal de todos os males é levar o outro ao mal. Porque, freqüentemente, o homem não sabe agir diferente. Toda agressividade é, no fim das contas, um grito por amor. A Igreja castiga mais uma vez — através de excomunhão, exclusão, desprezo — aquele que já foi castigado na infância por ter sido amado de menos. "Pecador", é chamado então.

Contudo, as pessoas nem sabem o que é pecado. Somente Deus o sabe. As pessoas só não podem aceitar a polaridade da vida. Com a vida, acontece o mesmo que com a corrente elétrica: ela flui, porque há o positivo e o negativo. A Igreja só fala do positivo, ela não aceita o negativo. Ela fala da ressurreição, mas não aceita o fato de que a crucificação é que leva à ressurreição. Que o divórcio leva a um recomeço. Que o amor e a amizade vivem do perdão.

Os pólos se unificam em mim: do ponto de vista da Igreja, sou um pecado, do meu ponto de vista, sou uma alegria. Graças a Deus, digo sempre, que Deus pegou um cura e fez com que ele pecasse — visto negativamente — para a alegria de eu estar aqui. Devo minha vida à insensatez que meus pais cometeram. Assim, da insensatez se fez sentido.

Minha mãe ficou grávida de mim em 1942, no meio da guerra. Tinha apenas 19 anos e seus pais tiveram clareza de quem era o pai. Entretanto, ele negou tudo. Assim, ocultou-se a vergonha de seu estado. Minha mãe foi despachada para a casa de um parente distante, um açougueiro. Ele se aproveitou literalmente de sua situação aflitiva. Teve que trabalhar brutalmente no açougue, apesar de sua barriga que crescia. Eu também vim ao mundo ali, em Dachau, no dia 26 de fevereiro de 1943. Na minha certidão de nascimento está escrito "pai desconhecido".

Logo dois dias após meu nascimento minha mãe teve que me abandonar em Munique. O Serviço de Assistência aos Menores encontrou uma mãe de criação para mim: a generosa Therese Gantner. Deus está sempre do lado dos perdedores.

Então, ela estava com 70 anos de idade, e seu marido, com 75. Juntamente comigo, também criaram outras duas crianças adotivas. Acho que fui seu 36º filho de criação, e o último. Eles me tratavam como se deve tratar uma criança, com muito carinho e muito amor. Sendo que éramos pobres de doer. Freqüentemente, eu passava fome. De manhã, antes da aula, só tinha café de cevada, e, para comer, sempre havia somente sopas: sopa de batata, sopa de pão, sopa de cebola. Quando terminávamos, começava tudo de novo: sopa de batata, sopa de pão, sopa de cebola. Nada de carne, nada de açúcar, nada de nada. Batatas eram o legume principal: *reiberdatschi*,* a Therese era mestra nisto.

No térreo de nosso prédio, havia uma loja de verduras. Comíamos as partes boas das ameixas podres que eles deixavam diante da porta, para poder ter um pouco de fruta. Eu tinha apenas uma calça e somente um par de calçados de amarrar. Amarrávamos os sapatos com borracha. Nunca vou esquecer a merenda escolar, porque os americanos nos doavam uma barra de chocolate uma vez por semana.

Quando criança, eu era brincalhão. Fazia tantas travessuras, já no primário, que o bedel freqüentemente me deita-

---

*Reiberdatschi — espécie de bolinhos feitos de batatas raladas. (*N. da T.*)

va sobre a bancada de trabalho e me dava uma surra de vara de bambu. "Mama", como eu chamava minha mãe de criação carinhosamente, nunca me bateu.

Ela me dava plena liberdade. Munique estava repleta de montanhas de escombros, por causa das muitas bombas, e então dava para brincar maravilhosamente. Durante o verão, podia ir sozinho à piscina ao ar livre e ao rio Isar, já que aprendi a nadar muito cedo — com um pneu de bicicleta à guisa de bóia. Sentia-me livre, porém protegido. Quando você sabe que é amado, não precisa constantemente receber provas de amor. O marido dela também, o "papa", amava-nos, seus filhos de criação. Ele nos ensinou a fazer apitos com galhos e nos levava com ele para seus encontros de trajes regionais.

Natal era a coisa mais linda. A Gertrud, minha irmã de criação, tocava acordeão. E na Árvore de Natal, recordo-a ainda hoje, brilhavam fios de prata à luz das velas. Minha mãe de criação economizava com tanto afinco que, uma vez, cheguei a ganhar patins de Natal. Outra vez, tive um patinete de madeira com rodas de borracha, e, depois, um blindado de chapa de dar corda e um carro de bombeiros. Não íamos à Igreja, celebrávamos o Natal de coração. E o Natal era realmente uma festa de amor.

Bem cedo, comecei a fisgar conversas que diziam respeito à minha origem. "Resi, que garoto bonito você tem aí?", perguntou a vizinha. E ela respondeu: "Sim, a mãe é filha de camponeses, mas o pai nem pode saber que ele existe. Por isto é que estou com ele aqui." E, não sei como, mas, de qualquer maneira, me dei conta muito cedo de que meu pai tinha que ser padre.

Não tinha um relacionamento com minha mãe de sangue como com uma mãe. Eu bem que sabia que ela era minha mãe, porque ela quis me ver uma vez. Estava então com mais ou menos três ou quatro anos de idade, e fui levado para a casa da irmã de minha mãe, em Munique. Tive que passar a noite junto com minha mãe num sofá. Durante a noite, ela tentou me puxar para si, mas eu a repeli. Eu estava apaixonado pela minha mãe de criação: ela era "Mia mama". Minha mãe era esbelta, bonita, gentil, mas eu a rejeitei e fiquei contente quando ela foi embora. Porque ela era uma mulher desconhecida, ainda que eu tivesse que chamá-la de "Mamãe".

Nunca esqueci a primeira vez que cheguei no sítio de minha mãe. Na época, devia estar com seis ou sete anos. Naquele tempo, todo mundo ia angariar provisões no campo, onde objetos como relógios e jóias eram trocados por legumes e carne. No sítio de minha mãe, haviam acabado de fazer manteiga. E aquela manteiga bonita e amarela foi passada no pão recém-assado. Para mim, aquilo foi avassalador: tinha o sabor de cinco Natais e dez Páscoas.

Na Páscoa de 1952, disseram novamente: "Günter, você pode passar as férias no sítio de sua mãe." Fiquei contente: dirigir o trator, ver os animais, fazer carinho nos porquinhos. Durante uma semana, curti profundamente a vida no campo e, então, minha mãe disse repentinamente para mim: "A propósito, você agora vai ficar aqui para sempre." Esta frase me atingiu como um raio. Eu chorei e gemi, "Não", implorei, "quero voltar para minha mama". Sinto essa dor ainda hoje, essa saudade indomável. Então, minha mãe me bateu porque eu não parava de chorar. Com essas pancadas, terminou minha infância.

Ainda que se passem 100 mil anos, sempre vou ver na minha frente o olhar de minha mãe de criação na despedida

— porque ela já sabia aquilo que eu não sabia, isto é, que ela nunca mais voltaria a me ver. Ela me levara de Munique até o sítio de minha mãe. Não tem como descrever a expressão de seu rosto. Aquela mulher estava acostumada a ter que estar sempre devolvendo uma criança, sabia que não podia tê-la para si. "Eu te amo", dizia seu olhar, "fica bem."

Therese Gantner não era bonita no sentido restrito da palavra. Ela irradiava de dentro para fora. As rugas são coisas bonitas numa mulher. Quanto mais velhas ficam as mulheres, mais bonitas elas se tornam. Eu via isto nela.

Naquela vez, quando enlouqueci de aflição, tudo aquilo que minha mãe tivera que suportar por minha causa veio à tona: o desprezo, uma vida de impedimentos, de renegação. Ela nunca pudera viver sua vida, sempre tivera que viver pelo sítio. Amara o homem que era meu pai e fora obrigada a abrir mão de tudo, a renegar tudo, inclusive seu próprio filho. Ela me golpeou com as mãos e com os pés, só para que eu parasse de chorar.

Foi horrível. Sou Peixes, do ponto de vista astrológico, um ser sensível, de sentimentos. Hoje sei que se é forte na fraqueza, na força do sentimento. Naquele tempo, porém, me sentia fraco.

Minha mãe de sangue nunca pôde me aceitar. Quando garoto, sempre tive sardas. Ela comprou óleo de alfarrobeira para mim, para tirar as sardas. Incomodava-se com coisas superficiais em mim. Não podia ver minha alma.

Minha mãe amava o Willi, meu primo de Munique, que vinha passar as férias conosco. Ele nascera somente quatro semanas antes de mim, e minha mãe chegou a amamentá-lo com o leite que seus seios haviam produzido para mim. No sítio, somente o descendente homem tem algum valor.

Eles chamam os homens que só geram meninas de *Büchsenmacher*.* O Willi era o descendente homem do sítio e não eu; é que eu não existia, fora renegado.

Por que meu padrasto me trouxe para o sítio? Naquela época, os camponeses daqui eram relativamente pobres. Meus pais possuíam 18 hectares de terra com muitas regiões pantanosas e locais cheios de desníveis. Não dispunham livremente nem de um marco. O imposto municipal era, então, no máximo quatro marcos e, mesmo assim, com freqüência, meus pais tinham que pedir para o servidor municipal esperar, quando ele vinha: "Só posso te pagar quando tiver vendido os meus ovos." Nessas circunstâncias, enviar 70 marcos por mês para Munique por um filho ilegítimo estava totalmente fora de questão para o novo senhor do sítio, meu padrasto.

Eles haviam se casado apenas pouco tempo antes. Quando casaram, se conheciam somente havia quatro semanas. Minha mãe sempre sofreu com o fato de que ele só a quisera por causa do sítio. Meu padrasto havia brigado com seu irmão mais velho, chegando às vias de fato, e não agüentara mais viver no sítio de seus pais. Por motivos de sobrevivência, fora obrigado a se casar com a herdeira de um sítio. Era mais velha que ele, porém era uma mulher atraente e bacana.

Foi justamente meu pai, que então ainda era padre em Buchbach, quem os casou — quando fui para lá, ele acabara de trocar de curato. Na foto do casamento, lá estava ela com um grande decote que ressaltava seus belos seios, e as pessoas disseram: "Bem que ela ainda o deixou espiar lá den-

---

*Traduzido para o português, seria algo como fabricante de latas. (*N. da T.*)

tro." Contudo, o amor entre ela e meu pai já havia acabado há muito tempo.

O casal não teve filhos. Ela sempre disse: "Não queremos filhos." Mas não sei se este era o verdadeiro motivo. Eu gostaria de ter tido irmãos. Crescer sozinho não está com nada.

Depois de meu nono aniversário, minha vida se tornou só trabalho, trabalho, trabalho. Às cinco horas da manhã, a mãe gritava. Se eu não chegasse imediatamente, ela pegava a vassoura e batia contra o teto — todo o teto da cozinha era cheio de buracos. "Para fora", urrava, "trabalhar no estábulo." Limpar os estábulos das vacas, carregar o esterco no carrinho de mão e levá-lo até o monte de estrume, do outro lado do pátio, misturar e forrar novamente. Somente quando o estábulo ficasse pronto é que podia me lavar e ir a pé — descalço — para a escola. Chegava em casa à uma hora. Então, comia o almoço requentado, porque todos já haviam comido no horário normal, às 11 horas. Porco cozido ou assado de carne no vinagre e salada de batatas. Tinha um gosto asqueroso, porque minha mãe não podia comprar azeite para salada. Engolia às pressas, porque, do lado de fora, já havia trabalho esperando. Limpar o chiqueiro ou tomar conta das vacas, afinal, ainda não havia cercas elétricas.

Somente a beleza da natureza me reconciliava com o mundo. As andorinhas, por exemplo, sempre me alegrava com elas, quando entravam e saíam voando de seus ninhos debaixo do telhado. O trinado estival das cotovias. Os peixes, que então ainda existiam nos riachos. As perdizes no caminho da escola, os faisões e as lebres. Estas alegrias sempre me faziam esquecer que não tinha pais que me amassem verdadeiramente. Não tinha um pai de verdade e somente esta mãe que me desprezava e ansiava pelo seu marido. "Hansi", implorava sempre, "agora, diz que você gosta de mim." Jamais o vi abraçá-la ou até beijá-la. "Sai, sua galinha velha lesada, que coisa besta", menosprezava-a.

A mãe dele era uma mulher de 150 quilos, absurdamente dominadora. Quando ela dava um grito, todos os seus filhos ficavam à disposição. Meu padrasto tinha uma espécie de relação de subserviência em relação à sua mãe e ele se comportava da mesma forma com minha mãe. Fazia tudo o que ela queria, inclusive lavar roupas — mas não por amor, e sim por submissão. Por assim dizer, ela era sua mãe substituta. Esse era seu jeito de amar. Freqüentemente, ela corrigia suas decisões desumanas, já que, para ele, só o dinheiro e as posses contavam. Quando uma vizinha ficava grávida, ele só escarnecia: "Lá vem outra criança, ainda, isto só faz é custar dinheiro."

Eu amaldiçoava os domingos, particularmente quando o tempo estava bom: preparar o feno, aproveitar o tempo, colher. Com ceifeira circular e forcado para virar. Mais tarde, o feno era carregado com uma máquina. Então, alguém ficava em cima do carro e espalhava tudo. Era um sufoco, porque o ritmo era ditado pelo trator que puxava o carregador de feno. Meu padrasto me explorava até as últimas forças.

A escola primária era simples. Naquela época, o desnível entre a cidade e o campo era ainda nítido e eu, enquanto ex-aluno de Munique, era de longe o melhor da classe. Naturalmente, também se falava à boca pequena que eu era um "garoto de cura" e, por isto, era inteligente. Por baixo dos panos, também soube de um meio-irmão, o Walter, que havia sido gerado por meu pai com outra moradora local. Ele se parecia muito mais com meu pai que eu. Contudo, nunca falei com ele a respeito de nosso parentesco.

Esse assunto era totalmente tabu. Eu era obrigado a chamar meu padrasto de "papai", ainda que contra minha vontade. Um dia, conversei com a Ida. Éramos muito íntimos: eu, o criado, e ela, a criada, uma jovem e alegre mulher de Bayerischer Wald. Estávamos no processo de "malhar", que é quando se tem pouco feno e se mistura a ele palha picada, de tal maneira que a vaca o coma. Estávamos os três — o lavrador, isto é, meu padrasto, Ida e eu. Ida e eu estávamos especulando baixinho sobre quem seria meu pai de verdade. Sem que o percebêssemos, meu padrasto nos estava espreitando. E foi imediatamente contar tudinho para minha mãe.

No dia seguinte, minha mãe se lançou sobre mim, fora de si de raiva. Eu acabava de fazer 11 anos. Ela gritou comigo como é que eu me atrevia a falar sobre "algo assim". Até hoje, acho que ela teria gostado de me espancar até a morte. Me pisoteou, me bateu com as mãos e os pés, me espancou. Até que tia Fanny chegou, a irmã de minha mãe. Ela agarrou minha mãe e disse: "Vai parar com isto já, sua galinha burra, você está matando ele."

Depois disto, o tempo passado em casa era como um cativeiro. Depois da escola primária, que naquele tempo durava oito anos, passei a freqüentar a escola profissionalizante de agricultura, em Velden, junto do rio Vils, durante três anos, um dia por semana. Freqüentemente, tinha que faltar porque o lavrador me escalava para trabalhar. Também tivera que encerrar a escola primária em abril, ainda que as aulas continuassem até julho. Naquela época, os lavradores podiam alegar que necessitavam de seus filhos para o trabalho nos estábulos.

Mesmo depois de concluir minha formação, continuei como criado no sítio de meus pais — contudo, sem emprego formal. No fundo, era como um escravo. Ainda hoje me ressinto daqueles anos, porque não tinha nem seguro saúde, nem seguro desemprego. Recebia dois marcos por semana de mesada — e era isto. É por isto que me faltam três dentes de cima. Tive cáries. Uma obturação teria custado oito marcos. Então, preferiu-se deixar os dentes apodrecerem. Eu tinha dentes lindíssimos, como pérolas, mas quando finalmente fui ao dentista, Dr. Pfeiffer, este andou para cima e para baixo e exclamou: "Günter, Günter, como é que você esperou tanto." Isto porque já não dava mais para salvar os dentes.

Estava fora de questão ter uma namorada. Não poderia lhe comprar nada, nem mesmo meias de *perlon*, que então estavam na moda. Além do mais, era muito tímido. Aos 22 anos, fui pela primeira vez a um casamento, e nem tive coragem de dançar. A merda da minha educação era isto: se uma criança era considerada uma vergonha, aí então que a sexualidade era malvista. É bem verdade que minha mãe e meu padrasto se amavam de tal forma que o vigamento rangia e eu os ouvia gritar durante o orgasmo. Numa casa rural, ouve-se tudo. Mas, oficialmente, essa diversão era desmentida. Naturalmente, sentia que era mentira, porém não tinha outra opção a não ser engolir. Pois eu não tinha dinheiro.

A primeira mulher que tive foi minha esposa — eu estava, então, já com 30 anos. Na casa da Ida eu podia tocar com a mão nas partes íntimas. Os velhos iam para o cinema e nós tínhamos que cuidar da casa. Não podíamos ir para a cama, porque devíamos prestar atenção se algo se movia nos estábulos. Então, ficava deitado com ela no sofá e ia apalpando suas pernas de baixo para cima, devagar, e ela ficava quieta. Antes disso, não sabia nada a respeito do sexo oposto. Eu confiava mais na Ida que na minha própria mãe, que sempre foi uma pessoa estranha para mim.

Naturalmente, me apaixonava por garotas, de longe. Por Janine, por exemplo, uma francesa de 15 anos de idade que ia visitar meu avô junto com o pai dela, Jean. Rolava um boato segundo o qual aquele homem era meu pai, um boato que, aparentemente, meu verdadeiro pai, o cura, havia espalhado por aí. Jean havia sido prisioneiro de guerra no sítio de meu vô, e os dois homens haviam feito amizade — meu vô não gostava dos nazistas. Meu padrasto observou, por diversas vezes, de forma insinuadora, que o francês estava lá quando minha mãe engravidou. Mas o homem não era minimamente parecido comigo. E, para mim, estava claro: se ele permite que eu paquere sua filha, então ele não é meu pai de jeito nenhum.

Cada vez mais, sentia que me acabaria com aquela vida. Você acaba ficando doente se precisa submeter sua própria pessoa à propriedade. Então, vai parar no manicômio. Entrei em depressão. Se minha mãe de criação, Therese Gantner, não me tivesse dado tanto amor ilimitado durante minha primeira infância, eu não teria tido salvação. Por isto, para mim, ela é uma santa.

Contudo, precisei de tempo, tinha medo da reação de meus pais, do dia de cão que teria que suportar caso me rebelasse. Freqüentemente o lavrador ficava semanas a fio sem falar comigo. E aquele silêncio punitivo doía.

E, um belo dia, estava com 26 anos, procurei secretamente Buchmeier e perguntei se ele precisaria de um ajudante. De qualquer maneira, era um passo desesperado. Cada vez mais, os lavradores transformavam a agricultura em atividade paralela, porque os solos não produziam o suficiente para poderem viver. Buchmeier me olhou. Naquela época, eu era um jovem agricultor cheio de vigor. Então, ele disse: Sim, você pode começar por cinco marcos por hora." "Bem, 4,70 marcos", emendou sua mulher. Para mim, tanto fazia, aquilo era uma fortuna de dar vertigem: 650 a 700 marcos por mês!

Boa praça do jeito que sou, ainda assim ofereci a meu padrasto, na época, cuidar paralelamente do sítio para ele — de manhã, antes, e à noite, depois do trabalho. Mas ele recusou, de soberba. E minha mãe me disse: "Faça o que quiser. Mas você não vai ganhar o sítio." Na realidade, eu tinha direito ao sítio, e minha mãe sempre me apontara herdeiras de outros sítios como candidatas a esposas, para ampliar as posses.

A partir daquele momento, meu padrasto nunca mais falou comigo. Ainda morei durante um ano e meio no sítio de meus pais — e eles me tratavam como um leproso. Em algum momento, ele explodiu e me amaldiçoou: "Seu *stingi* de crucifixo, seu louco." *Stingi* significa gigolô. Esse homem vive ainda hoje no sítio, como seu próprio servo. Só tem 17 anos a mais do que eu. Nesse tempo, brigou com todos os vizinhos.

Na realidade, não é de estranhar que eles me tratassem assim. Os pais sempre exigem de seus filhos aquilo que eles mesmos exigem de si. E meus pais não podiam viver eles próprios e, por isto, também não me podiam deixar viver.

Em 1973, fui para Munique, para a estrada de ferro. Eles estavam à procura de maquinistas, aquilo me interessou, especialmente por causa da perspectiva de ser admitido como funcionário. Naquela época, eu já queria ter uma família própria. Porque estava convencido que somente o amor a uma mulher pode tornar o homem feliz. Ainda não conhecia minha mulher, mas, visando essa família, já pensava em procurar a maior segurança possível para ela.

A formação ainda era bem clássica: aprendi em 15 diferentes locomotivas. Era emocionante. Quando você vai sair com seu primeiro trem de 2 mil toneladas, você antes já precisa mijar umas três vezes.

Então, conheci minha primeira mulher. Justamente por causa das circunstâncias que havia na minha casa, nos casamos ainda no mesmo ano e nos mudamos para um vilarejo junto do rio Inn. Nosso primeiro filho chegou um ano mais tarde, em 1974. Considerando retrospectivamente, tudo foi precipitado.

Tivemos três filhos em seguida, Christine, Günther e Heide. Crianças maravilhosas. Originalmente, minha mulher queria ter cinco. Quando estava em casa, todo meu tempo pertencia a eles. Construía casas de árvore, ensinei-lhes a andar de bicicleta, inclusive sem rodinhas. A melhor coisa do mundo é passar tempo com uma criança, porque no convívio com ela se pode apreender a divindade do ser humano. Tudo se encontra dentro de uma criança, basta somente acompanhar. Como numa flor, que cresce e floresce por si só.

Jamais forcei as crianças a nada. Uma única vez, Christine recebeu um tapa, mas me arrependi no mesmo instante e pedi desculpas. Escorregara de volta na educação violenta de minha mãe. Que a coação não leva a nada, eu aprendi já ao alimentar os bebês: quando ficavam satisfeitos, simplesmente deixavam de engolir. Hoje em dia, minha filha de 29 anos diz: "Papa, estou agradecida a você por ter me educado tão livremente."

Pessoalmente, com minha primeira esposa, caí da panela para a brasa. Os contrários se atraem no casamento, porque a criação é amor e quer curar. Mas, depois de 16 anos de casamento, ficou claro para mim que não posso consertar nada. Minha mulher não podia aceitar meu amor porque ela não foi amada quando criança. Minha filha mais nova estava com 18 anos quando me separei. Nosso casamento enfrentara situações difíceis, porque não fora abençoado nem pelos meus pais, nem pelos dela.

Para os pais dela, minha mulher era apenas uma criatura sem valor, uma menina, precisamente. Eles tiveram meninas — três, uma atrás da outra —, até que, finalmente, conseguiram ter um menino, e, então, somente ele passou a ter importância. Minha mulher nunca conheceu o amor. Eu a amei sinceramente: limpava, lavava, cozinhava, chegava inclusive a trançar os cabelos das meninas antes da aula, para que ela pudesse dormir mais. Trabalhei, comprei uma casa de vila com aquecimento central — mas ela não ficou feliz.

Percebi o quanto lhe faltara o amor dos pais quando nossos filhos ficaram mais velhos. Eles eram nadadores bem-sucedidos em competições, a mais velha ganhava um troféu atrás do outro. Meus sogros eram abordados por conhecidos porque seus netos apareciam nos jornais. De repente, a filha deles passou a ter valor. Então, pela primeira vez, ela obteve o amor dos pais, jamais vivenciado antes. E o que ela fez? Ela estudou para ser treinadora de natação e passou a viver somente pelo esporte. Porque queria que as crianças continuassem a sair nos jornais, já que assim ela recebia em troca amor de seus pais. O ser humano precisa de reconhecimento, como a árvore precisa de seiva, para que seus frutos possam amadurecer.

No verão de 1979, um obituário chamou minha atenção: em Rosenheim, falecera um certo pároco Modlmayr. Fiquei como eletrizado, criei coragem e telefonei para Rosenheim para saber se se tratava do pároco Leonhard Modlmayr. "Não", responderam, "não é ele não. Esse ainda está vivo."

Procurei seu número no catálogo de telefones e liguei. Esse telefonema me custou toda minha coragem e toda a autoconfiança que ganhara por meio de minha profissão e minha família. "Modlmayr", atendeu uma voz grave. Meu coração batia como enlouquecido, porém eu disse simplesmente: "Sou o Günter, gostaria de conhecer você." Durante um segundo, a linha ficou muda. Já temia que ele desligasse. Então, ele perguntou: "A Resi ainda está viva?" É que ele queria ter certeza que não era minha mãe que me enviara. Marcamos um encontro.

Então, fui de trem para Neufahrn, perto de Freising. Ali, pude pegar uma motoca que a estrada de ferro mantinha, por diversos motivos. Fui, então, até sua casa e toquei a campainha. Ele mesmo atendeu.

Lá estava ele diante de mim. Meu pai. Era o momento pelo qual eu esperara durante 36 anos. Ele era totalmente diferente daquilo que eu imaginara: não era nenhuma criatura pálida e envergada pela idade, como o imaginara enquanto cura, porém um homem musculoso e queimado de sol. Isto, porque ele ainda trabalhava no seu jardim, de tronco nu. Anteriormente, quando era padre, também já tivera seu próprio jardim no presbitério, que ele mesmo cuidava. E aquele belo homem idoso — naquele tempo, estava com mais de 70 anos — me olhou, calorosamente, com seus maravilhosos olhos azuis. Fiquei subjugado, porque havia tanto calor, tanta bondade e tanta ternura em seu olhar. Então, estendeu-me a mão, e jamais, nem antes nem depois, um ser humano apertou minha mão como aquele homem o fez, tão demoradamente, tão firmemente, tão efusivamente. Num átimo, o amor fez com que tudo ficasse bem de novo.

Chegando dentro da casa, ele abriu uma garrafa de vinho. Nos sentamos a uma mesa e, então, começou a contar. Desandou a falar muito depressa, como se soubesse quem eu era.

Falamos o dia inteiro, ininterruptamente, das nove da manhã às sete da noite. Conversamos tão intensamente que esquecemos de comer. Aquele dia foi o acontecimento mais importante de minha vida. E principalmente aquele aperto de mão, único contato corporal caloroso que tive com algum dos meus genitores, esse posso sentir ainda como se fosse hoje. Diga-se de passagem, que eu mesmo aperto a mão com firmeza e que dou muito valor à maneira como alguém dá a mão.

"A Resi, tua mãe, era uma garota muito bonita", contou. Ela já chamara sua atenção na igreja. Então, voltou a vê-la, porque tinha negócios a resolver com o pai dela, o prefeito. Cada vez mais, ele procurava motivos para falar com o prefeito, para voltar a ver Resi. Ela logo ficou apaixonada por ele, mas mesmo quando ele se demorava mais, a mãe de Resi, que percebia a situação, não os deixava a sós nem por um segundo. "Günter, você acha que a velha ia embora?", zangava-se, "Por nada no mundo". Então, não tiveram outro remédio senão se encontrar no bosque, perto do presbitério. O encontro deles foi ali, no fim da ladeira.

"Resi tinha peitos", disse, "peitos. Você nem poderia imaginar peitos mais lindos. E os cabelos. Compridos, louros, escuros, amarrados numa trança. E os olhos, olhos muito azuis.

E sua boca, de lábios cheios, naturalmente vermelhos." Seus olhos brilhavam atrás dos óculos, como se ele estivesse com 25 anos e estivesse recém-apaixonado. E olha que ele já estava quase com 40 quando amou minha mãe.

Enquanto contava, inconscientemente, cravava o abridor de cartas em sua caixa de cigarros, até que a caixa ficou cheia de furos. Ele ficara nervoso, fogoso, enquanto elogiava os peitos e as pernas de minha mãe.

Fiquei agradecido por finalmente ficar sabendo disso. Que meus pais conheceram o deus do amor quando me geraram. O homem vibrava com tanta vida que, com isso, poderia ter despertado até defunto. Então compreendi que somente o amor entre um homem e uma mulher transforma o ser humano em homem. Eu pude ver isso nele, naquela nostalgia, na alegria do momento com minha mãe.

Ele não gastou uma palavra sequer com a gravidez dela. Só comentou acerca da minha avó. Ela o importunou repetidamente para que ele "o" admitisse. Ela o pressionou tanto, que só por isso ele não quis mais. Aí, ele se tornou obstinado. A velha o pegara num ângulo que não correspondia à sua honra de pároco. Ela queria arrancar-lhe dinheiro. É que eu era um fator de custo: 70 marcos por mês.

Meu pai era destemido e autoconfiante. Um *Hundling*, me disse uma vez Haag Karl, um de meus professores. Na época do nazismo, pertencera secretamente à resistência, e ele escreveu inclusive um livrinho a esse respeito, *Der schwarze Hetzkaplan. Opposition um Rande des groβen Geschehens* [O capelão provocador negro. A oposição à beira do grande acontecimento]. As mulheres iam em bando atrás dele. Ele era importante, inteligente — e bem-apessoado. Ao contrário de seus próprios maridos, encurvados pelo trabalho pesado, ele estava sempre descansado. Podia ouvir as pessoas. Era o astro pelo qual todas se apaixonavam.

Na realidade, nem queria ser pároco. Vinha de uma família de lavradores, eram oito filhos. Sua mãe, que ele respeitava muito, determinou: "Você vai ser cura. Você é inteligente." Ele próprio não tinha vontade para isso, porém o fez somente por amor a ela, ele me disse isso expressamente. "Se você não queria ser cura, o que queria ser?", perguntei-lhe. Então, respondeu: "Maquinista." Fiquei como que atingido por um raio e disse: "Agora, eu é que o sou."

De resto, ele já esperara que eu viesse antes, mas não criei coragem para tanto. Ele próprio nutria sentimentos de culpa em relação a mim, conforme pude ler na expressão de seu rosto. Em algum momento, cobrou ânimo e perguntou: "Bem, você precisa de dinheiro?" "Não", respondi, "não preciso de dinheiro, na realidade, só queria mesmo te conhecer."

No caminho até a porta, me aconselhou: "Günter, seja bom com as mulheres." Ele tinha uma nostalgia indescritível das mulheres. Mais tarde, certa vez em que minha mulher veio visitá-lo junto comigo, quase que não largou mais a mão dela.

Na visita seguinte que fiz a minha mãe, contei-lhe, quando estivemos a sós, acerca da minha experiência. "Escuta", disse, "recentemente estive com Modlmayr e ele quis saber como você está. E, agora, quero saber de você: ele é meu pai ou não é?" Isto porque queria ouvi-la dizê-lo de uma vez. E aí, ela disse, e esta foi a única confirmação que obtive: "Não é nenhum outro." Isto foi tudo.

Depois, cometi um erro catastrófico. Ele não disse oficialmente: "Eu sou teu pai" ou "Você é meu filho", ele só admitiu isto indiretamente. Por isto é que ele necessitou também do aperto de mão, para me transmitir seu amor sem palavras.

Então, telefonei-lhe e ele me disse logo, alegremente: "Pois é, Günter, quando é que você vem de novo?" E, então, acrescentou: "Tenho um segredo para lhe contar."

Aí, não me contive mais: "Sim, que você é meu pai." "Não", retrucou e emudeceu. Hoje em dia, acho que seu Deus punitivo o oprimia, daquela Igreja que aniquila sem mercê qualquer um que admitir algo assim. E sua mãe, naturalmente, a quem ele nunca, jamais, poderia ter aprontado essa, de não ser aquilo que ela esperara dele. Isso acontece com a maior parte dos curas, que sua família toda se vanglorie deles e que eles tenham que agüentar isto, ainda que seja para manter as aparências para os outros. Assim, o ser humano se enrijece como sob uma máscara funerária.

Depois daquela conversa, inicialmente não teve mais nada. Então, chegou uma carta dele. "Você está mexendo numa ferida", estava escrito nela. "Se você continuar a remexer dentro dela, ela vai se reabrir e vai começar novamente a supurar. Se você não parar com isto, vamos ter que cortar relações. Eu gosto de você, mas não vamos falar sobre esse assunto. Porque não pode acontecer o que não deve ser." Aí, tornou a ser de novo o senhor pároco, que não deve nada a ninguém, que não é companheiro de ninguém e muito menos um pai.

Fiquei muito, muito abalado. Senti-me abandonado, renegado, sozinho como nunca dantes e como nunca mais estaria na vida. Aquela carta foi pior para mim do que o dia em que perdi minha mama de Munique, pior que as surras brutais de minha mãe quando estava com 11 anos de idade. Naquela época, se eu não tivesse meus três filhos, minha mulher e minha profissão, teria atentado contra mim naquele dia. Porque aquilo fora cruel. Novamente, acabara-se meu sonho de poder chamar meu pai de "papa" uma vez na vida, ainda que fosse a sós, e de abraçá-lo.

Hoje, entendo o porquê: por aquele momento, ele teria tido que jogar fora toda sua vida. Porque o pároco é Deus, não homem, ele é Deus de sua comunidade, Deus de sua própria mãe, Deus entre os Deuses numa hierarquia da Igreja. Ele não pode ser homem. O preço é alto, desumanamente alto: o pároco é só e arde de nostalgia por uma mulher.

O contato com ele durou apenas poucos anos e se tornou cada vez menos agradável. Ele ficou decrépito com a idade. Para mim, o entusiasmo se apagou porque ele tinha muitos problemas consigo mesmo. Sempre que se abria, se arrependia instantaneamente de tê-lo feito. Por este motivo, só fui vê-lo uma vez com meus filhos. Neste aspecto, sou diferente dele. Eu acredito que o ser humano foi criado para ter esperança. Esperança não é a consciência de que algo vai sair bem, esperança é a certeza de que tudo possui seu sentido próprio. Tudo. Basta somente percebê-lo, e é possível criar e aprender com isso. Tudo o mais é besteira e só faz passar o tempo.

Ele morreu aos 90 anos, no dia 8 de agosto de 1994. Não estive em seu enterro, três dias depois. Contudo, gostaria muitíssimo de saber quem é que cuida de sua sepultura hoje. Tenho certeza que é sua última assistente, porque acho que ela foi seu último amor, uma antiga estudante que estava com 40 anos de idade. Gostaria de conhecer essa mulher, mas não é fácil conseguir seu endereço — mesmo agora, depois de sua morte, as pessoas enrolam a gente, como se precisassem protegê-lo. Ele está enterrado em Puchschlagen, onde desempenhou seu ofício por último. Visitei seu túmulo e o fotografei. É de *grés*, muito simples, só está lá seu nome: "Pároco Leonhard Modlmayr." A mãe de Deus carrega o filho no colo e sorri.

Quanto mais envelheço, mais curto a vida. Já de manhã cedo, quando levo os primeiros trabalhadores para Munique de trem e o sol se levanta. Aí, você vê a mudança da noite para o dia, e percebe que a vida é constituída de momentos e que cada um é belo. Ainda agora, as sombras escuras da noite estavam em toda parte e, um quarto de hora mais tarde, tudo está de novo mais claro. A cada dia, você vê a paisagem — conheço bem esse trecho — nova e modificada. Aquele lavrador, ali, semeou aveia, e a cada dia você vê as espigas crescerem um pouquinho mais.

Ser maquinista também é uma profissão mística. Você sempre espera pelo caos. Sou maquinista há 30 anos e ainda não tive nenhum suicida. Mas tenho colegas que vivenciaram até oito suicídios. Sou bem resolvido quanto a isto, porque sou totalmente filantropo e considero o suicida como um necessitado. Ele não quer mais viver, é sua decisão. Respeito-a, fico do seu lado. Por isto, estou seguro que se alguma vez isto acontecer, não vou ficar abalado. Mas é estranho: aquele que vê isso tudo de forma negativa, que vê essas coisas do ponto de vista formal, presencia seis, sete, oito suicídios.

Tenho o andar descuidado, eu sei, como se eu mancasse. Cada vez mais, pode-se notar que a disciplina do corpo não é tão importante para mim quanto a manifestação da alma. Para mim, a vida espiritual é decisiva, o corpo não passa de uma moradia intermediária. Talvez meu andar também tenha sido provocado por um acidente de bicicleta em que meu quadril ficou gravemente ferido — não sei. Aliás, meu pai também andava deste modo estranho, talvez tenha herdado isso dele.

Freqüentemente digo a Luise, minha mulher, que ela não precisa ajeitar a franja tanto tempo com o secador de cabelo. Às vezes, de manhã, ela gasta uma hora diante do espelho. Para mim, isto não é importante, tenho o que tenho, sou bonito por mim mesmo. Por exemplo: um homem é sempre potente se ele ama e é amado. É uma questão da alma. O melhor Viagra é o amor.

Faz cinco anos que não corto o cabelo. Acredito que, do ponto de vista da psique, meu cabelo comprido me guia contra a renegação. É uma maneira de expressar que eu me aceito como o senhor Deus me faz. Uma vez, meu chefe mais graduado me criticou: "Esses cabelos", disse, "não são adequados." Você sempre precisa ir ao encontro das pessoas no nível em que elas estão, porque você não pode fazê-las compreender algo mais elevado. "Eu preciso fazer uma peça de teatro", respondi. Mentir, eu não menti, porque toda a vida não é uma peça de teatro? "Qual é o papel?", perguntou. "Jesus." Então, quis saber onde me apresentava, e, aí, eu disse: "Deve restar um pouco de segredo, senão todos irão lá e vão querer me ver como Jesus."

Jesus também tinha os cabelos compridos. Se você vive sua liberdade, alguém que não vive a liberdade sempre vai se sentir incomodado com você. Jesus foi o ser humano mais livre que já existiu. Por isso é que foi crucificado, não por ele ter se sacrificado por nós. Não é bem assim como a Igreja Católica conservadora alega, que você ou eu temos que ter sentimentos de culpa porque ele foi pregado ali. Ele morreu por amor, por amor à liberdade, para nos dar um testemunho de um Deus que ama incondicionalmente todos os homens.

Uma pastora evangélica quis me contar, um dia, que os padres católicos são mais sagrados que os evangélicos. Porque a ordenação de padres católicos remeteria, com o gestual das mãos, ao jovem Pedro, à "rocha" sobre a qual Jesus quis construir sua Igreja. Então, eu lhe disse: "Vocês são mais amplos nas coisas do amor, vocês são sagrados por isso. Quem não compreende isso, não o compreenderá nunca."

Esta corja patriarcal, que renega a vida e a mulher, não pode ter sua origem em Jesus. Aquele que trabalhou por oito horas na vinha não recebe mais gratificação por parte de Deus do que aquele que trabalhou somente uma hora. Diante de Deus, todos os homens são iguais, porque é o amor que conta. E o amor não tem nada a ver com quantidade. Eu sempre senti que a vida é infinitamente maior no amor. Que o ser humano só vive uns três por cento daquilo que a vida realmente é. Isto tudo disse à pastora, e ela ficou só me olhando, talvez não tenha captado a idéia.

Por que não me converti à Igreja Evangélica? Porque a verdadeira fé católica é mais mística, porque tem mais cores. No catolicismo há ainda mais segredo, ainda mais o segredo do amor, que não é possível descrever com palavras. Na Igreja Evangélica, o verbo é a religião, é possível compreender melhor, há também mais aceitação e franqueza. Em compensação, há santidade de menos. Santificar o ser humano individual, isto falta aos evangélicos.

Maria é um pouco como a consciência pesada da Igreja Católica. É a porta dos fundos, porque a mulher é excluída e todos podem sentir que algo está errado aí. Em algum momento, a represa vai estourar. "O próximo papa", comentei recentemente com o capelão, "será uma negra maravilhosa." Ele riu e uma estudante que estava conosco perguntou: "Ela também vai poder ter um filho?" "Sim, claro está", opinamos. "Afinal, cada criança é querida por Deus."

Resta o sonho com o pai

Catharina* já está com quatro anos e não conhece seu pai. Ele pertence a uma Ordem religiosa e desapareceu antes do nascimento de sua filha. Com dificuldade, a mãe, Klara,* obteve uma pensão alimentícia para sua filha, lutando contra ele e a Ordem.

Quando Klara retorna da reunião de pais, a luz no quarto de dormir está acesa. Um tanto preocupada, ela sobe a escada, abre com cuidado a porta. Catharina, sua filha de quatro anos de idade, está deitada no meio do quarto fortemente iluminado. Ela construiu para si um verdadeiro ninho com peças de roupa.

Então, Klara percebe mais alguma coisa: a criança procurou, na gaveta com as fotografias da família, os poucos retratos que tem de seu pai e os distribuiu num círculo, em volta de seu ninho. Assim, ela adormeceu bem no meio.

"Sinceramente", diz Klara, a mãe, "só lhe mostrei as fotos uma vez antes. Só lhe disse uma vez quem estava nelas."

Catharina não conhece seu pai. Ainda não. Ele não está morto, simplesmente fugiu. Sacerdote de uma Ordem católica, deu no pé na primavera de 2000, antes de sua filha ter

---

*Nome fictício.

nascido. Desde então, ela vive só com sua mãe, e com dois irmãos mais velhos que já vão à escola, na região leste da Alemanha, onde os católicos são uma minoria exclusiva entre uma população cada vez menos crente.

Klara, que foi criada numa família católica, mandou batizar sua filha na fé católica, a despeito de tudo. Klara é uma daquelas mulheres indestrutivelmente autoconfiantes que cresceram na RDA, e que só ficaram mais fortes com cada crise existencial. E seus filhos, inclusive Catharina com seus quatro anos, são bastante parecidos com ela neste aspecto — ou ainda o serão, espera.

Os quatro vivem agora em Leipzig. A mãe recebe apoio de sua família e de inúmeros amigos. Formou-se uma rede de pessoas que cuidam de seus filhos. Klara abriu uma loja, um confortável café literário, que floresce. Ela fica de pé das seis horas da manhã até tarde da noite, e afirma: "Não se deve pensar demais em como é que se vai conseguir tocar a vida, senão não se consegue mesmo."

Klara se sente bem no ambiente do café, uma loja entre alternativa e profissional, particularmente adequada para crianças. É um ponto de encontro badalado para muitos residentes de Leipzig, bem como turistas. Seu apartamento novo fica bem próximo. Sua filha mais nova, uma criança alegre de cabelos encaracolados e grandes olhos castanho-escuros, anda de um lado para o outro no café, enérgica e independente, na maioria das vezes sem perturbar ninguém.

Daqui a pouco, a garota de quatro anos vai entrar para o jardim de infância. Então, planeja sua mãe, ela vai poder tomar conta de mais um outro café no centro da cidade, juntamente com outras mulheres.

"Nós, mulheres da RDA, aprendemos justamente a nos virarmos por conta própria", diz Klara. "Quase todas somos filhas de pais divorciados. Talvez algumas coisas se tornem mais fáceis para nós por causa disto. Já passamos os anos fundamentais da vida sozinhas com uma mãe. Minhas amigas e eu podemos quase tudo na vida sozinhas. Os homens, então, se perguntam freqüentemente: qual é a função que posso exercer aí ainda? Aprendemos a não demonstrar nenhuma fraqueza enquanto mulheres, nem sequer admitir algo como uma necessidade de apoio."

Klara conta:

"Quando Adalbert e eu nos conhecemos, cada um de nós tinha sua liberdade. Ele era padre de corpo e alma. Seu maior medo era abrir mão disso e não saber o que seria dele. Ele estava no centro das atenções e era idolatrado pela comunidade.

"Aos 19 anos, entrara para a Ordem, cheio de entusiasmo. Fora ordenado padre aos 27 e pensava que tudo em sua vida continuaria a transcorrer tão facilmente. Mas as coisas não se deram assim. Quando a centelha se acendeu entre nós, ele estava no fim dos 30. Adalbert quis ter alguma coisa que lhe era proibida. Em mim, encontrou a mulher ideal, que não fazia questão de ter um relacionamento fixo.

"Era um amante atencioso, um homem que gostava de crianças e se apaixonou completamente pelos meus dois filhos. Afinal, acumulara anos de trabalho com jovens. Ia com eles ao futebol, esbaldava-se com eles, cantava e tocava violão. Porém, eu sentia a falta de alguém durante os conflitos com as crianças. Um pai procede de modo distinto.

"Não tomo pílula e tomo cuidado nos meus dias férteis, mas, mesmo assim, engravidei. De alguma maneira, isto também foi certamente uma forma de brincar com fogo: o que vai acontecer conosco, se a coisa ficar séria?

"Contei primeiro a minha mãe. Ela não ficou exatamente entusiasmada. 'Imagine que ele queira casar comigo', perguntei-lhe, 'e então?' Desconfiava que isto não funcionaria. Já havíamos discutido muitas vezes a propósito de sua concepção tradicional católica acerca do papel das mulheres. E com o que trabalharia, então? Eu não deveria ter prestado mais atenção? Bem, agora acontecera aquilo que podia acontecer. Não há amor sem conseqüências. Se não fosse pela gravidez, talvez nossa relação aberta tivesse durado durante anos. E aí? Não queria casar-me com ele repentinamente. Queria buscar um caminho juntamente com ele — o que, infelizmente, não deu certo.

"Sentia dificuldade de conversar com ele a respeito da gravidez, uma vez que, no início, eu mesma não tinha clareza de minha posição a respeito. Ademais, naquele momento, ele estava justamente fazendo um curso de aperfeiçoamento e estava sob grande pressão devido às provas. Quis poupá-lo e, portanto, inicialmente não lhe disse nada a respeito.

"Contudo, durante diversos dias, escrevi um texto comprido no qual relatei a situação, que também era difícil para mim. Durante um encontro, quando estava já no terceiro mês, entreguei-lhe, por fim, aquelas páginas para ler.

"Entre outras coisas, descrevia meu medo de sua reação: 'Você vai gritar? Vai me repreender? Você vai se retirar para pensar? Vai alegar que não é seu filho? Você vai chorar? Vai me bater? Você vai sair correndo? Vai tomar decisões sem pensar? Você vai simplesmente ficar mudo? Vai se embebedar sem moderação? Depois que a primeira reação passar, também tenho medo das demais. No que isto vai dar? Tenho medo de você. E também de mim. E por você.'

"E eu articulava minhas dúvidas, se um aborto não seria o caminho mais sensato: 'Hoje, pela primeira vez, pensei em trilhar o caminho mais fácil. Não conversar com ninguém a este respeito e ir simplesmente para o hospital por três dias. O método de aspiração é seguro e rápido. Assim, você poderia continuar vivendo como até agora, sem saber, sem desconfiar. Eu poderia fazer tudo aquilo que imaginei nos últimos meses. É uma tentação apagar aquilo que aconteceu. Mas não poderia nunca mais olhar a mim mesma nos olhos de verdade.

"A reação de Adalbert foi inicialmente efusiva: 'Oh', exclamou, 'quando é que vai nascer? Como vai se chamar? Quer saber: simplesmente, vou me tornar evangélico.' Entretanto, no dia seguinte, foi embora e aconselhou-se com um amigo padre. Jamais descobri o que foi conversado ali. Não soube mais nada de Adalbert. Não atendia ao telefone.

"Esqueci minha gravidez e me afundei no trabalho. Meu filho mais velho ainda lhe escreveu um cartão. Adalbert já não vinha mais aqui para casa, deixando também as crianças na mão. Não obstante, parabenizou ainda o mais novo pela comunhão. No cartão de agradecimento deste último, estava escrito, em alguma parte, na margem, numa letra infantil caprichada: 'Você sabe que, na verdade, minha mãe ainda vai ganhar outro filho?'

"Infelizmente, não houve resposta. Minha filha nasceu à noite, e até poucas horas antes do parto trabalhei como possessa. Depois do nascimento da criança, telefonei-lhe e, de fato, consegui falar-lhe: 'Só queria dizer... é uma menina!'

"Ele tomou conhecimento disto e desligou. Então, não foi mais possível alcançá-lo pelo telefone. Sua Ordem o protegia direitinho.

"Só nos encontramos mais uma vez, para o reconhecimento de paternidade: no corredor diante da sala do juiz.

"Ali, também, viu pela primeira e última vez sua filha. Estávamos sentados um defronte do outro no corredor despojado, a criança de cinco meses deitada ao meu lado, pesadamente enrolada no cueiro. Ele sequer se atreveu a aproximar-se de nós. Pensei em colocá-la simplesmente em seus braços por um momento. Contudo, evitava todos os meus olhares e olhava fixamente para fora da janela. Então, voltava a esgueirar o olhos em nossa direção e sacudia a cabeça, desconcertado.

"Na sala do juiz, então, pôs em dúvida de que ele realmente seria o pai. Justificação de seus advogados: eu moraria num prédio multifamiliar, onde também viviam outros homens. Aquele era, então, o homem que ainda recentemente, quando de uma visita conjunta ao Zoológico com meus filhos crescidos, havia se alegrado imensamente: 'Que bom que eu possa, enquanto padre, comprar um ingresso familiar, para variar!'

"Eu havia tentado o processo de reconhecimento enfrentando grandes dificuldades. Não obstante, tudo se tornaria mais difícil ainda. Na medida em que Adalbert se subtraía, escrevi ao chefe de sua Ordem. 'Como é que vamos saber se nosso irmão é realmente o pai de seu filho?', foi a primeira coisa que tive que ouvir.

"Então, em seu lugar, os advogados da Ordem se manifestaram: 'Queremos apontar expressamente para o fato de que nosso mandante não tem o menor interesse em buscar um conflito com a senhora. Ele quer esclarecer a questão da paternidade sem litígio, porém de acordo com as prescrições legais.' Adalbert fora desaconselhado a reconhecer a paternidade, 'na medida em que tinha dúvidas a respeito'.

"Tive que engolir em seco quando li a carta, mas contratei então uma advogada que, num caso como este, optou por trilhar o caminho habitual: o juiz finalmente ordenou fazer um teste de paternidade. Eis o resultado do DNA de nossas amostras de saliva, colhidas em separado: segundo 99,9911 por cento das probabilidades, Adalbert é o pai biológico.

"Aí estava então — uns seis meses depois do nascimento. Pensei: agora tudo ficou claro; porém, infelizmente, tudo estava ainda longe de ser resolvido.

"O pai padre não queria sequer pagar a pensão alimentícia mínima, a despeito da disposição do tribunal da comarca. Seus advogados nos escreveram imediatamente que a Ordem era pobre e que o irmão Adalbert teria feito um voto de pobreza. Não dispunha de qualquer rendimento pessoal e, portanto, também não havia dinheiro para sua filha.

"Voltei a escrever. O que estava em jogo não era apenas dinheiro, ainda que eu necessitasse também disto urgentemente. O que estava em jogo era a responsabilidade, da qual o padre e a Ordem queriam fugir totalmente. Dessa vez, dirigi uma carta diretamente ao órgão central da Ordem, em Roma: 'Então, de acordo com a vontade da Igreja, essa criança jamais vai conhecer realmente seu pai biológico. Uma instituição lhe nega a oportunidade de descobrir por conta própria a importância da outra parte de sua própria vida. Resta o sonho de um pai.'

"Ou se opta por mentir a vida toda, por se encontrar secretamente e por enganar as crianças, argumentei, ou então se dá as costas à vocação sacerdotal em favor de uma relação e fica-se a vida inteira a lamentar este fato. Ambas as coisas são pecados. 'Por favor, inclua em suas discussões a existência de filhos de padres, gerados por seus próprios co-irmãos. Tenho conhecimento de que não sou um caso excepcional, e também sei muito bem que a decisão de levar adiante uma vida gerada nessas condições é muito difícil. Ajude também as mulheres e não as obrigue a cometer um pecado. A vida não precisa somente nascer, também deve poder crescer de alguma maneira. Isto não custa somente forças, porém, infelizmente, também dinheiro.'

"Da matriz, chegou uma missiva curta, de três linhas: 'Infelizmente, não podemos nos imiscuir nos interesses de nossa província.'

"Estávamos de volta às audiências no tribunal. Adalbert não apareceu mais, fora-lhe sugerido deixar a Alemanha e ele encontrara uma colocação numa paróquia qualquer na América Latina. Também não havia ninguém da Ordem, a não ser os advogados contratados. Eles repetiram, seguindo o protocolo do tribunal, apenas seu ponto de vista, já conhecido: 'Não há obrigação legal da Ordem de se responsabilizar pelo seu irmão. Tampouco é possível constituir esta obrigação. A Ordem vive de donativos. No caso de um membro da Ordem, a situação é que, mesmo quando ele trabalha fora dela, deve entregar seus ganhos à Ordem. A Ordem não dispõe de fundos para alimentar filhos gerados por seus membros. Não obstante, é possível que a Ordem assuma o pagamento de pensão alimentícia dos seus membros, desde que o assunto não chegue a público.'

"Minha resposta diante da juíza foi: 'Não quero pensão alimentícia da Ordem ao custo de ter que me calar sobre a criança.'

"Então, o processo ficou se arrastando durante meses entre os advogados da Ordem e minha advogada. A Ordem apresentou tabelas, que davam a impressão de serem absurdas, a respeito da vida financeira de um pobre monge. Documentos meticulosamente detalhados, comprovando que Adalbert não poderia ter um centavo sobrando para uma criança. Ele não auferia 'absolutamente nenhum ganho. Ele é meramente alimentado pela Ordem. No que diz respeito a seus alimentos, de 1.250 marcos, deve prestar contas anualmente de forma detalhada'. E porque ele mesmo não dispunha de nenhuma renda, 'sem dúvida ele não é solvente e, com isto, também não é obrigado a pagar pensão alimentícia'. De resto, os advogados me comunicaram: Adalbert 'não tem intenção alguma de abandonar a vocação de membro da Ordem que ele escolheu e na qual vive há 23 anos, sendo que há 15 anos como padre. À guisa de esclarecimento, apontamos a esta altura que o fato de pertencer a uma Ordem não constitui um emprego, porém uma atividade abrangente e integral. O réu prometeu à sua Ordem viver pobre, celibatário e obediente. Assim como não se pode exigir dele que se case por causa de um filho, também não se lhe pode exigir que abandone o celibato por ele escolhido e a forma de vida a ele associada'.

"Minha advogada teve que se ocupar com o fato de que a Constituição, em seu artigo 140, garante à Igreja o direito de autodeterminação e de autonomia administrativa. Juntamente a isto, são protegidas tanto a posição de direito de liberdade religiosa como as determinações de direito canônico de um religioso ali integradas, leia-se o voto de pobreza prestado. Do ponto de vista de sua filha, entretanto, assim argumentamos, não pode passar despercebido o fato de que Adalbert, bem como sua Ordem, invocam as normas protetoras de sua Igreja, que ele próprio violou. Na ponderação das normas entre os interesses protegidos da criança nascida e os direitos de liberdade individual de um religioso ordenado é preciso dar prioridade aos da criança. Isto vale mesmo que o Tribunal Constitucional da República atribua normalmente um peso particular aos interesses da Igreja.

"Um dia, o provincial alemão da Ordem apareceu em pessoa no tribunal. Repetiu os mesmos argumentos: 'Não temos ordenados. Nosso princípio é tal que cada um entrega aquilo que recebe e recebe aquilo de que precisa. Conseqüentemente, a Ordem, não o indivíduo, recebe o ordenado.' Infelizmente, o caso todo 'tornara-se indiscreto', porque a queixosa não se calara completamente a este respeito. 'Agora, de qualquer maneira, tudo já é de conhecimento público', constatou o chefe da Ordem. 'Contudo,' o irmão Adalbert 'teve tempo de refletir se queria abandonar a Ordem. Porém, ele se decidiu a favor da permanência. Não o forçaremos a sair. Não obstante, também teríamos respeitado se ele tivesse se decidido de outra maneira.'

"Então, o superior da Ordem repetiu sua última proposta: 'Pagamentos feitos pela Ordem teriam um caráter voluntário e estariam fundamentados sobre considerações de justiça. A Ordem faz questão que não seja constituído nenhum direito explícito. A Ordem não terá, ela própria, obrigação, nem haverá obrigação do réu, mas pagamentos são possíveis.'" É isso aí, Klara.

Por fim, chegou-se a um compromisso: sem que houvesse uma sentença realmente clara. Provisoriamente, a Ordem de Adalbert assume a responsabilidade pelo seu filho, desde que a mãe renuncie à execução da pensão alimentícia fixada anteriormente pelo tribunal da comarca até o ano de 2018. Desde então, a filha do sacerdote recebe a pensão alimentícia mínima fixada por lei, de 158 euros mensais. Caso a Ordem não continue a pagar, seu pai deverá ser processado novamente. A Ordem liquida "a questão", conforme o caso foi chamado diante do tribunal pelo provincial, de forma muito discreta, por meio da conta bancária de uma advogada.

Mas Klara afirma que não quer satanizar o pai de sua filha. Está muito mais preocupada com aquilo que Catharina herdou de Adalbert. Isto, porque ela nota a cada dia com mais clareza: esta criança é diferente das suas outras duas. Um ano depois do nascimento de Catharina, ela escreveu à mãe de Adalbert, que nada sabia de sua existência ou da de sua neta:

Refleti muito se eu realmente deveria lhe escrever... Pertenço à comunidade em que seu filho foi capelão. Foi ali que o conheci. Naquela época, ele se lembrou que seu próprio pai — portanto, seu marido — estava com 40 anos quando se tornou pai pela primeira vez. Ele pensou muito sobre o que é realmente importante em sua vida. Quando ambos tivemos a clareza de que a vocação ao sacerdócio pesava para o seu filho mais do que todas as outras coisas, infelizmente, eu já estava grávida. Em seguida, ele cortou qualquer contato comigo.

Dei à luz nossa filha Catharina em setembro. A Ordem de seu filho pediu um teste oficial de paternidade. Ele foi realizado e confirmou que seu filho é realmente o pai de minha filha.

Seu filho não a conheceu e também não procurou estabelecer nenhum contato conosco. Seguirá seu caminho como padre.

Quero que saiba que aceito incondicionalmente esta decisão, ainda que esteja convencida de que um encontro entre pai e filha fosse bom para ambos.

Considero importante que uma mulher saiba que ela se tornou avó. Por isto é que estou escrevendo.

Contudo, escrevo esta carta também para mim. Vejo em Catharina muitas coisas que não reconheço em minha família. Posso simplesmente lhe perguntar várias coisas?

Catharina é uma garotinha maravilhosa, comunicativa e alegre. Ela é autoconfiante e muito charmosa. Tenho a impressão de que ela é muito musical. Seu filho também já cantava melodias com um ano de idade?

Ele também teve muitos dentes muito cedo? Catharina já tem hoje — aos 15 meses — 12 dentes.

Há problemas de ouvido em sua família? Catharina sofre com muita freqüência de otites médias, e gostaria muitíssimo de saber se, talvez, isto é hereditário. Provavelmente, ela vai ter que se submeter ainda este ano a uma cirurgia, porque apresenta líquido nos ouvidos. Estes devem ser escoados através dos tímpanos; caso contrário, poderia acontecer de ela um dia perder a audição. Seu filho também sabia andar tão bem e com tanta segurança com um ano de idade? Catharina simplesmente se levantou e saiu andando, quase não precisou praticar.

Seu filho também era tão alegre e expansivo? Na verdade, isto também pode vir de minha família...

Ele também dormia tão pouco? Catharina passa quase o dia inteiro acordada, sem ficar cansada — em compensação, dorme excelentemente a noite toda.

Seu filho também comia tanto e tão depressa? Catharina poderia comer o dia inteiro. E, felizmente, também come absolutamente tudo com prazer.

Gostaria de lhe fazer ainda mais perguntas. Quando comparo Catharina com meus outros dois filhos maiores, vejo muitas diferenças. Talvez a senhora entre em contato comigo...

Klara não obteve resposta para sua carta.

Catharina, a filha com um pai de fotografia e na documentação do tribunal, que ainda não sabe nada a seu respeito, caminha alegremente de um lado para o outro entre as mesas do café de sua mãe, e é familiar com muitos dos fregueses. Logo depois de seu nascimento, Klara escreveu uma carta para sua filha. Mais tarde, ela poderá lê-la:

Querida Catharina,

Um dia, você vai me fazer perguntas que eu possivelmente não saberei responder. Talvez elas sejam terrivelmente importantes para você, talvez, porém, nossa vida também tenha se desenvolvido de tal maneira que outras coisas serão mais importantes para você. Em todos os casos — e talvez também um pouco para mim —, hoje já quero responder àquilo que eu imagino que um dia você vai me perguntar:

"Mamãe, quem é meu papai?"

Seu pai é um homem que, na minha lembrança, foi muito próximo a mim emocionalmente por um lado e, por outro, sempre permaneceu estranho.

O motivo mais importante pelo qual nós nunca aprendemos a nos conhecer realmente é sua profissão. Ele é um padre católico — mais ainda, ele pertence a uma Ordem religiosa. Os padres católicos não podem admitir para si mesmos que amam outro ser humano — e por isto mesmo é que não podem gerar filhos.

Recordo-me de seu pai como um ser alegre e bastante descontraído. Ríamos muito juntos, gostávamos da mesma música, e também brigávamos violentamente. Lembro-me de que ele gosta particularmente de crianças. Seus irmãos eram absolutamente apaixonados por ele. Organizávamos coisas, todos juntos, e os dois se tornaram escoteiros por causa dele. Ele é... e viveu muitos anos em...

Acho que sua origem e sua história o marcaram muito profundamente. Quando nos aproximamos mais do que devíamos, ele ficou muito mal. Mesmo assim, não conseguimos realmente manter distância um do outro. Quando, finalmente, ele decidiu que seus votos lhe eram mais importantes que tudo mais, você já estava na minha barriga. Mas nós dois não o sabíamos ainda.

"Ele me viu alguma vez?"

Antes que eu responda a esta pergunta, talvez eu deva contar para você como ele reagiu quando lhe contei sobre você pela primeira vez. Então, você só estava com oito semanas de vida e tinha, no máximo, o tamanho de uma cabeça de alfinete. Mas eu já havia admirado você no ultra-som e me apegado a você. Tive a sensação de que o chão afundou debaixo dos pés do seu pai. Ainda assim, ele inicialmente me tomou em seus braços, prognosticou que você certamente se tornaria muito bonita (ele teve razão) e depois perguntou como você se chamaria.

Evidentemente, ele procurava uma saída — ele realmente gosta muito de crianças — e propôs, rindo, tornar-se evangélico para continuar sendo sacerdote.

Contudo, esta foi somente sua primeiríssima reação, e ela veio lá de dentro. Tudo o que soube depois deve ter sido resultado de uma educação rígida e de um aconselhamento fatídico.

Infelizmente, seu pai não conheceu você. Provavelmente, ele intuiu que, ao te conhecer, só se pode te amar. E quando se passa a amar alguém, já não dá mais para se esconder.

Eu teria gostado muitíssimo que vocês se encontrassem por um tempo mais longo. Vocês só se viram uma única vez, durante uma negociação no tribunal. Então, ele já havia esquecido que havíamos sido muito íntimos um dia e explicou que talvez ele nem fosse seu pai...

"Será que, mesmo assim, ele às vezes ainda gosta um pouco de mim?"

Você sabe, eu acho que ele procura esquecer nós duas — não, nós quatro. É que gostar de alguém significa preocupar-se com esse alguém, conhecê-lo.

Ele se mandou da nossa vida antes que isto acontecesse. Assim, ele também fugiu à responsabilidade que um pai tem em relação ao seu filho.

Eu acho que, acima de tudo, ele temia que, ao conhecer você, também fosse construir um relacionamento com você.

Porém, em primeiro lugar, ele não pode fazê-lo, porque a Igreja não quer, e, por isso, ele também não quer. Ele chegou a jurar isso uma vez.

Em segundo lugar, ele não quer porque, então, teria que questionar a si mesmo, a seus votos e a seu caminho. Já não seria mais livre.

"Vou conhecê-lo um dia?"

Não impedirei você de fazê-lo. Se eu conseguir, vou procurar me informar a respeito de seu paradeiro. Se um dia você esti-

ver forte o suficiente para poder encontrá-lo e quiser vê-lo cara a cara, então vou apoiar você nisto.

"Você realmente me quis?"

Já que você está me perguntando tão diretamente, então devo também responder honestamente.
No início, eu provavelmente senti, antes de tudo, medo — da reação de seu pai, de uma vida com um terceiro filho, da incerteza. Naquela época, pensei muito em me separar de você. É que, então, não te conhecia.
No momento em que eu descobri você pela primeira vez no ultra-som, comecei a lhe querer de verdade. E isto não parou até hoje.
Sua Mamãe.

Recentemente, o mais velho esteve numa missa. O sermão girava em torno de casamento e amor. "Por que é que ele está pregando sobre isso, se ele nem sabe o que é", sussurrou o jovem para sua mãe. Então, recostou-se e não prestou mais atenção. "A Igreja", diz Klara, amargurada, "faz com que seja particularmente fácil aos homens se subtraírem de sua responsabilidade. A melhor coisa a fazer é se tornar monge, para que se possa andar por aí pelo mundo, fornicando. E se acontecer alguma coisa, os outros é que assumem a responsabilidade. Esta instituição faz discursos moralistas sobre o casamento, a família e o amor, mas ela protege seus homens imorais e deixa os outros na mão, que são as mulheres e, acima de tudo, as crianças."

Catharina mete um amendoim no copo de vinho de sua mãe e sorri para ela de modo provocador. "Adalbert não sabe que tem uma filha tão maravilhosa. Não sabe o que está perdendo com esta criança." É parecida com o pai? "Oh, em quase tudo. Ela puxou muita coisa fascinante dele: seu aspecto, sua força de espírito, sua voz possante. Ela tem presença, ela preenche o espaço, é sempre o centro das atenções. E, estranhamente, gosta de ir à Igreja, ainda que o façamos raramente. Caso seja possível herdar algo assim, então ela herdou isto também: sua fascinação pelas coisas sacras." Então, ela olha mais uma vez pela janela: "Quando chegar a hora, quero que os dois se encontrem. Naturalmente, só se ela também quiser. Mas, um dia, este confronto vai acontecer."

Uma infância por detrás de máscaras

Thomas, 26 anos, de Tutzing, no lago Starnberger. Sua mãe era professora numa escola conventual que seu pai, um monge beneditino, dirigia. Tiveram secretamente dois filhos, Thomas, em 1977, e Gabriele, em 1980. Quando Thomas estava com 12 anos de idade, o pai se mudou para junto da família, após o que ambos os genitores perderam seus trabalhos. O casamento e a família fracassaram; Thomas ficou depressivo e, aos 17 anos, adoeceu de câncer. Por pouco não morreu. Atualmente, trabalha numa cervejaria.

Máscaras
Coloquei a máscara da tristeza e a sombra cinza, que envolve todos nós, me recolheu no seu íntimo. Não me diferenciava em nada, contudo sentia estremecimentos esporádicos que parcialmente também pareciam sair de mim e refluíam rapidamente. E quanto mais tempo eu ficava ali, mais difícil se tornava voltar a retirar a máscara, ela parecia querer ajustar cada vez mais meu rosto, embaixo dela, a suas próprias feições, de tal maneira que, mesmo sem a máscara, ficava ainda parecendo como ao estar com ela.

Então, botei a máscara da felicidade, de alguém que sorri com olhos alegres, e a massa cinza se abriu e me deixou cair, mas, das paredes do buraco em que caí, braços semelhantes a tentáculos se estendiam e procuravam arrancar minha máscara.

Logo a seguir, botei a máscara do deus dos homens e vi como eles se inclinavam diante de colunas em ruínas e corriam atrás de animais estranhos, cujos excrementos eram a única coisa que chegavam a alcançar. Escorregavam neles e eram atropelados pelos que vinham a seguir, alguns se levantavam novamente e continuavam a correr, outros permaneciam deitados e morriam. E eles pintaram e desfiguraram minha máscara até ficar irreconhecível, compreenderam-na como caricatura e como piada, e somente poucos estavam em condições de reconhecê-la ainda em sua integridade.

Depois, segurei a máscara da morte diante de meu rosto e a reação foi parecida com a da felicidade. Os homens me evitavam e me expulsavam, seus rostos estando voltados para outras direções, todos de braços erguidos em sinal de rejeição. Contudo, a minoria dentre eles chegou a me perceber.

Por fim, tirei todas as máscaras e me mesclei aos homens. Ia simplesmente reto e, inicialmente, nada aconteceu. Não fui rejeitado nem acolhido, mas, então, ouvi atrás de mim gritos que iam se tornando mais altos, e os homens se viravam e iam atrás de mim. Os que se encontravam mais para trás começaram a correr, e os gritos me ultrapassaram. A atenção dos homens à minha frente se voltou para mim e, gradualmente, eles formaram um círculo ao meu redor, de onde não havia escapatória. Pegaram pedras e as jogaram em mim, e desmoronei devagar e fiquei inconsciente, e através da fenda de meus olhos fechados vi, num delírio que estava se iniciando, que todos os homens tinham perdido suas máscaras e soube porque eles me haviam matado.

Thomas, 1994, no setor de oncologia do Hospital Schwabinger

Na verdade, os dois grandes pratos de sopa com panquecas já deveriam ter despertado sua desconfiança. Normalmente, ele sequer ganhava um sorvete no posto de gasolina. E, agora, logo uma porção dupla de seu prato predileto? Thomas resolveu não colocar em risco sua sorte inusitada com perguntas, e saiu comendo.

Depois de comer, foram para o hotel — ele, sua mãe e o colega de escola dela, Anselm. Encontravam-se em Ulm, numa das excursões que faziam para visitar igrejas antigas. A subida dos 700 degraus até a torre da catedral havia parecido infindável para Thomas, mas, em compensação, no fim, ele ficara em pé sobre o maior campanário do mundo. Sua mãe fechou a porta do quarto do hotel atrás de si e encarou-o. "Thomas", disse, "eu prometi que você ia poder conhecer seu pai quando estivesse com nove anos de idade."

Sua garganta ficou instantaneamente seca. O quê? Aqui? Agora? Seu pai teria sido transferido de Roma para Ulm? Diante de si, apareceu uma imagem: ali estava seu pai, um homem alto, de cabelos pretos e traços marcantes, sentado numa bancada e trabalhando em aparelhos médicos. Em sonho, aparecera assim para Thomas — ele olhara através da única janela iluminada de um castelo da Bela Adormecida, em algum lugar da Itália, e descobrira seu pai. Quando acordou, Thomas soube que aquele sonho era a resposta de seu subconsciente ao enigma que sua mãe lhe apresentara desde pequeno: o papa manteria seu pai, um médico, preso em Roma. Thomas conseguiu finalmente articular: "E quem é?"

A mãe fez um movimento para o lado com a mão e disse, apenas: "Ele." O quê?! Padre Anselm? Mas ele — ele não podia mesmo! Ele não devia mesmo, isto Thomas, que era coroinha, sabia perfeitamente. Ficou perplexo. E zangou-se. Que o houvessem enganado esse tempo todo. E afinal, seu pai era apenas o tipo que ficava sentado quase todo dia em sua cozinha.

Teve que engolir. Padre Anselm não era absolutamente o pai com o qual sonhara — não era um herói como o Agente 007 Sean Connery, não era um aventureiro como Reinhold Messner, nem sequer um médico famoso. E tampouco era exatamente atraente. Instintivamente, Thomas compreendeu algo que pode parecer estranho para uma criança de nove anos. Pensou, justamente, que ele mesmo podia se parecer com o homem que estava diante de si: pequeno, baixote e um tanto calvo. Noção esta com a qual tinha dificuldade de lidar.

Seu pai sorriu. Thomas se aprumou com esforço. Gostava de seu pai, isso sim. Além do mais, seria asqueroso da parte dele pensar assim a respeito do monge gentil que chegara, inclusive, a levá-lo duas vezes — sozinho, sem a mãe — para acampar no sul da Itália. Então, era por isso! Não era o colega da mamãe, não, seu *pai* é que tirara férias com ele. Portanto, não teria absolutamente precisado se incomodar pelo fato de que aquele homem, que na praia, diante dos outros veranistas, ele chamara de "Tio Anselm", não era absolutamente seu tio de verdade, porém um monge. Na realidade, Thomas não tinha mentido de fato. Ao contrário, este homem era-lhe ainda mais próximo. Ele era "papai". Só de pensar nesta palavra, Thomas ficou tonto.

"Você agora entende porque não podíamos dizer isto antes para você, Thomas", ouviu sua mãe dizer, "mas, agora, você já está suficientemente crescido para guardar o segredo." Ele acenou com a cabeça, ausente. Mamãe foi buscar o baralho. Sob o efeito do choque, jogaram *skat** durante horas.

"E, enquanto isto, comecei a entender", conta o rapaz de 26 anos, "em quê consistia realmente a decepção. Nada ficara realmente melhor pelo fato de eu finalmente saber quem era meu pai. Até então, por assim dizer, estivera cego. Agora, é verdade que eu podia ver. Entretanto, em compensação, estava agora condenado a ficar mudo." Nem sequer a irmãzinha de Thomas, Gabriele, que também era filha do monge, podia tomar conhecimento da situação (ver figura 3). E a palavra "papai" continuou a ser sinônimo de nostalgia. Thomas chama seu pai de "Anselm".

Thomas tem cabelo muito comprido e usa cavanhaque. Esconde seu rosto redondo debaixo de um chapéu marrom de aba caída. O moletom e a calça camuflada estão manchados e gastos. O filho de clérigos se transformou num *hippie*. Um rebelde louro, de voz agradável e pequenos olhos espertos.

Entre aqueles tempos e o tempo presente houve uma doença grave. Aos 17 anos, Thomas teve câncer — *Non-Hodgkin grande maligne*. Quando foi descoberto, o tumor era grande como um punho e as chances de sobrevida estavam em 70 por cento. Entre o tempo de outrora e o câncer, houve o tempo das máscaras. A do conspirador, que não pode colocar ninguém a par do complô da família. Que, como um jogador de pôquer, não pode mostrar nenhuma emoção, nem mesmo quando se trata de uma das pessoas mais importantes na vida: o próprio pai. A máscara do sujeito frio e inde-

---

*Skat: jogo de cartas alemão, jogado por três pessoas, em que se descartam duas cartas. (*N. da T.*)

pendente, depois que o complô foi descoberto. A máscara do forte, que esconde sua fraqueza na escola, sem desconfiar de que está mortalmente doente.

A doença, diz, arrancou-lhe todas as máscaras e libertou-o. Realmente? Thomas é sincero e gentil. Fala rápido e muito de si mesmo, de seus ideais. Aquilo que diz é pensado. Não se insinua, dá impressão de ser esclarecido, mas não arrogante. Contudo, sente-se esse distanciamento intelectual, como se o esperto filho de sacerdote ainda trouxesse uma máscara. Talvez esta tenha se tornado como uma segunda natureza, talvez ele tenha mascarado seu interior de si mesmo.

"Estou sempre apaixonado pela pessoa errada", diz, por exemplo, "e gosto disso." É Thomas quem diz, ou é a máscara do corajoso? Então, ele ri para dentro, erguendo os ombros, sacode os braços e solta um risinho baixinho como uma criança que se torna boba porque ninguém brinca com ela.

Pela sua aparência, o próprio Thomas poderia ser monge. Isto não se dá por acaso. Ele chama o Tutzinger Keller, uma cervejaria alternativa exposta ao vento, junto do lago Starnberger, de "uma espécie de Ordem secular". Ali, ele mora e trabalha dentro de um coletivo de pessoas com o mesmo modo de pensar. Thomas traga seu cigarro que ele mesmo enrola. "Meu pai também tinha esta idéia de projeto comunitário com sua escola conventual, mas não conseguiu colocá-la em prática. Porque, inclusive, ele fez uma coisa que era proibida."

Quando seu pai se apaixonou por sua mãe, estava com 39 anos de idade e era diretor da escola conventual Schäftlarn. Ela estava com 26 e se parecia com a Maria Madalena representada num dos retábulos barrocos da igreja do convento beneditino: uma mulher voluptuosa com cabelos ondulados louros, cuja roupagem escorrega dos ombros brancos reluzentes, enquanto seus braços se agarram à cruz com o moribundo. "Quando Gisela se apresentou na minha casa, já senti sua personalidade erótica", diz o pai de Thomas.

Estas são palavras muito francas para alguém que foi educado pela Igreja. "Jamais se falava sobre sentimentos ou até mesmo sobre sexo, nem sequer com relação ao voto de castidade", afirma e faz uma pausa. Então, diz algo monstruoso: "Fui esclarecido sexualmente por um padre, quando era aluno num internato conventual. No meu caso, isto me ajudou. Em outros casos, não foi auxiliador. Mais tarde, o padre foi condenado — está na cadeia por causa de abuso de menores."

Na vida de Anselm, também não teve muito espaço para um pai. Quando Anselm freqüentava a escola primária, seu pai estava na guerra. Quando este regressou, Anselm estava com dez anos de idade e freqüentava aquele mesmo internato beneditino em Schäftlarn onde era reitor quando Gisela entrou em sua vida.

Essa mulher o provocava em todos os aspectos: depois de estudos duplicados, Gisela era ao mesmo tempo professora de arte e arquiteta-engenheira — e, paralelamente, a recém-divorciada ainda criava um filho pequeno. A fascinação era mútua. "Anselm me impressionava em todos os aspectos", derrete-se a mãe de Thomas, "seu intelecto, sua pedagogia, sua humanidade. Neste sentido, ele nunca foi padre, ainda que sempre usasse o hábito preto nos serviços."

Thomas, sua mãe e seu pai contam sua história, separados uns dos outros. O ex-padre quis assim, e, de qualquer maneira, Thomas não conta tudo para os seus pais. "Não tenho absolutamente interesse algum em contar para minha mãe quando tenho uma namorada, ou algo assim", afirma. "Mantenho minha família afastada das coisas íntimas. Dali não sai nada de bom. Procuro me ocupar mais intelectualmente com toda a história da família, não emocionalmente. Não dá para agüentar isso."

Thomas foi uma criança desejada. "Eu queria tomar pílula", diz a mãe, "mas Anselm foi contra." O ex-monge esclarece o porquê desta atitude: "Sofria por lecionar para tantas crianças e eu mesmo não ter filhos. Pensava que também daria conta da tarefa de educar um filho que fosse meu."

Thomas veio ao mundo no dia 17 de abril de 1977. "Vendendo saúde e forte, acima de quatro quilos, caracóis pretos e a cor do corpo demonstrando boa circulação", observou sua mãe. Anselm ficou aliviado. Caso a criança tivesse nascido deficiente, prometera a si mesmo que teria abandonado seu ofício. No serviço de assistência a menores, Gisela marcou um traço no local onde deveria ter sido inserido o nome do pai, e escreveu: "Sem informações."

Para os amantes, no início, a natureza secreta de sua relação era "muito dolorosa", como diz a mãe de Thomas, "mas, num determinado momento, se tornou normal". O arranjo beneficiava a ambos: nele, ela encontrara um homem que jamais iria lhe impor novamente o papel da esposa, que ela considerava limitador, como o fizera seu ex-marido. E ele tinha uma amante e um filho, sem ter que abandonar sua profissão. Contudo, cada vez mais, isto o oprimia. "Eu queria ter as duas coisas: o relacionamento com Gisela e a vida no convento. Mas não era possível", diz Anselm. "Para mim, isto ainda não está resolvido."

Não obstante, nos primeiros anos, o relacionamento funcionou surpreendentemente bem. Gisela morava, com seus filhos, numa residência que pertencia ao complexo do convento, diretamente diante da cela de Anselm. Durante seus longos telefonemas, podiam acenar um para o outro. Na escuridão, ele se esgueirava para a casa deles, trocava as fraldas do bebê, trocava carícias com a amante. Na sua condição de diretor de escola, podia arquitetar uma grade de aulas que se adequassem à mãe solteira — com horários livres para amamentar o bebê e para levar a criança mais velha ao jardim de infância. E quando alguém tentava adivinhar em voz alta quem seria o pai de Thomas, Gisela se desfazia em insinuações: o pai de Magnus, seu marido divorciado, ainda passaria por ali para lavar roupas.

Thomas era "uma criança radiante", diz sua mãe. Aos dois anos de idade, ele já formulava frases do tipo: "Você sabe, mamãe, a rigor, seria melhor fazer assim." Foi naquela época, também, que Thomas perguntou por seu pai pela primeira vez. "Então, respondi espontaneamente: bem, sabe, ele está em Roma", recorda Gisela. "Mais tarde, eu disse que o papa o prendia ali. E que ele era doutor — isto porque Anselm era teólogo formado, e as crianças deviam saber que seu pai era um homem inteligente."

Um ano mais tarde, aconteceu uma catástrofe. Thomas estava com três anos de idade quando Gisela notou que estava novamente grávida. Esta descoberta atingiu-a como um raio. Teve clareza que, dessa vez, os questionadores não se calariam de pronto quando ela acenasse para o pai de Magnus. Assim, pareceu-lhe impossível dar à luz outra criança ilegítima diretamente ao lado do convento, ainda que o caso com Anselm não se tornasse público. Afinal, enquanto funcionária da igreja, tinha obrigação de manter um certo estilo de vida.

Gisela abriu mão do apartamento. Estava esperando outro filho, escreveu formalmente a seu senhorio e patrão, e queria se mudar para junto do pai de seus filhos. Então, redigiu uma segunda carta para o abade. Afinal, eram amigos íntimos e já haviam até tirado férias juntamente com outros colegas de trabalho, para esquiar. "Você precisa me ajudar", escreveu, "estou me sentindo miserável." Não obteve resposta alguma. Somente alguns dias depois, quando o chefe da Ordem passou por ela por acaso, num dos muitos corredores do convento, parou rapidamente para cochichar: "Só posso dizer uma coisa: não se deve ter filho nenhum." A católica insiste no fato de que esta frase foi pronunciada — "Uma mãe não esquece uma coisa assim nunca."

Em contrapartida, o abade beneditino contesta esta observação. Tampouco teria recebido alguma vez uma carta deste tipo. A "vida dupla" de seu diretor de escola e da professora de arte teria sido "guardada como segredo absoluto", esclarece, que "me foi mantido escondido". Mordaz, acrescenta: "A divulgação de uma segunda gravidez ilegítima, de um pai não mencionado, não era exatamente tolerável para a reputação da escola."

Naquela época, Anselm também não ofereceu assistência a sua companheira. Era bem verdade que ele era contra o aborto — mas, tendo em vista a aflição de sua companheira, explicou-lhe que, caso ela não encontrasse outra saída, então não a impediria de fazê-lo. Nem sequer lhe passou pela cabeça a idéia de que podia deixar o convento: ele estava demasiadamente apegado à escola. Ela, por outro lado, não queria colocá-lo sob pressão.

"Então, eu vou é me virar sozinha", teria dito a si mesma. Até hoje, isto soa como obstinação. As circunstâncias eram mais adversas do que imaginara: todos os senhorios bávaros católicos a dispensavam, quando ia visitar apartamentos com seu barrigão e um filho em cada mão. Até mesmo os lares para mães solteiras não tinham lugar para hospedá-la: três filhos, aquilo era decididamente demais. Quando terminou o prazo para entregar o apartamento ao convento, já era junho. Gisela mudou-se com seus filhos para um abrigo emergencial, uma cabana de veraneio de um parente. Não havia ali nem água corrente, nem telefone, mas ficou sendo sua Belém, seu estábulo com um lugar para dormir.

Por fim, Gisela comprou um terreno. Sua mãe lhe fez um empréstimo. Para que estudara arquitetura? É bem verdade que ela não tinha dinheiro para pagar pedreiros, mas tinha duas mãos hábeis e a coragem do desespero. "Eu tinha apenas um único desejo na vida: ter a cada noite uma cama quente para meus filhos", recorda-se. Em novembro, pariu Gabriele — um nascimento repentino, ocasião em que ela se encontrava no hospital e, mesmo assim, ficou sozinha. As dores começaram tão repentinamente que não teve tempo de chamar por um médico.

Gabriele e ela moram, ainda hoje, naquela casa que Gisela construiu nos fins de semana do ano seguinte. Trata-se de uma construção excêntrica, uma espécie de provisório duradouro, feito dos materiais mais diferentes possíveis, um testemunho da pobreza e da criatividade de sua proprietária. Nenhuma porta fecha sem folga, nenhuma parede foi rebocada sem emendas, as escadas mais se parecem com escadas de mão, e, até hoje, não há água quente corrente. O quarto que Gabriele ocupa presentemente serviu, durante os primeiros dez anos, como cozinha e sala de estar ao mesmo tempo, porque era o único cômodo que podia ser aquecido, além do quarto de dormir da família. Seu teto é decorado com uma pintura colorida de sóis e anjos que tocam música, que lembra vagamente alguns afrescos de igreja — obra da própria proprietária.

Thomas só se mudou um ano atrás. "Só consegui agüentar ficar esse tempo todo com minha mãe", ressalta, "porque, no fim, eu só ia mesmo lá para dormir." Ele sabe que sua mãe batalhou duramente para criá-lo sozinha, juntamente com seus irmãos. E ainda luta. Há alguns anos, Gisela Forster foi ordenada sacerdote católica num navio que percorre o Danúbio. Até agora, não conseguiu escrever nenhuma página nova na história da Igreja com esta provocação, mas, mesmo assim, todos os jornais noticiaram a seu respeito. O papa a excomungou. "Ela sempre apronta alguma coisa", afirma Thomas, "e afasta aqueles que não topam. Até hoje, ainda tenho medo de atrapalhar as pessoas."

Não parece ser justo que uma mulher que lutou como uma leoa pelos seus filhos não receba deles mais do que gratidão. Mas Gisela está consciente do que acabou impondo a seus filhos, especialmente a seu filho Thomas. Isto, porque, ao contrário de seus irmãos, ele era seu "sensato", aquele a quem ela segredava seus problemas e, com isto, freqüentemente sobrecarregava. Magnus, o irmão mais velho de Thomas, era excessivamente desligado, esquecia tudo quando brincava; e Gabriele sempre foi "a pequena". "Thomas, em contrapartida, assume as responsabilidades", diz a mãe, "ele se dá mais, sofre junto, pensa junto. Naturalmente, procurei olhar para meus filhos e me perguntar do que eles precisavam. Entretanto, do jeito que sempre fui sozinha, naturalmente, sempre esperei também que as crianças me apoiassem."

Assim, o pequeno Thomas já assumiu o papel do pai ausente. Os três irmãos precisaram freqüentemente renunciar a coisas, se adequar, serem mais corajosos que outras crianças. No meio da fase da construção, repentinamente apareceu uma mulher estranha diante de Gisela. "Tenho aqui um mandado judicial", disse a representante do serviço de assistência a menores, "para lhe retirar as crianças. A senhora foi denunciada porque as crianças pernoitam na obra. O mais velho deve ir para a casa de seu pai, os pequenos serão recolhidos numa instituição."

Talvez Thomas tenha tido, então, pela primeira vez, consciência de culpa. Sabia que sua mãe mentia para a mulher do serviço de assistência, quando retrucou, segura de si, que as crianças estariam "totalmente em segurança" junto com ela. Isto, porque fora ele quem caíra dentro de um fosso de três metros de profundidade, na obra, de tal maneira que batera com o rosto sobre uma armação de ferro. Porque ele se balançara sobre as tábuas que cobriam o buraco no solo.

Naquela época, o filho do padre já teve que colocar uma máscara: a do mentiroso. Sua mãe lhe pediu para não dizer ao médico que o acidente acontecera na obra. Assim, contou ao doutor: "Subi numa árvore, caí e bati sobre uma raiz." Ao dizer isso, seu coração batia tão forte que achou que o barulho ia delatá-lo. No entanto, nada aconteceu: o médico acenou com a cabeça e apalpou seu rosto inchado. E o garoto de quatro anos se sentiu ao mesmo tempo aliviado e incomodado.

A mãe de Thomas é uma mulher inteligente e eloqüente. Ela não dá muito valor às aparências — com freqüência, seu cabelo não está penteado, sua casa raramente está arrumada. Contudo, a professora fala de forma clara e com muito discernimento. Possui um olhar esperto e uma voz alegre. Assim, ela convenceu primeiramente a mulher do serviço de assistência a menores, e então, na segunda-feira subseqüente, a juíza de comarca, diante da qual ela e as crianças se apresentaram — todos os quatro com roupas novas e cabelos recém-lavados. Gisela prometeu encontrar um lugar seguro para as crianças, até que a secretaria de obras lhe desse uma licença para o prédio em construção. E, de fato, as crianças passaram a morar por turno na casa de amigas. Ela inculcava a seu filho Thomas que ele tinha que tomar cuidado para serem "gentis", ele, seu irmão e a pequena Gabriele.

Seis meses depois, quando dois cômodos ficaram prontos na casa, as crianças puderam oficialmente se mudar de volta com a mãe. Naturalmente, já antes disto, vira e mexe passavam a noite na obra, escondidos: protegidos pela escuridão, esgueiravam-se furtivamente para seu acampamento de colchões.

Durante anos a fio, ainda se aconchegaram um ao lado do outro em quatro colchões. Quando Magnus, o filho mais velho da família desprovida de pai, saiu do quarto de dormir comunitário, já estava com dez anos de idade. "Quando presentemente encontro mulheres grávidas", afirma Thomas, "que já estão pensando onde vão preparar o quarto da criança — acho que é uma pena. Uma criança deveria passar os primeiros anos de vida estando relativamente próxima de seus pais, e não ser afastada para dentro do seu quarto."

Thomas se recorda de sua primeira infância com absoluto prazer. Em casa, teriam rido muito e tocado muita música — ele próprio tocava trombeta de caça com dedicação, sua mãe, violino, a irmã, piano, e o irmão, trompete. "Foi uma infância extravagante, mas absolutamente agradável", avalia o jovem, um tanto garrido. É claro que um pai fez falta: um daqueles com quem os meninos tivessem podido construir modelos de automóveis ou jogar futebol.

Por vezes, ele deve ter feito muita falta. Um professor de Thomas no primário lembra que o garoto teria indicado "detetive particular" como profissão desejada. Missão: encontrar o pai. Talvez a própria escola tivesse alguma culpa neste desejo. A mãe de Thomas fica realmente zangada quando se lembra do dever de casa "Desenhar a árvore genealógica": "Os professores sabiam perfeitamente que não havia pai e, portanto, com uma tarefa desta, colocavam o garoto diante de uma escolha terrível — a de mentir ou de desenhar um galho vazio." A saída foi a mãe rabiscar "Nenhuma Informação" nos espaços vazios do lado paterno — "e de uma forma tão desleixada que 'Nenhuma' parecia como um nome e 'Informação' como um sobrenome".

Quando Thomas estava com seis anos de idade, sua mãe foi, pela primeira vez, a um dos encontros secretos das Mulheres Atingidas pelo Celibato. "Todas as mães abriam o berreiro, e os filhos de padres eram esquisitos", recorda Thomas, "eu não sabia o que nós tínhamos a ver com eles." Para sua mãe, o grupo de auto-ajuda teve um efeito catártico. "De repente, percebi que eu não era a única com meus sentimentos de culpa, meus medos de fraquejar, minha penúria financeira", afirma Gisela, "então, fiquei com muita raiva da Igreja, que impõe aos homens um celibato que eles não podem manter. Aí, então, a Igreja os acoberta, mas nós, mulheres, ficamos na merda e ainda protegemos esta ditadura com nossa discrição."

Naquela época, a mãe de Thomas ficou mais consciente ainda do quanto o pai fazia falta para os seus filhos — porque se podia notar isso nas outras crianças de padres. Era verdade que eles viajavam secretamente juntos durante as férias, faziam excursões, ou Anselm vinha visitá-los. Contudo, as crianças perguntavam cada vez mais por seu pai. Gabriele, a irmã de Thomas, duvidava da história com o papa e achava que seu pai tinha morrido. Sempre que podia, Gisela batia fotos do pai com as crianças. Esperava que, assim, Thomas e Gabriele poderiam algum dia "recuperar" o pai perdido com base nas fotos — perceber que, na verdade, ele estivera presente, só que incógnito.

Gabriele já não quis saber mais nada de seu pai muito cedo. Como se intuísse que não tinha sido uma filha desejada como seu irmão, ela já o estranhava quando era bebê e ele a pegava no colo. "No fundo, eu nunca consegui me livrar disto completamente", afirma a jovem mulher, desconcertantemente sincera. "Meu exemplo masculino foi o Thomas. Ele sempre foi muito inteligente e sabia falar muito bem."

Ela conta a história de quando ela e seu irmão estavam sentados no banco de trás do carro. "Gabriele", disse Thomas, "você não acha que os biscoitos de Leibniz são mais gostosos que os biscoitos de Bahlsen?" A irmãzinha não pensou muito. "Tem razão", respondeu. "É mesmo?", voltou a perguntar Thomas. "Sim, claro", reafirmou.

"Então, ele começou a me gozar e disse: 'Eles têm absolutamente o mesmo sabor. É que os biscoitos de Leibniz vêm justamente de Bahlsen'", conta Gabriele. "Aquilo me serviu de lição. A partir daí, nunca mais papagueei alguma coisa."

Há, ainda, outro acontecimento que se passou dentro do carro. Gabriele estava com oito anos de idade e disse para a mãe: "Escuta, mamãe, eu andei pensando. O único homem que está sempre lá em casa é o Anselm. Ele é que é nosso pai?" Aí, Thomas retrucou, precipitadamente: "Isto nem pode ser, ele nem pode isto, ele é um monge." "É verdade", disse Gabriele e calou-se, sem graça. "Quer saber uma coisa", interferiu sua mãe, "pergunte você mesma pro Anselm." Gisela sabia algo que as crianças não sabiam: dentro em pouco, todo mundo ia ficar sabendo quem era realmente o pai de Gabriele.

Quando o pai lhe confirmou que era ele, Gabriele experimentou sensações parecidas com as de seu irmão: decepção de que fosse "apenas" aquele pequeno padre. E raiva pelo fato de ter sido enganada por tanto tempo. O que mais a amargurou, contudo, foi a dissimulação do irmão. "Com freqüência, ele me botava pilha quando eu perguntava insistentemente para mamãe", zanga-se Gabriele, "sendo que ele já sabia havia muito tempo. Acho isto uma traição medonha." Thomas também se censura por isso até hoje: "Não deveria nunca ter mentido para minha irmã."

Presentemente, todos estão mais espertos. Os pais sabem que sobrecarregaram Thomas ao segregar-lhe sua conspiração, tornando-o com isto não somente conivente, mas também cúmplice. Mas ele bem que aproveitou seu novo conhecimento. "Às vezes, era legal encontrar com ele num lugar qualquer e murmurar-lhe secretamente ao ouvido: 'Oi papai.' Simplesmente pronunciar esta palavra", diz Thomas.

Não obstante, o preço a pagar por esta intimidade era muito elevado. Desde que lhe foi feita a revelação, em Ulm, o garoto precisou mentir cada vez que alguém lhe perguntava sobre seu pai. Ele enganava amigos, parentes, colegas de classe, professores. E, inclusive, sua irmã. "A Gabriele nunca vai agüentar não contar para a avó", esclarecera sua mãe.

Então, quando Thomas começou a ir para a escola conventual que seu pai dirigia, aos dez anos de idade, a situação se complicou mais. Da sua sala no segundo pavimento, o pai observava, cheio de preocupação, com quanta má vontade seu filho, que em si era bom aluno, ia para a escola. "Ele sempre era o último a saltar do ônibus escolar", conta o pedagogo, "e se arrastava, então, lentamente em direção ao portão. Foi uma burrice da nossa parte enviá-lo para Schäftlarn, depois daquilo que ele sabia a meu respeito."

Thomas tinha constantemente medo de ser descoberto. Uma vez, quando duas colegas de turma o procuraram e perguntaram como seu pai se chamava, disse prontamente seu sobrenome — "Rosenbaum." "Bem, por acaso, não é o padre Anselm?", alfinetou uma das garotas. "Por quê?", conseguiu ainda retrucar. Então, ficou vermelho. "Fiquei gaguejando de tal maneira que elas devem ter percebido", diz Thomas e sopra a fumaça do cigarro, "meu pai e eu também somos muito parecidos." Retrospectivamente, ficou espantado com quantos alunos e professores já estavam a par da situação, naquela época. "Só que eles não falavam nada", conta, "sa biam bem que isso era proibido."

Sua irmã também se lembra da época do segredo. "Mas eu só precisei agüentar durante dois meses, o Thomas, durante três anos", afirma ela. "Eu não teria conseguido isso nunca." Todas as manhãs, a mãe fazia a garotinha prometer se calar, e toda noite ela a recompensava pela sua coragem. Contava-lhe que ela e Anselm queriam se casar, mas não podiam.

Então, a irmã de Thomas escreveu ao Santo Padre, em Roma:

Querido Papa!
Faz uma semana que eu sei quem é meu papai. Eu não sabia, mas eu sempre o via. Minha mamãe agia como se estivessem casados. E um dia, caiu a ficha. Eu perguntei para ele e ele respondeu: sim. Meu papai é um padre, e eu e minha família gostaríamos que os padres pudessem casar-se. E minha mamãe e meu papai não se casaram com vestido de noiva e tal, mas com amor.

De Gabriele Claudia Viktoria Doris Rosenbaum, Turma 2B, 8 anos

Gabriele nunca obteve resposta.

Em fevereiro de 1989, Gisela matriculou Thomas num ginásio público. Os pais esperavam que uma troca de escola o ajudasse. Não obstante, preliminarmente, o psicólogo da escola aplicou-lhe um teste. Começou perguntando o nome e a profissão do pai. Thomas calou-se durante um bom tempo. Então, lembrou-se da história que sua mãe sempre lhes contara antigamente, e declarou: "Meu pai é médico." O psicólogo anotou o dado. "Então, comecei a me sentir mal", diz Thomas, "porque, então, minha mentira estava anotada, preto no branco, em seus arquivos." Depois disso, não conseguiu mais se concentrar em nenhuma resposta, e, no fim, quando o homem lhe perguntou ainda quem era que ia buscá-lo, ele murmurou: "Um amigo de minha mãe." Do lado de fora estava Anselm. Depois daquilo, Thomas teve febre durante dias a fio.

O verdadeiro motivo para que Thomas mudasse de escola, entretanto, não era sua infelicidade em Schäftlarn, mas a de seus pais. O padre havia decidido abandonar o convento e mudar-se para junto de sua família. Ele e Gisela haviam combinado que, por ocasião do Pentecostes de 1989, soltariam a bomba. Queriam agüentar a barra até lá, para que seus alunos que iam fazer as provas de conclusão do segundo grau pudessem concluir os exames sem estorvo. Isto porque sua decisão não fora tomada de livre e espontânea vontade, diz o ex-padre.

O motivo da controvérsia entre a direção do convento e o pai de Thomas foi, inicialmente, trivial: o diretor e o abade de Schäftlarn estavam falando sobre pontos de vista pessoais a respeito da direção da escola. Quando ficou patente que tinham opiniões opostas, o abade levantou um argumento inesperado, recordam-se os pais de Thomas: "Todos estão falando de vocês. Fica parecendo uma vida de família quando Gisela e as crianças vão visitar você, aos domingos. Isto tem que parar. Você tem que cortar relações com eles." O abade contesta esta ameaça.

Depois disso, Gisela mandou um advogado procurar o convento. O advogado propôs ao representante legal da Igreja que sua cliente deixasse a escola quieta e secretamente — depois de receber o pagamento de uma indenização pelos 17 anos de serviços prestados. Contudo, o advogado do convento não aceitou a proposta. A escola não tinha intenção de demitir a professora de arte particularmente amada e laureada com prêmios. "Diga simplesmente quem é o pai de seus filhos e os fantasmas desaparecerão", teria lhe dito o abade — como se ela pudesse tirar da cartola um outro nome que não o de padre Anselm. Até hoje, Gisela não conseguiu superar a falta de compreensão do frade. "Ele não quis ou não pôde perceber a oportunidade que eu estava dando ao convento para que pudesse sair da catástrofe iminente com um mínimo de dignidade." O abade também contesta este fato.

Nos últimos meses que passou em Schäftlarn, a professora se sentia como se estivesse imediatamente antes de uma execução. Isto porque ela já previa o que a divulgação da paternidade de Anselm acarretaria: ambos perderiam seus empregos; as crianças, ela e Anselm ficariam na máxima penúria. Depois de 17 anos trabalhando numa escola particular, era tarde demais para que Gisela pudesse obter ainda um emprego numa escola do governo. E Anselm não tinha nem poupança, nem direito a receber seguro desemprego ou pensão.

Quando chegou o Pentecostes, a coisa foi feita. Juntamente com a saída de Anselm, a avalanche desabou na imprensa. A notícia de que um monge estava se mudando para a casa de sua amante secreta e os filhos que tinham tido juntos abalou o país. Durante dias a fio os repórteres assediaram a família. Eles haviam se antecipado com uma conferência de imprensa, mas erraram ao calcular que sua sinceridade acabaria por enfraquecer rapidamente o interesse. Repórteres ainda os acompanharam no exílio que buscaram no Tirol Meridional. "Gabriele e eu fomos submergidos em brinquedos pelos jornalistas e convidados para comer", lembra-se Thomas. "Em compensação, precisávamos então ficar constantemente quietos para as fotos. Mal conseguíamos dormir à noite, de tanta agitação."

No dia 29 de junho de 1989, Gisela e Anselm se casaram no civil, em Munique. O casamento dos dois se transformou numa manifestação contra o celibato — muitas mulheres do grupo de Gisela compareceram, e filhos de sacerdotes de toda a Alemanha festejaram com eles. As câmeras de televisão não paravam, os fotógrafos davam *zoom* no casal que já não era tão jovem. Como o pessoal que assistiu à boda quis cantar uma canção numa pequena igreja, o pároco se intrometeu. Proibiu que fosse realizado um protesto contra o celibato em sua paróquia e ainda colocou os noivos para fora. "Mamãe chorou", recorda-se Thomas.

Thomas ainda se lembra do nojo que sentiu em relação às fotos da imprensa e às matérias sensacionalistas sobre a família pretensamente reunida e feliz. A revista *Bunte* chegou a publicar a foto do casamento, com seus pais sorridentes, na capa — ao lado da foto da matéria de capa sobre o massacre na praça da Paz Celestial, em Pequim, na qual um estudante chinês chora ao carregar seu colega de estudos gravemente ferido. Os pais pareciam heróis nas fotos de alto brilho. Entretanto, percebiam sua vida real como sendo sem brilho e triste — exatamente como seus filhos, que agora não mais usavam o sobrenome Rosenbaum, porém Forster, como seu pai.

Enquanto teólogo, Anselm se tornara uma *persona non grata*. O convento de Schäftlarn lhe impôs uma proibição de entrar nas premissas — proibição esta que continua até hoje e que amargurou o ex-monge de tal maneira que ele saiu da Igreja Católica Apostólica Romana e se juntou aos Antigos Católicos.* Thomas também abandonou a Igreja no ano passado, muito embora ainda se declare cristão.

---

*Antigos Católicos — membros de uma comunidade religiosa católica que se desvinculou de Roma em 1870, depois da divulgação do dogma da infalibilidade do papa. (*N. da T.*)

Gisela tampouco foi tolerada por mais tempo no convento: imediatamente depois do casamento, a direção da escola demitiu a professora e chefe de família, sem aviso prévio. Motivo: de acordo com a carta, Gisela teria, em primeiro lugar, uma relação amorosa com um monge. Em segundo lugar, ela teria dois filhos com esse monge. E, em terceiro lugar, os pontos um e dois teriam se tornado públicos. O sindicato dos professores GEW considerou o processo tão monstruoso do ponto de vista trabalhista que assumiu as despesas para sua contestação até diante do tribunal constitucional. Os juízes de Karlsruhe deliberaram durante 11 anos para, por fim, considerar a queixa improcedente — em 2002.

O convento apresenta o caso de outra maneira: o representante da escola, diz o abade, "teve" que demitir a professora de arte porque ela trouxera pontualmente a público sua vida dupla anterior com todos os detalhes. O abade considera a si mesmo e ao convento como vítimas dos pais de Thomas. "No convento de Schäftlarn, ninguém é nem foi obrigado a levar uma vida dupla." Caso o padre Anselm tivesse se manifestado "a tempo" acerca da situação da sua vida, teria sido possível "liberá-lo de seus votos conventuais", sendo que, com isto, de acordo com o abade, "quem mais teria se beneficiado seriam as crianças". Já que "naturalmente", segundo o chefe da Ordem, "um monge também, quando é pai de uma criança, deve cuidar desta criança e da mãe dela".

Contudo, ninguém cuidou desta mãe e de seus filhos sequer posteriormente. Em vez disto, a mãe, que até a presente data cria seus filhos sozinha, perdeu um outro processo contra o convento: tratava-se do pagamento atrasado de pensão alimentícia. Inclusive, tinha direito a alimentos. Obtivera esta ordem judicial contra Anselm alguns anos antes, junto de um colaborador confiável do instituto de assistência a menores, ao revelar-lhe a identidade do pai, sob o selo de silêncio. Porém, posteriormente, quando quis mandar executar essa ordem judicial, a Ordem religiosa alegou não ter qualquer responsabilidade. Anselm não teria nenhum dinheiro próprio, e não se poderia simplesmente pagar um salário de reitor de liceu pelos seus serviços, argumentaram os advogados do convento.

Contrariamente a isso, Gisela calculou: "O estado da Baviera arca com 85 por cento dos custos das escolas conventuais. Portanto, o estado subvencionou o salário de diretor de Anselm, todo mês, durante 22 anos, com aproximadamente 8 mil marcos. Não obstante, de acordo com o tribunal da comarca, os filhos desse homem não têm direito a nada da retenção do ordenado cuja maior parte é paga pelo contribuinte.

O convento venceu. O tribunal de primeira instância e o supremo tribunal em Munique fundamentaram sua sentença de forma lapidar: "Afinal, o monge colocou sua força de trabalho à disposição [da Igreja] não por motivos financeiros, mas por motivos religiosos."

Para Thomas, o ambiente em casa se tornou desagradável depois que Anselm se mudou para lá. "Naquela época, tudo girava em torno daqueles processos, de dinheiro, de gente asquerosa da Igreja", recorda-se o jovem, que então tinha 12 anos de idade. Gabriele, que por ser a última criança ainda dormia no quarto comunitário da família, teve que ceder seu lugar para o pai. Ele ficava lá de modo contínuo, como um animal em cativeiro, andava para cá e para lá no único cômodo, que servia de sala de estar e cozinha, e difundia infelicidade. "De chofre, todos ficaram sérios", lembra-se Thomas, "de repente, já não existia absolutamente mais aquela atmosfera aberta, aquela família alegre que havíamos sido. Quando chegava da escola, os dois estavam sentados à mesa da cozinha e notava que eles se calavam porque eu acabara de chegar."

O quarto de dormir de Gabriele ficava acima da cozinha. Com freqüência, ela não conseguia pegar no sono. "O silêncio embaixo de mim era muito deprimente", recorda-se. "Por vezes, um deles dizia alguma coisa, e o outro só fazia 'hum'. Era horrível." Com uma freqüência cada vez maior, Anselm tinha ataques de cólera. Então, esse homem que sofria atirava crucifixos ou copos de vinho em sua mulher. Até hoje, lhe é doloroso pensar naqueles tempos. "Deveríamos ter planejado as coisas melhor", justifica o ex-padre sobre sua aflição. "Quando eu pensara em vida em família, imaginara que se cozinhava junto, comia junto e ia para a cama junto. Mas eles sequer conheciam uma ordem como aquela com a qual eu estava acostumado no convento. Cada um comia quando queria, ia dormir quando bem entendesse. E as crianças me contradiziam constantemente, nunca arrumavam as coisas e não faziam nada para a escola."

À sobrecarga que representava se fundir a uma família praticamente da noite para o dia, ainda se somavam os problemas materiais. "Às vezes, pessoas com compaixão nos presenteavam com um presunto ou até chegavam a nos dar dinheiro", conta Gisela, "caso contrário, não teríamos conseguido seguir adiante." As esmolas provinham de gente totalmente desconhecida — muitos amigos do casal haviam se afastado. Não puderam superar o fato de terem sido enganados por tanto tempo.

Logo, Gisela abandonou a procura por uma nova colocação como professora e, em vez disto, aprendeu a ser enfermeira para pessoas da terceira idade. Anselm arranjou um pequeno serviço num estabelecimento tipográfico. Mais tarde, teve sorte e conseguiu, inclusive, um emprego numa escola particular em Munique.

Enquanto os pais foram absorvidos pelas suas necessidades internas e externas, as crianças ficaram praticamente entregues a si mesmas. Thomas começou a comer compulsivamente e a engordar, de puro desgosto. Já não tinha mais vontade de ir à escola. Sua mãe se preocupava com a situação. Seu marido não lhe prestava nenhum auxílio: pelo contrário, Anselm se refugiava cada vez mais na resignação. "Eu estava no asilo com 300 pessoas idosas para cuidar, quando, certa noite, Gabriele telefonou e disse: 'Mamãe, mamãe, o Anselm não abre a porta para a gente'", conta Gisela. Seu marido não tinha tido forças para tanto.

Depois deste choque, ficou claro para ela que as coisas não podiam continuar assim. Muito embora estivesse com os nervos em frangalhos, Anselm tinha que sair — caso contrário, todos eles acabariam por se dilacerar mutuamente. Ele era contra. Gisela conseguiu que um advogado interviesse, forçando-o a sair. "Quando ele se foi, começamos a andar pela casa com uma sensação de leveza como se estivéssemos na lua", afirma Thomas, "de tão diminuída que estava a força de gravidade."

Algumas semanas após a mudança, Anselm apareceu novamente diante da porta, em Farchach. "Queria que eu devolvesse a máquina fotográfica que ele me emprestara", conta Thomas. Foi buscá-la. Quando voltou, seu pai estava defronte do armário da cozinha. Apontou para um copo e disse: "Isto me pertence, também vou levá-lo." Thomas ficou desconfiado. "Não sei o que é de quem, aqui", respondeu, "espera até a mamãe voltar." Colocou-se na frente do armário e disse: "Não vou deixar você chegar nem perto daqui." Anselm procurou empurrar seu filho para o lado.

De repente, estavam brigando um com o outro, rolando pelo chão, continuando a lutar. Até que o filho pesadão sentou-se sobre seu pai franzino. "Na verdade, isto foi o pior, o fato de eu ter vencido meu próprio pai", diz Thomas tranqüilamente, como se já tivesse contado esta cena pela centésima vez. "Anselm chorou." E quando o pai foi embora, Thomas também abriu o berreiro.

"Nunca conversamos a esse respeito", diz Thomas. Uma risada à socapa sacode seu corpo, mas ele ignora seu constrangimento e prossegue com seu pensamento. "Talvez, algumas coisas em nossa atual relação se modificassem caso tocasse nesse assunto comigo. Aí, então, poderíamos conversar sobre muitas coisas. Mas não sou seu terapeuta, não vou fazê-lo se abrir comigo. Para mim, isto foi bastante ruim, porque, depois, meu pai simplesmente deixou de ser um exemplo. Já não podia me ensinar nada."

Entretanto, ele e seu pai não parecem estar tão afastados um do outro quanto Thomas parece acreditar. Anselm traz por si só a conversa sobre a questão da briga entre pai e filho. Neste contexto, parece estar fazendo um depoimento que o constrange, fala rápido, baixinho, engolindo as frases pela metade. "O tempo que passei com as crianças desembocou naquela catástrofe de partirmos para as vias de fato", diz. "Fiquei extremamente abalado com isto." Então, reproduz o início da briga exatamente como Thomas relatou.

Depois daquele episódio, Anselm foi saindo devagar do buraco. O religioso precisou, pela primeira vez em sua vida, cuidar da organização de seu dia-a-dia: procurou um apartamento para si, comprou móveis, assinou jornais. "Descobri uma nova alegria de viver", diz o ex-monge, "hoje, estou orgulhoso pela aquisição de meu pequeno cravo."

Naquela época, percebeu que seu filho se distanciava cada vez mais. O pai não sabia o que fazer. "Tentei pelo menos ajudar Thomas com o latim", conta, "mas havia tensão demais entre nós."

Aos 16 anos de idade, Thomas pesava 90 quilos, para uma altura de 1,75m. O médico da família o mandou fazer um tratamento de emagrecimento de seis semanas. Depois disto, ele ficou ainda mais infeliz que antes. "Lá, só fiquei à toa, fumando e jogando xadrez." É bem verdade que os médicos haviam conseguido tornar seu corpo cinco quilos mais leve. Contudo, não haviam conseguido atingir a alma do jovem.

Na primavera de 1994, quando Thomas acabara de fazer 17 anos, começou a ir cada vez mais para Munique, para a Marienplatz.* Agregou-se a um bando de jovens — *punks*, viciados, delinquentes. Todas as noites, ficava andando pelas ruas a esmo com seus novos amigos. Lá pelas tantas, telefonava para sua mãe, e ela, então, o buscava de carro. "Se tivesse ralhado com ele", acredita Gisela, "teria me escapado de vez e teria começado, ele próprio, a tomar drogas. Por isto, sempre lhe disse apenas que iria buscá-lo a qualquer momento, em qualquer lugar."

---

*Marienplatz: Trata-se de uma praça, em Munique, constantemente ocupada por uma grande concentração de jovens, em sua maioria desempregados, dependentes de álcool ou drogas, e de marginais. (*N. da T.*)

Thomas não considerava a relação com sua mãe isenta de tensão. Ele não se abria com ela a respeito de seus sentimentos. "Ela segue completa e absolutamente o estilo técnico de engenheira diplomada", afirma. "Ela me instruiu cedo, com um livro. Isto esclarecia tecnicamente como as crianças são geradas." Não obstante, ela nunca teria mencionado que o sexo também está ligado ao amor. "Minha mãe sempre tratou de todo este assunto desta forma engraçada", diz Thomas, "como se sexo fosse a coisa mais normal do mundo, quando justamente não é assim, porém é algo que depende incrivelmente de sentimentos. Não é algo como andar de metrô."

O jovem repleto de fantasia vivia sonhando acordado. Apaixonava-se por garotas inatingíveis. Uma delas cedeu. Era uma garota que vivia na rua e que foi para casa com ele. Explicou para a mãe que a garota, de 14 anos de idade, queria se suicidar. No dia seguinte, aconteceu o inesperado: ele pôde beijar Sabine.

"Foi o sentimento mais bonito que senti na vida", afirma Thomas. "Ela era extremamente bonita." Contudo, depois que Sabine adormeceu e ele começou a lhe fazer carinho, ela acordou sobressaltada, afastou sua mão de seu peito e disse: "Eu achei que entre nós seria diferente!"

Sabine dormiu em sua cama durante duas semanas. Contara-lhe que fora violentada. Thomas não tocou nela. Entretanto, assim que eles chegaram em Munique, ela o ignorou. Ele sofreu como um viciado sofre de abstinência. Certa noite, levaram junto consigo outros dois jovens sem-teto. Ao chegar em Farchach, Sabine caiu, cansada, na cama de Thomas. Um dos tipos bocejou e a seguiu. Thomas deixou que os dois descansassem e ficou conversando com o outro rapaz. "Num determinado momento, então, foi que ouvi", diz Thomas. "Era um ruído rítmico que vinha de meu quarto, acompanhado de suspiros. Não podia acreditar. Minha garota estava transando com um cara qualquer na minha casa, na minha própria cama, e ainda sentia prazer com isso." Depois, Sabine desapareceu da sua vida.

Thomas se refugiou na banda da sua escola. O baixista concebia seu grupo de *rock* como uma comunidade sagrada. Para ele, eram cúmplices, submetidos ao código de honra da máfia: fidelidade a qualquer preço. Ficou atônito quando os primeiros abandonaram o grupo porque consideraram suas namoradas ou o esporte mais importante.

É possível descobrir muito sobre a vida de Thomas pela sua *homepage* www.forestfactory.de. "Como músico, também estou sempre no palco", justifica a forma aberta com que trata sua própria biografia, "arte é comunicação com o público." Ele apresenta suas obras na sua página na Internet: são textos literários, entre os quais há até peças de teatro, e retratos distanciados. Ficção e verdade se fundem ali, Thomas utiliza sua vida incomum como ponte para sua arte. Na Internet, Thomas escreveu o seguinte acerca de sua puberdade:

Naqueles anos, tive trabalho para não desenvolver distúrbios grandes demais em função de minha situação familiar extremada. Meus esforços iam no sentido de que procurava me tornar uma pessoa normal, coisa que — visto retrospectivamente — não deu absolutamente certo. Então, comecei a ouvir música que estava "in" (McHammer, Public Enemy), embora na verdade tivesse crescido ouvindo mais os clássicos; comprei algumas camisetas de capuz que não combinavam de jeito nenhum comigo, e procurei achar atraentes aquelas garotas atrás, para as quais meus amigos assoviavam. Nada daquilo deu certo alguma vez comigo, e também não foi nada de tão grave assim, mas até hoje tenho problemas para me inserir na sociedade humana (sendo que acho a não-humana pior ainda).

I love life, but I hate those who are part of it.
I hate life, but those who are part of it keep me living.

[Amo a vida, mas detesto aqueles que são parte dela.
 Detesto a vida, mas aqueles que fazem parte dela
 me mantêm vivo.]

Richard Jobson: *16 anos de álcool*

Naquela época, a necessidade de sono de Thomas começou a ficar doentia. Seguramente, Thomas se esbaldava muitas noites a fio no submundo de Munique e, por causa disto, nem sempre conseguia sair da cama de manhã. Mas, então, passava fins de semana inteiros dormindo. Com freqüência, o estudante do segundo grau não conseguia levantar-se e ir à escola. Choviam advertências e notas ruins. No seu boletim, no fim da segunda série, haviam comentários do tipo: "Fica totalmente apático durante toda a aula." (Latim, nota: 6*), "Não há nota, devido ao longo absenteísmo." (Química), e eis a recomendação de seu professor de educação física, que lhe deu nota 5: "Thomas deveria dar mais valor à higiene pessoal, inclusive por causa de seus próximos!"

---

*Nas escolas alemãs, a melhor nota é 1, que corresponde à nota 10 no Brasil, indo até 6, que equivale a nosso 0, sendo 3 a nota mínima para passar de ano. (*N. da T.*)

Sua mãe estava sobrecarregada. Com freqüência, saía de casa às quatro e meia da manhã para ir trabalhar como enfermeira. A partir das seis horas, então, ela deixava tocar o telefone de casa sem parar — em vão, Thomas não podia ser despertado pelo toque da campainha. Os turnos de trabalho de Gisela como enfermeira eram ossos duros de roer. Ela, que acordava cedo, freqüentemente ainda tinha que recolher o filho em qualquer lugar, à noite. Ademais, ainda havia Magnus, que pelejava com os exames de conclusão do segundo grau, e a teimosa Gabriele, que estava chegando à puberdade.

Naquela época, Gisela e seu marido voltaram a se aproximar, depois de um longo período sem se comunicarem. A mãe perguntou ao filho se este conseguia imaginar viver novamente junto com Anselm. "Aí, de repente, ficou muito pálido", relata, "e murmurou: isso seria meu fim." Então, o tumor já pululava em seu peito, mas ninguém podia imaginar. E, também, poderia ter ficado ainda muito tempo sem aparecer, caso Thomas não tivesse ido ao médico por acaso. Gisela poupou o filho, que não havia passado de ano, de continuar freqüentando a escola e lhe propôs tornar-se assistente social.* Afinal, de qualquer maneira, estava sempre cuidando de seus amigos que viviam nas ruas. Para se matricular na escola profissionalizante de pedagogia social,

---

*O sistema escolar alemão é diferente do adotado no Brasil. O estudante, lá, faz uma prova de conclusão do curso de segundo grau. Ao ser aprovado nessa prova, pode automaticamente se matricular numa faculdade que corresponda aos pontos obtidos na prova. (Os estabelecimentos de nível superior são graduados.) Caso não seja aprovado, porém tenha concluído o segundo grau, o estudante tem a opção de se matricular num curso superior profissionalizante. (*N. da T.*)

entretanto, precisaria de um atestado. Thomas procurou o clínico da família.

O homem assustou-se quando viu o estudante. "Você está com um aspecto horrível", disse, "o que há com você?" "Nada", respondeu Thomas, "só ando cansado." O médico auscultou-o. Ouviu um ligeiro ruído nas vias respiratórias e, por precaução, resolveu enviá-lo para um especialista.

O pneumologista pendurou a chapa de raios X do tórax de Thomas no painel luminoso e disse: "Uau. Já tenho 29 anos de prática, mas nunca tinha visto um tumor deste tamanho. E isto num rapaz tão novo!" Thomas ficou apavorado. Enquanto o médico, impassível, redigia o pedido para uma tomografia computadorizada para o estudante, Thomas tinha a sensação de que nem precisava mais amarrar seus sapatos. "Pensei que, de qualquer maneira, eu ia morrer logo", conta.

Para ir até o próximo consultório, precisava pegar o metrô. Thomas ficou em pé na borda do vão dos trilhos, olhou para baixo para o cascalho escuro e sentiu um puxão inquietante. Por que não? É pular e pronto, acabou, fim. Acabou-se o câncer, acabaram-se os problemas de amor, acabaram-se as frustrações na escola, chega de risinhos simulados quando se tem vontade de chorar, chega de colegas de escola hostis, chega de pança gorda, chega... Aí, o metrô passou veloz e parou lentamente. Thomas entrou, como em transe. "O trem chegou antes que eu tivesse me decidido", relata, tranqüilamente. "Compreendi, então, a maravilhosa tautologia bávara, segundo a qual se vive até que se morra — e nunca mais se pensa em suicídio."

O diagnóstico por computador esclareceu melhor sua situação. "Se é câncer, eu não sei", afirmou o médico, de forma a poupá-lo, "mas esta coisa aqui tem que sair. Ela mede

12 centímetros." Então, enviou Thomas de volta para o pneumologista, com os exames. Depois de uma hora e meia na sala de espera, Thomas não agüentou mais ficar lá. Colocou seus exames sobre o balcão e foi embora.

Não disse nada a sua mãe. "Tinha medo que ela começasse a ranzinzar porque fumo muito", diz Thomas. "Ele não queria me sobrecarregar ainda mais", acredita sua mãe, "naquela época, já estava me acabando de qualquer maneira, de tanta preocupação com ele." Sequer passou pela cabeça de Thomas de pôr seu pai a par da situação. Aquele lá nunca havia ajudado em nada.

Preferiu se encontrar com seus amigos *punks* e assistiu, como penetra, ao show do Pink Floyd. Na manhã seguinte, acordou porque sua mãe estava o acariciando. Não disse nada, não olhou para ela e procurou não respirar. "Você não precisa falar nada, se não quiser", ela terminou por dizer. Então, Thomas soltou: "Aqui, há um grande tumor." Apontava para o lado esquerdo de seu peito. Ela não disse nada. Somente o tomou nos braços, o embalou e devagar, muito devagar, ele notou que podia novamente respirar.

Sua mãe assumiu a luta contra a doença. Telefonou para todos os especialistas, consultou amigos e conhecidos, carregou seu filho doente para corifeus. De diagnose em diagnose, as perspectivas iam ficando piores para Thomas: seu tumor era maligno. Câncer linfático, probabilidades de cura de 70 por cento. Gisela telefonou para Anselm. Na realidade, ela estava desapontada com ele porque, embora soubesse dos resultados dos exames de Thomas, resolvera viajar para Genebra para tirar as férias planejadas havia muito tempo. Ele soluçou ao telefone: "Nosso filho! Que bela vida nós havíamos desejado para ele."

"O que é que eu podia fazer", justifica-se o pai de Thomas, "não tinha contato nenhum com a criança, porque tudo passava por Gisela." Hoje em dia, Anselm está convencido que o câncer de Thomas não foi um acaso. "Os muitos anos de clandestinidade, a insegurança e a solidão o deixaram doente", afirma e soa consciente de sua culpabilidade. Gisela também faz autocrítica: "Nós sobrecarregamos Thomas totalmente. Seu corpo reagiu. As células cancerígenas de Thomas eram sua válvula de escape."

Num livro que Thomas escreveu juntamente com a escritora Karin Jäckel, imediatamente depois de ter adoecido de câncer, ele afirma: "Meu tumor foi resultado de 17 anos de segredos interiorizados... Como um nódulo empedrado que se tornava cada vez mais duro, todas as palavras não ditas haviam permanecido em algum lugar de minha respiração congestionada, haviam pousado sobre meu peito e então me sufocavam com excrescências malignas, cortando meu coração também."*

O paciente foi internado no setor de oncologia de uma clínica infantil. O médico-chefe procurou Thomas. "Agora, você tem que decidir", disse e olhou o garoto de 17 anos de idade como se fosse adulto. "Isto é, se você quer viver, ou se quer morrer. Não vai ser fácil para você se quiser viver, vamos precisar de todas as suas forças." Thomas ficou calado. Então, disse, baixinho: "Eu prefiro morrer."

Sua mãe ficou zonza. "Tive a sensação de que meu corpo estava caindo para trás e que eu estava me precipitando

---

*Karin Jäckel, Thomas Forster: ...weil mein Vater Priest ist [...porque meu pai é padre]. Bastei Lübbe, Bergisch Gladbach, 2002 [1997], página 374.

para baixo, de cabeça. Não havia nada que poderia me reter. Eu não era nada mais, e não havia nada ao meu redor."

Não obstante, o médico fitou Thomas diretamente nos olhos e disse: "Pense nisso de novo durante o fim de semana. Na segunda-feira, você me diz o que resolveu."

Talvez tenha sido a seriedade com a qual aquele homem alto e importante tratou esse jovem, que se sentia tão pequeno, horrível e insignificante. De qualquer maneira, na segunda-feira, Thomas afirmou: "Eu quero viver."

Logo depois da primeira das cinco sessões de quimioterapia, começou a perder seus tão amados cabelos compridos, aos tufos. Sua mãe e sua irmã lhe fizeram tranças, as cortaram e as colocaram numa caixa. Thomas olhou para o espelho e ficou infeliz. A doença lhe arrancara a mais dileta de suas máscaras: a do doidão, do cara legal, do esquerdista aterrorizador de burgueses.

Logo, a perda dos cabelos se tornou o menor dos problemas. Depois de cada nova dose de veneno, ele tinha que vomitar. Ora sua boca ardia, ora coçava por causa de fungos. Sentia-se horrivelmente mal. Às vezes, morrer lhe parecia uma redenção.

O seguinte texto, da *homepage* de Thomas, é da época da doença:

[The sea, the sun, the sky
the sun boils the sea
and I jump
and I jump]
[O mar, o sol, o céu, o sol ferve o mar e eu salto e eu salto]
Minha pele se solta de meus ossos
Meu sangue derramado tinge o mar de vermelho
Meus cabelos nadam como uma peruca sobre a superfície do mar

Os filhos secretos de Deus

Meu olho afunda em profundidades infindáveis
Onde as almas das pessoas procuram por ar
E morrem de novo e de novo
Meus pensamentos são raptados pelos servos de Netuno
Para seu cárcere principesco
Vejo um sem número de cavernas, em cada uma delas, uma careta rindo
Os ganchos inseridos em meu corpo destruído
Puxam-me em cada direção
O brilho de meus olhos é escurecido
Pela água turva
O brilho do sol se iguala a raios mortíferos
A escuridão abaixo de mim irradia uma proteção funesta
Os ganchos dilaceram minha carne
Somente um — com a cabeça de um diabo — me arrasta consigo
E próximo da outra margem se solta de minha pele
Saio da água que fede a putrefação
E vejo meu filho do outro lado
[and he jumps] (e ele salta)

(14 de dezembro de 1994)

Contudo, chegou ajuda. Aí estava a amiga de sua mãe, lhe dizendo palavras que, para ele, foram libertadoras: "Agora, Thomas, você não deve fazer mais nada. Nada. Não deve viver, não deve morrer, você pode simplesmente ser como quiser." Ela era terapeuta artística. Encontrava formas para seus sentimentos sem nome. Como qual objeto ele se considerara, então, quando soube que estava doente? Thomas desenhou uma tigela. Um receptáculo para a dor, as preocupações, o tormento de outros — dos pais, de seus amigos *punks*, das pequenas garotas viciadas que iam contrair deliberadamente o vírus HIV.

Quando acordava de suas narcoses, às vezes, seu pai estava sentado à sua cabeceira. Então, ficava contente. Não obstante, era mais significativo ainda para ele quando o médico-chefe se aproximava de sua cama e acariciava sua cabeça calva. Era um gesto pelo qual Thomas ansiara por toda sua vida — o contato carinhoso de um homem adulto. A mãe conta que, por seu lado, o médico teria ficado impressionado com a coragem do jovem paciente, que não se lamentava nem se queixava. "Um filho de padre aprendeu a sofrer em silêncio", diz Thomas.

Entre as sessões de quimioterapia, Thomas não ia à escola. Tinha novamente uma banda. Seu amigo Armin era o guitarrista. Durante toda a doença, Armin ficou ao seu lado. Seu primeiro show foi uma apresentação espontânea numa pequena boate superlotada.

Era inverno. Havia muito que Thomas adotara um novo visual esperto, que combinava com sua careca da químio: um pesado sobretudo das SS e um gorro abaulado e colorido. Subiu ao palco assim. Logo, o público gritava de empolgação, o local estava barulhento, entorpecedor e quente. Thomas arrancou seu gorro da cabeça. O suor começou a lhe escorrer diretamente nos olhos, porque não tinha um único fio de cabelo pelo corpo — nada de sobrancelhas ou cílios que poderiam ter detido aquela maré ardente. "Mas foi legal", diz Thomas, "eu fustigava meu baixo como se minha vida dependesse disso. E, de alguma forma, era verdade: na manhã seguinte estava marcada uma nova sessão de químio — a quarta, acho. Talvez ela acabasse mal, talvez me salvasse a vida — eu não pensava nisso, só tocava e estava feliz."

Por fim, chegou o dia em que Thomas, sua mãe e o médico do setor esperavam pelo resultado da tomografia computadorizada final. Os médicos haviam enchido seu corpo de veneno por cinco vezes nos últimos nove meses. O corpo de Thomas não poderia suportar mais. Gisela estava sentada no corredor ao lado de Thomas e disse: "Se o tumor tiver ficado maior, então vamos sair por aí e ainda gozar a vida plenamente. E se ele tiver diminuído..." "... então é que a vida vai começar de fato", Thomas completou.

Tudo estava bem. Ali, onde um enorme monte de células havia pululado, restava então somente uma cicatriz. "Dentro de mim, só havia júbilo", afirma Thomas. Todos os que estavam presentes, os médicos, as enfermeiras, abraçaram Thomas e sua mãe. "Estávamos todos no fim de nossas forças, depois desses nove meses", conta Gisela. "É inacreditável o que o pessoal de um setor de oncologia agüenta."

Juntamente com o câncer, Thomas jogara fora o lastro antigo. Estava 20 quilos mais magro. Atravessara o inferno e vencera. Compreendeu que a partir daquele momento podia prescindir das máscaras. "Desde que tive câncer, procuro ser aberto", diz e endireita suas costas largas. "A sinceridade, comigo, está em primeiro lugar. Se não houver confiança total, pode esquecer qualquer relação interpessoal."

Então, acabou voltando para o colégio, por assim dizer, como atividade paralela à sua atividade principal de baixista, e conseguiu obter, como diz, "uma nota absolutamente aceitável no exame final, com um esforço mínimo" — média das notas: 2,7. Isso foi em 1997. Desde então, Thomas experimentou muitas coisas: começou a estudar filosofia e acabou abandonando o curso, procurou um curso para técnicos de som e não se sentiu bem "entre os bigodudos com correntes de ouro". Trabalhou muito tempo para a televisão, fez de tudo, desde carregador de cabos até assistente de câmera, passando por motorista de equipes de filmagem. Mas ele próprio sempre criou, ora como músico, ora também como autor. Escreveu contos e peças radiofônicas e chegou a fazer um pequeno curta-metragem macabro, sobre o tema: paternidade indesejada.

O filme se passa no futuro. Três mulheres se encontram na sala de espera de uma maternidade. Elas esperam pelos seus bebês. No tempo em que elas vivem, as proles já não são paridas. Os futuros genitores entregam amostras de seu sangue e, nove meses mais tarde, vão buscar seu nenê criado aqui.

Em *flashback*, pode-se ver de que modo as mulheres conseguiram os doadores masculinos de sangue: uma delas abriu as pernas sem vontade para seu amigo, para implorar seu sangue, depois do ato, por assim dizer, como compensação. A segunda espetou, ao dançar, o dedo médio de uma paquera anônima numa boate e fugiu com o sangue roubado. A terceira, Miriam, está sentada num aposento pobre. No meio do aposento, há uma cama com um velho, morto. Uma mulher está sentada ao lado do morto e chora. Então, Miriam pega a mão do falecido, beija cada um dos seus dedos individualmente e espeta-os então com uma cânula numa copa, até que o sangue corra. Entretanto, a outra mulher, sua irmã, canta: "Oh, meu papai era um palhaço maravilhoso, oh, meu papai era um grande artista."

Por demasiado amor ao pai, será gerada uma criança que jamais vai poder conhecer seu pai. Por uma vontade excessiva de ter um filho, três mulheres usam homens de maneira desconsiderada. Thomas nega ter traçado paralelos com sua vida. Traga o quarto ou quinto cigarro que acendeu em uma hora, sorri gentilmente e se cala.

Não gosta de conversar sobre a relação com seus pais. Ele quer viver sua própria vida e deixar seus pais viverem as deles — sua mãe, em sua casa construída por si mesma, seu pai, num conjugado junto do lago Starnberger, onde escreve inócuas memórias da juventude. Nas paredes, há dois grandes retratos de Thomas quando criança, que ainda são do tempo das férias que passaram juntos na Itália. A mãe vive de maneira menos contemplativa, tem grandes tarefas pela frente, todas envolvendo a emancipação da mulher na Igreja Católica.

"Somos todos idealistas na minha família", diz Thomas. Diz isto um pouco mais alto, de modo orgulhoso. Não quer de jeito nenhum viver como um burguês, "encastelado numa casa de periferia nobre". Gosta de sua nova pátria, a velha casa de fazenda em Tutzing, com sua cervejaria. Suas prioridades atuais são, de acordo com ele: "tocar baixo na banda e manter o negócio funcionando, passar um tempo maravilhoso com pessoas inacreditavelmente legais, trabalhar algumas horas de três a quatro vezes por semana, para que sobre serviço para todos e para que possamos manter nosso padrão." Ele se irrita somente um pouquinho com o fato de que, com este desembaraço todo, ninguém se sinta responsável por limpar os toaletes.

"Meu pai percebia sua escola como eu sinto em relação ao bar em que trabalho: um lugar em que compensa investir seu tempo, onde se está presente de corpo e alma." E, calorosamente, acrescenta: "Puxa, meu pai acabou não conseguindo se achar, por algum motivo. Talvez, na época, só houvesse os conventos católicos em que se sentia bem. Eu tive a sorte de ter outras possibilidades."

A única coisa que Thomas acha curioso é que, até agora, não tenha conseguido esgotar as liberdades de que goza dentro da sua Ordem-de-cervejaria, contrariamente a seu pai. Às vezes, estuda o trecho da Bíblia em que Mateus cita livremente: "Alguns nascem para serem celibatários." Justamente a palavra de Jesus que fundamenta o celibato, esta lei da Igreja que pairou sobre a infância de Thomas como uma maldição. "Espero realmente que Mateus não me tivesse em mente." Ele tem a sensação, diz, e ri encabulado, de ser, "para as mulheres, o homem com quem se pode falar sobre os problemas que se tem com os homens. Mas eu mesmo não sou exatamente um parceiro potencial".

Consola-se com o fato de que é ainda jovem para isto. Que ainda tem tempo de decifrar os gestos, os olhares e o código secreto que compõem a linguagem do amor. Uma linguagem que, em sua casa, ninguém aprendeu a dominar. "Quando meus pais se abraçavam, sempre parecia que estavam encenando um abraço", recorda-se Thomas.

A bomba-relógio ativada

Pia* e Florian* são filhos de uma família que, na realidade, não poderia existir num presbitério católico. A amizade colorida do padre Martin* com sua governanta Maria* é oficialmente secreta, ainda que muitos membros da comunidade estejam a par. As crianças gostariam que os dois se casassem, "para ser uma família absolutamente normal — alguma vez".

Os sinos tocam, chamando para a missa. As mesas dos cafés de rua são posicionadas ao sol; aqui e acolá há o cheiro de assado no ar; em algum lugar, crianças pulam sobre as placas do passeio. É o começo de um domingo tranqüilo numa cidade alemã do interior.

No centro do velho burgo, o prédio da Igreja Católica se destaca acima dos telhados das casas burguesas. As pessoas afluem ainda em grupos para assistir à missa, elas estão bem arrumadas. Diante das portas pesadas de madeira da igreja, conhecidos ainda se dão a mão velozmente; do lado de dentro, as fileiras de bancos estão já bem cheias. O órgão já ressoa. Aparentemente, a comunidade e o pároco são uma alegria para seu bispo.

---

*Nome fictício.

Contudo, o idílio é frágil. O primeiro padre não deve descobrir de jeito nenhum que, aqui, o serviço religioso está sendo celebrado por um padre que vive "em pecado", no presbitério, com sua governanta e os dois filhos que têm em comum. Nunca alguém nesta situação poderia celebrar a missa solene, dar a comunhão e, além disso, dar a bênção de Deus à assembléia, no fim.

Entre os acólitos solícitos que colaboram com o serviço religioso dos domingos estão também Pia e Florian, os dois filhos da família paroquial, de quatro integrantes. A garota de nove anos de idade e seu irmão de dez anos não falam realmente sobre suas relações de parentesco, mas sobre o fato de servirem de acólitos: "Há muito tempo desejávamos isto." Por quê? "Porque, assim, podemos fazer alguma coisa bonita junto com Martin", diz Pia. Florian concorda com ela: "Afinal, nós moramos também todos juntos, na nossa casa."

"Nossa casa" é o velho presbitério católico que fica logo defronte da igreja. Caso um estranho pergunte pelo caminho na rua, as pessoas lhe contam: "Ali mora o senhor pároco com sua governanta." Entretanto, a maioria sabe que ela é sua mulher e que ambos têm dois filhos. "E isto", afirma Maria, a mulher clandestina do pároco, "é uma coisa boa e um dilema ao mesmo tempo."

Maria cozinhou um assado dominical com repolho, um bom prato bávaro. Todos acharam gostoso, mas as crianças deixaram a mesa logo depois da sobremesa.

Como costuma acontecer com freqüência no presbitério, há um convidado sentado à mesa, na sala de jantar. Atualmente, um vigário polonês vive junto com eles na casa. Ele sabe o que realmente há entre os dois. Janek já conhecia este tipo de configuração na sua pátria e acabou de contar algumas anedotas a esse respeito. "Evitamos fazer de nossa relação um segredo muito grande", diz Maria, "para que a barra não pese demais sobre nós e as crianças."

Martin descreve de forma mais concreta o dilema da família: "Somos e seremos sujeitos a chantagens, temos medo de sermos denunciados. As pessoas da vila, da comunidade, devem tolerar isto simplesmente. Senão, acabou-se." Maria olha para seu marido e diz, para o grupo: "Todo tabu é como uma bomba-relógio que está ativada e que acaba por explodir em algum momento."

Mais tarde, no domingo, Pia e Florian se esbaldam no velho jardim adjacente ao presbitério. As crianças são do primeiro marido, é a resposta que Maria dá a perguntas indiscretas. O pároco passa por amigo paternal.

Martin, 48 anos, sai da casa e vai ao encontro de sua família. Martin é um homem cheio de energia, alto, esbelto e queimado de sol. Como sacerdote, é realmente um *workaholic*, alguém que gosta de estar junto às pessoas, sempre está presente em todos os acontecimentos da vila e que recebe, por isto, muita consideração e atenção. Ele busca em casa, junto de sua família, a força para realizar seu trabalho.

Não obstante, as crianças nunca podem chamá-lo de "Papai!" em voz alta e em público. Por isto, não chegaram a adotar este costume, nem mesmo quando se encontram na sala de estar a sós. Sempre chamam seu pai pelo nome.

As duas crianças foram ensinadas cedo: se alguém indagar acerca das relações familiares exatas, então, devem responder: "Perguntem a minha mãe." Até agora, contudo, ninguém perguntou. Quando outras crianças da vila vão brincar no presbitério, isto não representa um problema. Crianças de dez anos de idade raramente conversam sobre suas relações familiares. A filha Pia anela: "É uma pena que os dois não possam se casar, para podermos ser uma família de verdade."

Entretanto, sua mãe mudou-se para a casa paroquial justamente para criar algo como uma família. Ela se candidatou ao posto de "governanta" junto ao bispo. E ela é boa no seu trabalho: limpa o presbitério, faz compras, lava roupa e cozinha todos os dias. Para tanto, recebe aproximadamente 1.000 euros por mês. A Igreja também lhe paga seguro saúde e previdência social. Na verdade, ela está ocupada da manhã até à noite, nunca tem realmente um feriado, o telefone sempre toca ou batem-lhe à porta e ela sempre recebe o recado de algum desejo dirigido ao senhor pároco, que está ausente.

Maria, a governanta, e Martin, o pároco. Trata-se de um modelo clássico que pode ser encontrado, na Alemanha, sob os tetos das casas paroquiais.

A casa de Martin e Maria é grande e cheia de recantos, sendo que, originalmente, os aposentos do pároco estavam separados do apartamento da governanta. Uma abertura habilmente realizada no corredor, e que não é reconhecível de imediato, encurtou os caminhos. A sala de estar em comum fica ao lado do quarto de dormir em comum, os quartos das crianças encontram-se logo do outro lado do corredor, no mesmo pavimento. Martin os reformou quando se mudou para lá e ajudou a escolher a decoração. "Então, senti, pela primeira vez, esta sensação caseira de provedor, que um pai passa de forma decisiva de alguma maneira." Num lugar qualquer, ainda há um aposento abarrotado, que, na realidade, deveria ter sido, antigamente, o quarto de dormir da governanta. Não está sendo utilizado. De qualquer maneira, há ainda muito espaço para hóspedes na grande casa.

As autoridades da Igreja não sabem de nada disto. O bispo só envia um visitante religioso a cada dois ou três anos para controlar suas paróquias. Alguns meses atrás, um deles se apresentou na secretaria da paróquia. Então, Martin se preocupou um pouquinho. Sondou os colegas para saber o que poderia estar acontecendo. Eles lhe contaram: "A adega e o quarto de dormir já não interessam mais ao bispo." Isto o tranqüilizou: "Então, está bem, pensei, vamos acreditar nisto." O casal sobreviveu ileso à ilustre visita. "Ele só permaneceu um dia, sequer olhou a casa e teve conversas amenas, comigo e com algumas pessoas com cargos honoríficos, na sala de recepção oficial, porque só se interessava pela vida da comunidade."

Somente quando, à noite, a pesada porta da casa é trancada, a família do pároco católico está verdadeiramente sozinha em casa. O presbitério é um verdadeiro entra-e-sai, de improviso, sempre pode entrar alguém da comunidade na copa ou na cozinha. Por isto, deve-se tomar cuidado durante o dia. Então, a intimidade entre Maria e Martin não deve ser visível demais.

Quando o pároco não tem compromissos, à noite, as cortinas são fechadas, e os quatro se apertam no sofá. De preferência, jogam jogos de sociedade como Carcassonne, vêm um filme ou, simplesmente, conversam sobre seu dia. Pia e Florian curtem essas horas. Mais tarde, quando as crianças já foram para a cama, Martin e Maria ainda gostam de ler em voz alta trechos de um livro ou dos jornais. Então, Maria se deita, como se fosse natural, junto com o religioso católico na cama de casal comum. "Não, não temos consciência pesada por causa da Igreja", assegura ela.

Durante o fim de semana, as crianças gostam ainda de vir se aninhar ou se esbaldar na cama do padre. Então, Maria já prepara o café-da-manhã para a família — como acontece também em um sem-número de famílias normais.

Oficialmente, Maria cria seus filhos sozinha — aliás, isto acontece na maioria das vezes, na prática também. Isto, porque seu marido tem muito trabalho, e as horas que passam juntos são bastante raras. "Os párocos católicos sempre estão de olho na salvação do mundo", desculpa-se Martin. "Na maior parte das vezes, trabalhamos até cair, freqüentemente, por 60 horas semanais. Muitos dentre nós têm mais que uma paróquia para cuidar, não está previsto nenhum espaço para filhos."

O que resta são as férias da família — aliás, a cada vez, a família deve disfarçar cuidadosamente a partida. Sempre saem separadamente, e se encontram mais tarde no lugar combinado. "Somente no local das férias é que podemos finalmente nos abraçar na rua de forma livre e desimpedida", afirma Maria.

Há muitos anos que a vida dupla se desenrola assim na casa paroquial. Um círculo de confidentes, que aumenta cada vez mais, sabe do segredo. "Caso contrário, o faz-de-conta se tornaria humilhante demais", pondera Maria. É preciso "falar muitíssimo a esse respeito e jamais proibir as crianças de conversar conosco sobre isto".

Ultimamente, ela teve uma conversa curta com Pia. São sempre apenas conversas breves. Quando fazia os deveres de casa, sua filha lhe perguntou, de chofre: "Na verdade, por que é que não pode haver nada entre vocês dois?" Ela não compreende porque é permitido no caso de párocos evangélicos, mas não para os católicos. "Eu lhe expliquei que muitíssimas pessoas levam uma vida como a nossa, só que não o mostram externamente, porque a Igreja não quer." Maria conta que Pia raramente faz perguntas, mas não deixa de perguntar. Florian parece estar menos interessado no assunto e aceita simplesmente a situação do jeito que está.

Como é possível agüentar uma situação dessas a longo prazo? Um fator de estabilização, relata Maria, seriam, para ela, os encontros regulares com outros casais de padres da região. Não é nada organizado, são apenas encontros de fins de semana para trocar experiências acerca de problemas comuns. "Com isto, ambos fizemos novos amigos."

O que foi discutido ali na última vez? "As mulheres se queixaram de que seus maridos freqüentemente não conversam suficientemente com elas e com as crianças." E então? "Os homens fizeram churrasco, se esbaldaram com as crianças, participaram da conversa e, além do mais, mencionaram o grande peso de seu trabalho." Contudo, no fim, acabaram por refletir a respeito e chegaram até a prometer melhorar.

Segundo Maria, o casal não tem problemas com a comunidade: "Muitos preferem ter Martin que um pároco empoeirado. Seu predecessor não casava casais que já haviam vivido uma amizade colorida. Martin não fica bancando o severo moralista católico. Pode se basear em sua própria experiência, já que ele mesmo tem mulher e filhos e não é de usar dois pesos, duas medidas." Seu "fim de semana para noivos" goza da melhor reputação possível.

A professora de ambas as crianças está a par de tudo. Além disto, há um antigo amigo de classe do pároco. O amigo também vive na paróquia vizinha com a mulher e os filhos. E os pais dos dois?

Nesse instante, reina por um momento o silêncio em torno da mesa de jantar em madeira natural. Maria responde por Martin: "Sua velha mãe não sabe de nada. Caso ela descobrisse, não conseguiria lidar com isto. Para ela, eu sou sempre apenas a governanta." Maria finca os dois cotovelos sobre o tampo da mesa. "Escrevi sobre isso para minha mãe. Ela me respondeu: 'Vocês vão conseguir seguir seu caminho.'" Os pais já faleceram. Duas irmãs de Maria também sabem do casamento com o padre. E na vila? "Setenta por cento da comunidade desconfia e aceita o fato", diz Martin. Por vezes, perguntam-lhe, com um piscar de olhos: "Como vai tua mulher?" Então, Martin responde: "Bem!" e pergunta simplesmente de volta: "E como vai a tua?" Foi isso que aconteceu hoje, quando se encontrou com o prefeito.

Não obstante, as pessoas fazem uma grande distinção entre o pároco e a mulher. Na vila provinciana, o padre goza ainda de grande consideração. Simplesmente, não fazem caso da governanta. A mulher, de 30 anos de idade, se recorda de muitas conversas que ouviu antes de tomar sua decisão de se mudar para a casa paroquial: "Me disseram: 'Menina, deixa disso! Você vai ficar doente com isto. E teus filhos também.' Não obstante, até agora, isto não aconteceu."

A vida lhe corre bem, afirma. O papel de governanta é que nem sempre lhe condiz. Maria é uma mulher que ama a liberdade, que quer absolutamente se desenvolver também. Gostaria de sair arrumada, o que, infelizmente, só é raramente possível com um pároco.

É preciso se cuidar, diz, cuidar de seus próprios interesses. "Preciso de alguma coisa de onde possa tirar forças. Às vezes, me basta dar uma corrida de manhã bem cedo na beira do lago. Outras vezes, é uma tarde em que posso ouvir música, outras ainda, procuro outra coisa qualquer." Maria possui muitos interesses, gosta de se encontrar com pessoas, está engajada num grupo de preservação do meio ambiente, pinta aquarela e adora dançar.

Quando as crianças estão dormindo, ela sobe com Martin para o amplo sótão da casa paroquial. Antigamente, o aposento nos moldes de um salão com piso em parquê era utilizado pela comunidade para as festas da paróquia: cortinas de veludo bordô, candelabros, luz indireta, um bom aparelho de som. Então, Martin traz uma garrafa de vinho embaixo do braço e ela escolhe a música.

Hoje, o primeiro CD da noite é de Astor Piazzolla. E, então, começam. Durante uma hora a fio os dois dançam tango. "Às vezes, as estrelas brilham através da trapeira", empolga-se Maria, "É verdade!". Nesta noite, não podem ser vistas. Os dois não consideram absolutamente ridículo dançar tango clandestinamente na casa paroquial, eles só estão praticando — até as férias, vão saber dançar perfeitamente, e ali ninguém pode vê-los. "Afinal, não ficamos simplesmente sentados juntos aqui, sofrendo da manhã até a noite, sempre na expectativa de sermos descobertos. Para que me decidi por um homem tão maravilhoso?"

Ela quer dar um conselho para todas as mulheres que se encontram na mesma situação que ela: "Não entre numa relação na qual você deve abrir mão demasiadamente das suas coisas. A Igreja já nos faz sofrer o suficiente, então, não se torture também sozinha. Só não jogue tudo o que é seu para fora do barco, não transforme somente 'ele' na razão da sua vida, para perceber, em algum momento, mais tarde, que, puxa, não era isso!"

E ela se tornou realmente consciente de outra coisa, aqui, na casa paroquial: "Eu mesma sou responsável pela minha felicidade, não meu marido."

Um sol outonal da tarde brilha no jardim do presbitério, Maria ainda fez bolo depois do almoço. Pia agarra a jarra com o suco de flor de sabugueiro que ela mesma fez. "Onde está Martin?", pergunta. Maria responde: "Num discurso de batizado." Pia: "Ele disse que queria ainda estudar matemática comigo. Amanhã, na primeira aula, temos prova."

"Ele disse que vai chegar a tempo, antes do jantar."

"Mas, então, seguramente eu vou estar cansada demais. Não vamos fazer churrasco hoje à noite?"

Como a maioria dos padres católicos que têm mulheres e filhos, Martin ama seu trabalho tanto que não pode deixá-lo de lado. Ele ama Maria, e ama seu ofício. Desistir do emprego do coração por causa da família? Nunca.

Ambas as crianças, segundo Maria, já teriam aprendido há muito a lidar com essa situação complicada. Elas curtem a casa, o pátio e o jardim, as muitas pessoas que estão ao seu redor. As crianças praticam a normalidade que lhes cabe. "Só de vez em quando", diz Pia, quando sua mãe se afasta, "fico ainda um pouco triste."

"Com o quê?"

"Com o fato de que nós ainda não somos simplesmente uma família absolutamente normal." Porém, "em algum momento", espera, "isto também será permitido aos párocos católicos". Talvez, então, pudesse inclusive se tornar sacerdotisa também, em uma velha igreja legal, como a do Martin.

Maria volta à mesa. "Quando me mudei para cá", relata, "queria ter uma casa aberta. Uma casa paroquial aberta a todos os visitantes, muitos amigos e boas conversas. Todavia, gostaria, principalmente, de ter muito tempo para meus filhos. Isto faz bem a mim mesma. Então, fico mais equilibrada e também posso lidar melhor com as outras pessoas." Inicialmente, ela, que na realidade exercia sua própria profissão de educadora, teve que se adaptar a seu novo papel. Na verdade, não se sentia bem servindo um homem. Entretanto, acabou também por gostar um pouco de sua atividade. "Talvez mais do que tenho consciência. Na medida em que gozo de muita liberdade, posso escolher meus próprios afazeres principais, organizo meu próprio tempo e sou meu próprio chefe."

O casal não conta muito acerca do período difícil, antes de se mudar para a casa paroquial. Tudo começou há uns bons dez anos, de forma absolutamente corriqueira. Maria conheceu o capelão Martin no *playground*, perto da Igreja em que então servia. A educadora estava justamente balançando uma garota, ele sentou-se espontaneamente sobre o outro lado da gangorra e ergueu a pequena no ar, riu e brincou com ela. Encontraram-se novamente na paróquia, apaixonaram-se. "No início, recalquei muita coisa, queria simplesmente apagar o fato de que ele era padre", recorda-se Maria. Durante meio ano, os dois se evitaram. "Não obstante, o pensamento em Martin voltava sempre, era difícil me desvencilhar dele." Aparentemente, ele também sentia a mesma coisa. Os dois encontraram-se novamente. Em algum momento, tornou-se um relacionamento firme.

Contudo, a amante de um padre deve estar disposta a sofrer. Quando saíam da vila no carro dele, Maria devia submergir entre o painel e o banco dianteiro. "Estas são as relações que realmente fazem as pessoas ficarem doentes, a longo prazo", afirma. Um jogo de esconder humilhante e cansativo. O eterno sobe e desce de uma relação não esclarecida. Não havia um verdadeiro "sim", nem um verdadeiro "não". Não era isso que ela queria, e Martin também não. Portanto, um compromisso tornava-se necessário.

Certa noite, depois de debaterem durante semanas a fio todas as possibilidades, o telefone tocou na casa de Maria. "Era o Martin e ele me perguntou se eu não queria me tornar sua 'governanta'. 'Haha', respondi. 'É isso que você gostaria.'" Inicialmente, a coisa lhe pareceu louca demais; então, começou a gostar da idéia.

Entretanto, demorou ainda um bom tempo até que eles pudessem pôr em prática o plano de viverem juntos. Na realidade, o pároco só queria uma mulher. Porém Maria não queria passar sua vida ao lado de um homem sem filhos. Ele acabou por concordar.

Martin se recorda do ano que passou para ser ordenado sacerdote. "No caso da obrigação do celibato, a maioria dizia: vamos ver! Entre os 30 e 40 anos, porém, em todos eles se manifestava a primeira grande frustração acerca da condição solitária de ser padre. Preciso de alguém com quem eu possa falar. De forma diferente que durante o dia." Caso contrário, já se viu o que sobra, no caso de certos padres velhos e celibatários: "Se empanturrar, beber desmesuradamente, masturbação." Sim, era o caso de considerar as coisas de modo tão drástico. E, então, fica indignado: "O celibato não tem nada a ver com nossa visão do reino de Deus!"

Martin sabe perfeitamente que ele, o violador do celibato, todavia passa muito pouco tempo com a mulher e os filhos. Põe a culpa disto no papel que exerce oficialmente e que se manteve inalterado. Enquanto sacerdote não casado, Martin se sente constantemente pressionado: "As pessoas pensam que eu estou ali somente para elas. Seria mais fácil se eu pudesse simplesmente dizer: me desculpe, mas tenho família, e agora tenho que ir."

Neste ponto, Martin e Maria concordam plenamente, ela também gostaria de ser reconhecida como esposa do pároco. Nos últimos tempos, a católica engajada tem organizado, de vez em quando, leituras da palavra de Deus na paróquia. Então, ela fica na frente da igreja, como um pároco, lê o Evangelho e prega.

"Nossos presbitérios", resume Maria e se refere, com isto, a todos os outros muitos casais que se encontram em situação parecida, "são, agora, às vezes, ilhas de normalidade. Contudo, no futuro, queremos também poder mostrar isto externamente de forma natural, e podermos ser genitores normais para nossos filhos." Martin e Maria acham que a solução que encontraram é meramente provisória mas, nas circunstâncias do celibato compulsório, ainda é a melhor de todas as possibilidades disponíveis.

"Não obstante, minha alma e a das crianças permanece oprimida", queixa-se Maria. Por exemplo, quando dos muitos convites que o pároco recebe para casamentos e jubileus. "Mesmo quando se trata de pessoas que intuem o que está acontecendo entre nós, ele fica então sozinho na frente, no centro das atenções. As crianças e eu temos que sentar atrás sozinhas ou ficar em pé por aí. Pode imaginar como a gente se sente, então?"

Para não precisar ficar sempre atrás, freqüentemente, ela nem vai junto. "As crianças e eu temos que estar sempre lutando para não sermos as que andamos sempre atrás dele."

Com as lavradoras mais velhas que vivem fora do vilarejo, as coisas correm melhor. Elas são mais pragmáticas e convidam o "senhor pároco" sempre com "sua esposa", dizem, pura e simplesmente: "E o senhor pode tranqüilamente trazer as crianças." Ultimamente, uma delas disse: "Vocês, na casa paroquial, também devem ser felizes."

É puro desejo. "Se vivêssemos nossa relação de forma aberta", acredita Maria, "acabaria havendo uma divisão na comunidade. Isto seria motivo suficiente para que a autoridade da Igreja transferisse imediatamente Martin ou o expulsasse terminantemente, caso não se desprendesse de nós instantaneamente."

Aí está ele novamente, o medo profundo da denúncia, que a espreita. Martin gosta então de relatar, para se tranqüilizar, os últimos boatos chegados da central do bispado. Lá foi dito recentemente, quando chegou uma carta de denúncia: "Não sabemos de nada." As cartas anônimas dirigidas ao bispo sequer são levadas em consideração.

Maria sabe que sua vida familiar semi-oficial é, "de alguma maneira, uma solução tipicamente católica". No fundo, pondera, "com um arranjo deste tipo, apoiamos também a continuação do celibato. Nada muda a esse respeito, porque, com isto, a Igreja teria que desistir de parte de seu poder. Muitos padres, inclusive, não querem de fato uma modificação, porque então eles não seriam mais homens especiais com liberdades especiais".

Os dois vão realmente poder viver assim eternamente?

"Em algum momento", diz Maria — e de repente assume exatamente o jeito da filha Pia —, "bem que eu gostaria que ele dissesse, vem, vamos nos casar."

O rejeitado

Christian, * 38 anos, cresceu tendo apenas duas pessoas como referência: sua mãe, que o criou sozinha, e seu pai clandestino, padre. Aos 17 anos, descobriu que seu pai tinha uma segunda amante secreta. Isto acarretou uma ruptura entre pai e filho, que nunca mais se emendou — porque o pai repudiou o filho.

O único confidente masculino de Christian, quando criança, era seu pai. Esta ligação estreita repousava sobre um paradoxo: ao passo em que ninguém podia saber da existência desse pai, somente ele ficava disponível, ao lado da mãe, como figura de referência. Christian não podia se abrir para nenhuma pessoa estranha — senão teria que contar a respeito da sua família. Oficialmente, porém, o garoto vivia somente com sua mãe solteira.

Na realidade, o jovem, que atualmente está com 38 anos de idade, passava todos os fins de semana e todas as férias, naquela época, com seus pais. Com algumas raras exceções, sequer os parentes estavam a par do segredo: para não colocar em risco a existência profissional de seu amante, a mãe de Christian chegou a reduzir ao mínimo o contato com sua família, muito religiosa. O avô de Christian nunca soube da

---

*Nome fictício.

existência de seu neto. "Provavelmente, ele teria matado minha mãe."

Durante a puberdade, Christian desenvolveu bulimia. A compulsão de engolir alimentos e, em seguida, vomitá-los, por arrependimento, estava relacionada com a obrigação de manter segredo, com a negação do pai, que levava à autonegação. Christian, que hoje é alto e esbelto, era, então, gordo e feio. A bulimia é um fenômeno raro em garotos. Na maioria das vezes, são as garotas que desenvolvem esta doença que pode colocar a vida em risco — com freqüência, depois de experiências traumáticas na infância.

Naquela época, Christian parou de ir à Igreja. "A vida dupla do meu pai me tornava sensível. Tudo me parecia hipocrisia." Com isto, acabou-se o sonho do pai, que queria que Christian também se tornasse padre — "talvez, para redimir sua culpa".

O terapeuta que na época curou Christian da sua compulsão de comer e vomitar foi o primeiro a quem ele contou acerca de seu pai. É que o médico estava submetido ao segredo profissional. No mais, Christian era obediente — calava-se ou mentia e não entregava o pai. Por isto, sentiu-se duramente atingido com o fato de que seu pai não era tão fiel.

Certo dia, a campainha tocou na casa de Christian. Ele estava com 17 anos, na porta encontrava-se uma "pessoa altamente produzida". A mulher disse: "Eu sou a nova namorada do teu pai." Para comprovar o fato, balançou fotos de si própria com o padre nas montanhas. Christian reconheceu o lugar — era o local preferido de sua família para as férias.

Depois disso, tudo aconteceu muito rápido. A separação de seus pais se deu — depois de 20 anos de vida em comum

— imediatamente e sem palavras. O padre se furtava de atender ao telefone. Quando a mãe e Christian o procuraram pessoalmente para obrigá-lo a falar, pediu um tempo para refletir e mandou os dois embora. Posteriormente, nunca mais entrou em contato.

O filho ficou com tanta raiva que, numa carta, ab-rogou a seu genitor o direito de ser seu pai:

30 de abril

Prezado Senhor Thiel,*

Sim, perfeitamente, V. Sa. não é mais "Querido Georg."* Por quê? O que foi? Bem, caso ainda possua em si um pingo de disposição para a observação autocrítica, V. Sa. deveria perceber que o motivo se encontra dentro de si. Nunca alguém traiu minha confiança tão gravemente; até a noite de terça-feira, não sabia que alguém podia enganar as pessoas durante anos a fio, escarnecer delas e fazê-las de bobas e isto tudo, ainda, disfarçado em ações cristãs, bem como em divino amor ao próximo — longe de qualquer motivos egoístas.

Como, isto não é verdade?

— V. Sa. não pediu compreensão pelo fato de que V. Sa. queria viajar sozinho, que V. Sa. precisava disso, e que eu não poderia ir junto por este motivo, e também as cartas sempre giravam em torno de ficar só. (Quem é que, hoje em dia, pode se dar a este luxo: Playboys, burgueses, ah, e padres, conforme ouvi dizer...)

— V. Sa. não me contou que teria somente a mim com quem pudesse conversar? De onde sabe, então, esta pessoa extremamente atrevida acerca de meus segredos mais íntimos, por exemplo, dos

---

*Nome fictício.

ataques de vômito. Eu não contei isto para ela, e minha mãe também não. Quem foi, então? V. Sa. sempre lida desta forma com a vida emocional das outras pessoas? V. Sa. chama isto de confiança? Aparentemente, sim. Sua amante também estava minuciosamente informada sobre a vida e os problemas de minha mãe.

— *Meu Deus, isto não é escarnecimento e fazer os outros de bobos, quando fui chamado a dar conselhos de como conseguir se livrar desta pessoa, quando foi dito que ela decora seu apartamento de forma horrorosa, que ela queria usar alguém para seus próprios fins — e, na verdade, V. Sa. está constantemente na casa dela e vai para a cama com ela.*

— *Caso eu ainda esteja ouvindo bem, V. Sa. estava constantemente falando de perdão e "Eu estou aqui", de compreensão e de amor. Chama-se, hoje, a isto de amor, quando um homem obriga uma mulher a organizar toda sua vida em função dele, a não ter relações de nenhuma outra espécie com ninguém, ou quando ele apresenta como um favor o fato de ele dar uma passadinha toda semana, para curtir os tempos bons, e ao mesmo tempo a responsabilidade e o dia-a-dia com um filho recaem naturalmente sobre a mulher e quando, então, as coisas ficam difíceis, ele simplesmente parte para outra??? Isto também é muito simples — nenhuma formalidade! É só pegar aquilo de que se necessita! Uma vida de cão! E quando algo como a consciência ainda aperta, é só começar a rezar. Que Deus é este com o qual é possível se sair de situações com enrolações? Deus deve então fazer aquilo que se é demasiado covarde para fazer por si.*

— *Não é hipocrisia o fato de lamentar a infidelidade e a falta de sinceridade dos casamentos de hoje e fingir isto tudo de maneira absolutamente perfeita?*

— *Não é um abuso de confiança quando se me pede para ajudar a remendar uma situação, com a qual não tenho nada a ver, que não pode de jeito nenhum ser remendada. E constantemente falava-se de sempre dizer a verdade um ao outro.*

— Isto tudo é característico daquilo que na realidade se deve pensar das grandes conversas com V. Sa. Agora, eu sei o que queria dizer quando falava que reconhecia que minha mãe havia vivido sua vida para duas pessoas determinadas, e que não podia viver sem ela e continuava a amá-la: absolutamente nada. Na verdade, V. Sa. se considerava um super-homem que se preocupa tanto pela criança e não abandona a mãe em situação difícil. Parece que V. Sa. até hoje ainda não percebeu quem realmente cuidou de mim. Entretanto, aquilo que se diz não precisa também ser posto em ação, ainda. Isto acontece freqüentemente com bons cristãos, especialmente aqueles que se consideram "mais cristãos" ainda.

(...)

V. Sa. realmente teve sentimentos paternais? E eu deveria também nutrir sentimentos filiais? Com base em quê? Naquelas poucas horas por semana? Quem foi que realmente me aturou? Quem foi que me criou? Com quem pude sempre contar? Em relação a quem podia realmente nutrir um sentimento, se é que V. Sa. sabe o que é isto? Eu sei.

Certo, tínhamos boas conversas, V. Sa. era um bom camarada, minha confiança loucamente profunda não surgiu do nada. Contudo, são as ações, não as palavras, que mostram o valor de uma pessoa. O seu comportamento me mostrou quem V. Sa. é, de fato. Não dou nenhum valor a uma relação deste tipo. E se V. Sa. estiver pensando, agora, que não consigo me virar sozinho e que V. Sa. precisa ter compaixão comigo, isto também é produto de sua distorção da realidade.

Fique contente, o teatro chegou a um fim, V. Sa. não precisa mais cuidar de ninguém de forma tão intensa. E, apesar de tudo: eu não gostaria de carregar a carga de culpa que V. Sa. tem. Contudo, é altamente provável que V. Sa. sequer a sinta.

Christian

PS.: O ponto mais importante é que ninguém acredita que sou o filho de V. Sa. Tampouco já o sou mais.

Ainda assim, o filho andou atrás do pai durante anos... Não obstante, este último não queria mais vê-lo. Uma única vez, Christian conseguiu localizá-lo, anos mais tarde. Seu pai vivia então casado com a nova mulher e repudiado por sua Igreja. Christian foi até sua casa sem se anunciar. Depois de apenas 20 minutos, seu pai o acompanhou novamente para fora da casa.

Posteriormente, Christian recebeu uma carta de um advogado, no qual estava escrito que ele havia se "comportado de modo impossível" durante sua breve visita e que, a partir de então, ele estava proibido de ir para a casa de seu pai.

"Aproximadamente dez anos depois daquele encontro, telefonei para ele. Tive a impressão de que ele ficara contente de me ouvir." Christian já nutria esperanças, quando, então, recebeu novamente uma correspondência:

Na carta anexada em fotocópia você me anunciou que "não era mais meu filho". Portanto, fica muito difícil para mim e minha mulher acreditarmos que você tenha mudado de idéia de maneira desinteressada. Na nossa casa, há uma pasta "Christian", que está repleta com tantas coisas negativas, muito embora tenhamos verdadeiramente tentado de tudo por você, esgotando todos os nossos meios: salário-família, seguro-saúde. O que existe aqui a seu respeito é algo que realmente não é apresentável. Paguei meu preço pelos "tempos bons". Informo a você que minha vontade é que, caso deva morrer antes de minha esposa, nenhum de meus familiares deva ser informado, você também não.

Minha situação está em ordem, não há nada para herdar.

Se você ainda assim acreditar, espera-se que como homem adulto ter o dever de procurar um pai, e talvez também um irmão, então deve ser em outra base. A proibição de adentrar minha casa, que te foi comunicada através do advogado, continua de pé.

Georg

Cinco anos atrás, o filho se atreveu a fazer uma última tentativa. Novamente, aconteceu o mesmo teatro: o pai alegrou-se ao telefone. Depois disso, Christian chegou a lhe escrever uma carta. "Sugeri-lhe que nos encontrássemos, conversássemos e nos reconciliássemos."

Em vez disto, recebeu imediatamente outro passa-fora, escrito a mão:

A resposta à tua carta só pode ser: me deixe em paz para todo sempre. Sua carta de hoje não faz sentido e está tão cheia de contradições quanto a daquela época. Você já era maior de idade, era suficientemente velho para viajar pelo mundo afora, em que foi que houve impertinência?

Há sempre o mesmo egoísmo, a mesma desumanidade. Você ainda vai ter que quebrar a cara muitas vezes para se tornar gente.

(...)

Qualquer correspondência subseqüente será retornada sem ser aberta. A proibição de adentrar a casa continua valendo de forma irrestrita

Georg

Este foi o último sinal de vida que Christian obteve. Por que o pai o renegou, ele nunca descobriu — e também nunca vai descobrir. O pai de Christian levou este segredo consigo para o túmulo. O filho soube de seu falecimento por acaso, meses depois do enterro.

"Na época em que ele morreu, sonhei com sua morte", diz Christian, e meneia a cabeça, incrédulo. Acha que, por sinal, não deve se queixar sobre seu destino. "Não leva a nada."

A voz de cima

Lena* chegou ao mundo quatro anos atrás. Seu pai, Klaus,* é padre católico. Ele tem autorização de seu bispo para cuidar de sua filha — mas não da mãe, Simone.* O vaivém entre seu ofício e o amor à sua mulher dilacera o religioso.

Deveria ter sido um café-da-manhã de Natal realmente descontraído, somente entre mulheres. Mas, agora, aí está aquela tira de teste na mesa, e a coluna na legenda anuncia inequivocamente: grávida! A mulher que fixa o olhar nela está desnorteada: "Eu, grávida?" Simone procura o folheto de instruções e tenta descobrir o que poderia ter feito errado.

"Não pode ser!", afirma às suas duas amigas. Ela lhes contara que já estava com uma semana de atraso e que, de repente, tivera um pressentimento ruim. Por acaso, a anfitriã ainda dispunha de um teste novo: "Se você quiser saber com certeza, então, simplesmente experimente fazê-lo."

No folheto de instruções, Simone não encontrou nada que pudesse ter feito errado.

Mal havia se despedido, ligou para seu namorado Klaus, do celular, ainda na rua. Contudo, era o dia de Natal de 1998, e o padre católico tinha uma série de compromissos. Só con-

---
*Nome fictício.

seguiu alcançar sua caixa postal e pediu para que ele retornasse a ligação com urgência.

Três horas mais tarde, o telefone dela tocou. Era ele. "Escuta", ela pediu, "você tem que dar uma passada aqui. Estou grávida de você. Vamos conversar para ver o que vamos fazer."

"Vamos dar um jeito", opinou o futuro pai. "Você se muda para a casa paroquial, leva teu filho e nosso bebê junto. E, aí, você simplesmente finge estar criando teus filhos sozinha. Já há tantas outras governantas que são casadas." Simone não estava muito entusiasmada com a idéia. Ela não queria simplesmente abandonar sua profissão de assistente de médico. De qualquer maneira, isto lhe garantia um mínimo de independência. Vivia com o filho de oito anos, separada de seu marido, o divórcio estava em curso.

Inicialmente, Simone não contou nada a seus pais, católicos praticantes, e foi passar duas semanas na serra com Klaus. Ali, ambos discutiram todas as alternativas possíveis. Inclusive um aborto. O casal jamais sequer havia cogitado ter um filho próprio, confiavam na pílula. Até hoje, Simone não compreende como ela pôde ficar grávida mesmo assim. "Pelo visto, isto tinha que acontecer", diz e encolhe os ombros.

Simone e o sacerdote Klaus estavam juntos havia um ano — uma relação precária. Ela conhecera Klaus quando, depois da separação de seu marido, procurara alguém com quem poderia desabafar. Aí, o jovem sacerdote da vila vizinha se oferecera. Era um homem alto, bem-apessoado, de uns trinta e poucos anos, com cabelos encaracolados negros e olhos verdes. Um tipo alegre, que sabia ouvir.

Os dois se aproximaram rapidamente durante as conversas de assistência espiritual. "Nos tocávamos brevemente, às vezes, ora de propósito, ora sem querer. Notei, epa, isto é gostoso, ainda vai rolar alguma coisa, mas, na realidade, você não pode fazer isto."

Simone puxou o freio de mão: rompeu o contato. Durante alguns meses, ficaram sem se falar. Então, encontraram-se novamente numa festa. "Disse para ele: vem ver onde estou morando, agora; eu e meu filho estamos de novo muito bem."

O padre a procurou já no dia seguinte. Quando ela abriu a porta, se abraçaram. "Não conseguíamos mais largar um do outro", conta Simone, "todas as barreiras se romperam."

A situação se prolongou durante quatro semanas. Mas, então, certa noite, Klaus declarou abruptamente que não conseguia mais continuar assim. Padre durante o dia, à noite, na cama com ela. Tinham que terminar.

Novamente, reinou silêncio entre eles durante alguns meses. Porém, no verão, Klaus apareceu de novo. "Ele me disse que bem que tentara, mas que não podia viver sem mim." Klaus é padre há oito anos.

Ela acreditou nele. Passaram a se encontrar duas ou três vezes por semana. Saíam inclusive para jantar ou iam ao cinema. Simone não contou nada aos pais; uma amiga cuidava de seu filho durante as horas do padre.

"Klaus era tão diferente do meu marido: tinha tempo, era instruído, se interessava por tantas coisas. Saía comigo. Eu necessitava disto como uma esponja seca absorve água. Pensava: uau! Isto é que é homem! Nem achava que existia alguém assim!" Por isto, topou todo esse jogo de esconde-esconde, absolutamente constrangedor. "Quando a porta se fechava, ele era meu. Isto me bastava. Com meu marido, não tivera nada daquilo."

A gravidez inesperada tornou tudo mais complicado ainda. Ao regressar das férias, Simone tinha hora marcada no ginecologista. Ultra-som. Klaus resolvera ir junto. Na sala escura de exames, o alto-falante transmitiu a batida do coração da criança.

Na mesma noite, Klaus telefonou. No dia seguinte, teria uma conversa com o bispo. Já não agüentava mais, iria confessar tudo para seu chefe.

Na noite seguinte, Klaus tocou à sua porta. Mal olhou para ela. Vinha somente para buscar suas coisas. Enquanto juntava alguns livros, e enfiava seu material de barbear e algumas camisas numa bolsa, mencionou: "Bem, foi isso aí!" O bispo teria exigido uma decisão: ou padre ou pai. Ele era padre de corpo e alma e queria continuar a sê-lo. Não podia mais suportar estar junto do altar e ao mesmo tempo pensar nela.

Simone ficou com raiva: "Espera aí! Primeiro, você ainda vai comigo, agora, para a casa dos meus pais, não vou fazer isto sozinha. Eu ainda posso dizer para eles que estou grávida. Mas que você vai embora e o porquê, isto você vai me fazer o favor de você mesmo lhes dizer!"

Os pais reagiram diferentemente do que era esperado. O pai de Simone somente opinou, sarcasticamente: "A criança virá ao mundo mesmo sem você! Se você acha que deve ir embora, então vá, por favor. Mas, então, permaneça longe e não fique mais indo e voltando!"

Klaus só agüentou um mês e, então, lá estava ele de novo ao telefone, queria saber como Simone estava se sentindo. "Pára com isto", escorraçou-o, "me deixa em paz. Nunca mais me procure!" Não obstante, no dia seguinte, tudo estava como antes: ele passou na casa dela, eles dormiram jun-

Die derzeit nach der Regelverordnung für den Unterhalt nicht ehelicher Kinder zu leistende monatliche Geldzahlung beträgt DM 228,-- (in Worten: Zweihundertachtundzwanzig Deutsche Mark).

Der Notar hat die Erschienenen darauf hingewiesen, daß die Zahlungsverpflichtung des Erschienenen zu 1.) erlischt, wenn dieser vor Beendigung einer Berufsausbildung des Kindes ▆▆▆▆▆▆▆▆▆▆▆▆▆▆ oder vor dessen Eheschließung verstirbt oder dieses adoptiert wird.

Die Kosten dieses Vertrages und seiner Durchführung trägt der Erschienene zu 1.).

Wir verpflichten uns wechselseitig, über den Inhalt dieses Vertrages absolutes Stillschweigen zu bewahren und zum Ersatze desjenigen Schadens, der einem von uns durch eine Verletzung dieser Schweigepflicht seitens des anderen entsteht.

Die Beteiligten sind darüber einig, daß der Wert des Vertrages DM 350.000,-- (in Worten: Dreihundertfünfzigtausend Deutsche Mark) beträgt.

Je eine beglaubigte Abschrift dieses Vertrages erhalten die Beteiligten.

Der amtierende Notar wird ermächtigt, zuständigen Behörden gegenüber zu erklären, daß eine den gesetzlichen BEstimmungen entsprechende Unterhaltsvereinbarung für das Kind ▆▆▆▆▆▆▆▆▆▆▆ getroffen worden ist. Er wird jedoch nicht ermächtigt, den Namen des Zahlungspflichtigen preiszugeben.

1 — Obrigação de sigilo registrada em cartório: O pagamento mensal em dinheiro a ser efetuado para o sustento de filhos não-legítimos fixado atualmente por decreto é de 228 marcos alemães. O notário notificou as Partes que a obrigação de pagamento da Parte 1 cessa caso esta faleça antes que a criança ————— venha a concluir sua formação profissional ou antes que ela contraia matrimônio ou no caso em que ela venha a ser adotada. / A Parte 1 arcará com os custos do presente Acordo e de sua execução. As partes obrigam-se mutuamente a manter o conteúdo do presente Acordo em sigilo absoluto e a indenizar a outra Parte pelos prejuízos causados pela violação deste sigilo. / Os envolvidos concordam que o valor do Acordo é de 350 mil marcos alemães. / Cada um dos envolvidos receberá uma cópia autenticada do presente Acordo. / O notário responsável tem autorização para informar as autoridades competentes de que se chegou a um consenso relativo ao pagamento de pensão para a criança —————, em conformidade com as determinações da lei. Entretanto, ele não está autorizado a divulgar o nome do responsável pelo pagamento.

2 — Günter

Foto: Wolfgang M. Weber

3 — Thomas e Gabriele

4 — Christina e Nele

5 — Gabriella Loser-Friedli com o filho e o marido na viagem de lua-de-mel à Tunísia

6 — Miriam (à esquerda, com a boneca) com a irmã, os pais e os avós

7 — Anton Aschenbrenner com a filha Dorothea

8 — Simone quando adolescente, com a foto de seu falecido pai

tos. Klaus ficou totalmente eufórico. "Vamos casar, vamos para a casa dos seus pais e dizemos a eles."

Klaus permaneceu três dias com Simone. Somente foi embora no domingo, para rezar a missa no hospital. Ele trabalhava ali como pastor de almas e acompanhava os doentes. A catástrofe seguiu seu rumo. Na manhã de segunda-feira, estando ainda na cama comigo, ele disse, de repente, que não podia ser, que com a melhor das vontades, não ia dar certo. Enquanto estava celebrando a missa, teria ouvido uma voz: eu necessito de você! O homem balbuciava, aos prantos, que tinha que continuar sendo padre.

A partir daquele momento, Simone não se lembra de mais nada. Tivera um desmaio e só tomou consciência de si quando estava na calçada diante da casa de seus pais. Klaus a levara para lá de carro. Se desmanchando em lágrimas, ela teria entrado e dito à mãe: "Ele me deixou de novo."

Ela passou mal, foi levada para o hospital. Começou a ter sangramentos, quase teve um aborto espontâneo. Contudo, a criança sobreviveu.

Em algum momento, estava novamente ao telefone com seu padre: ele precisava falar urgentemente com ela. Agora, estava totalmente decidido. Teria conversado com o vigário geral. Ficaria com ela para sempre e abandonaria seu ofício. Antes disto, entretanto, prometera ao vigário geral passar três meses em Münsterschwarzach. A Igreja Católica mantém, naquele mosteiro bávaro, uma clínica psicológica para sacerdotes católicos, a Recollectio-Haus.

Quando regressou, tudo estava como antes: vacilante, Klaus explicou para Simone que queria continuar a ser padre. Foi com Simone até o serviço de assistência à infância e reconheceu a paternidade da criança ainda não-nascida.

Então, desapareceu novamente — até que o parto estava próximo. Um belo dia, estava ele diante da porta, cuidou da casa, levou Simone à natação para grávidas. Ficou junto durante as longas 14 horas do parto, até que sua filha chegou ao mundo. O nome Lena fora escolhido de comum acordo.

Desde aquele dia, Klaus é um padre católico com uma filha ilegítima. Seu nome consta da certidão de nascimento; dois dias após o parto, foi pessoalmente ao cartório para registrar sua filha. Klaus fez um arranjo verbal com o bispo: o próprio Klaus é responsável pelo seu sustento. Ele e a mãe de sua filha exercem conjuntamente o pátrio poder. O religioso tem autorização para visitar sua filha toda semana, chega inclusive a levá-la consigo nas férias, e arrumou um quarto próprio para a criança em seu apartamento.

A autoridade da Igreja também concordou com este arranjo porque ele trabalhava como pastor de almas no hospital, e não como pároco na comunidade. Não era preciso temer as conseqüências da publicidade do fato. Preço do acordo: Klaus tinha que desistir de sua amante de uma vez por todas. O superior teve um consolo pequeno para Simone: "Em algum momento, bem no início, o bispo mandou me transmitir uma saudação. Nada mais."

Naturalmente, Klaus não manteve sua promessa por muito tempo. Entrementes, ele chega à noite na casa de Simone quase que a semana toda. De manhã, sai direto para trabalhar no hospital. Antes, ainda leva sua filha rapidamente para a creche. O bispo não sabe de nada.

Para Simone, as crises sem fim não passaram sem deixar vestígios. Ela acabou de se submeter a uma terapia. "Permanece este medo", diz, "de que ele um dia chegue de novo e diga para mim: ouço novamente vozes, não consigo viver assim, com vocês e meu sacerdócio."

"No início", afirma, "teria me casado com ele, mas, agora, já não tenho certeza. Se ele tomasse esta decisão de forma forçada, somente poderia ser infeliz no casamento. Isto, porque ele é padre de corpo e alma, ama esta profissão e nunca quis ser algo diferente. Se ele perder este trabalho, ficará infeliz, e isto vai acabar recaindo sobre mim e sobre sua filha."

Klaus procura ser um bom pai. Vai até a biblioteca, providencia livros falados ou livros ilustrados. Com freqüência, leva sua filha para a cama e lhe lê histórias. Cozinha para as crianças, ajuda o mais velho com seus deveres de casa.

Não obstante, Klaus, o padre, fala pouco sobre o sentimento de ser pai.

Às vezes, sua filha se senta de maneira acentuadamente ereta em sua cadeirinha e Simone comenta: "Olha só, ela se senta exatamente como você!"

"Claro", responde, então, "afinal, ela também é minha filha!"

Klaus acabou de lhe ensinar novamente algo de novo. Ele olha para a filha e diz: "Papai e Lena são...", e a garotinha de quatro anos grita, então: "... um time!"

"Assim, só fica uma questão em aberto para Lena", pondera Simone, depois de um tempo: "Por que os pais também não podem formar um time forte juntos?"

Como isto deve continuar a longo prazo, é uma questão a respeito da qual o sacerdote se recusa a falar com sua companheira clandestina. "Será como tem que ser", responde, então.

A criança que não devia vir ao mundo

Maria,* 43 anos, não levou adiante a gravidez de seu segundo filho com um capelão. Ele a colocou diante da escolha de perder a criança ou ele: ele se mataria, caso ela não abortasse. Depois da interrupção da gravidez, Maria caiu em depressão. Após uma tentativa de suicídio, conseguiu dar a volta por cima e se mudou. Então, finalmente, o capelão decidiu-se pela mulher e pelo filho. Seis anos atrás, o casal separou-se. Ambos são da opinião de que a criança não-nascida está atrapalhando os dois até hoje.

15-3-1979

Não, não pode ser verdade. O que vamos fazer agora? Estou grávida outra vez; é que não podia tomar a pílula. "Tomar cuidado" não resolveu. Os últimos meses nos consumiram. Já com Sebastian, que está agora com três meses de idade, Volker tem a sensação de estar dilacerado. Para mim, há o eterno esperar — e sempre ter que viver tudo clandestinamente. Volker diz: "Eu não poderia suportar mais esta divisão. Mais uma criança, novamente este estar dividido entre o ofício e a família, não agüento isto." E eu: "Não posso abortar uma criança. Eu tam-

---

*Todos os nomes são fictícios.

bém não queria ficar grávida, mas agora (...) Por que é que o fato de ter outra criança modificaria as coisas tanto assim?" Eu chorava, e Volker também começou: *"Acredite, eu gostaria de ser pai mais uma vez — mas, agora, nesta situação de merda. Seria mais fácil me matar do que ter que assumir isto mais uma vez." O que devo fazer? É realmente verdade que eu tenho que decidir entre a morte de meu filho e a de Volker, e então também da minha? E que seria de Sebastian sozinho?*

Em desespero, pedi a um ginecologista que é decididamente contra o aborto para falar com Volker. Porém, inclusive ele me aconselhou a interromper a gravidez. É que Volker não conseguiria abandonar seu ofício. E eu teria muito mais problemas em suportar uma adoção, logo após o nascimento, do que um aborto.

Ainda procurei nosso novo capelão. Ele disse: "Maria, leve a gravidez adiante. Se o Volker realmente te amasse, então abandonaria seu ofício, pelo menos agora. Não lhe dê ouvidos, ele não vai mesmo se mudar com vocês."

Estou desesperada, por que é que ninguém me dá a ajuda de que eu preciso para levar a criança adiante? Por que é que ninguém diz: "Vamos, leve a gravidez adiante, estou aqui se você precisar de alguém, você pode conseguir, e Volker também consegue." Não posso acreditar no capelão. Do jeito que Volker se comporta quando está conosco, como ele depende de nós, precisa de nós, anseia pelas horas passadas juntos, fica dilacerado e chora, sempre chora comigo. Nunca teria imaginado que alguma vez poderia ter sido obrigada a fazer um aborto, mas, simplesmente, não agüento sozinha.

Maria e o capelão Volker se conheceram depois de uma missa para a juventude, em 1977, durante a qual ela tocara violão. Ela estava com 18 anos, ele, com 31. Naquela época, Maria escreveu em seu diário:

21-12-1977

"Você quer vir comigo, para bater um papo e comer alguns biscoitos?", perguntou. "Está bem." É bem verdade que não estava com muita vontade de comer biscoitos, mas ele já é capelão há mais de um ano aqui conosco, e eu ainda não o conhecera direito. Assim, ficamos sentados à luz de velas, em seu quarto, e cada um falou de si. Foi uma conversa sincera e eu lhe contei, pela primeira vez, do estupro que sofri um ano e meio atrás.

O tempo passou num instante, a meia-noite ia longe. "Quer que eu te leve para casa de carro?" Naturalmente, para mim seria ótimo, não estava com vontade alguma de percorrer a pé e sozinha os dois quilômetros, passando pela cidade. Levantamonos. Volker me abraçou. Era bonito. Beijou-me. Por quê? O que queria? Ele não pode fazer isto. Ele agarrou meu peito. Deixei acontecer, e também permiti que ele desenrolasse o saco de dormir e se deitasse comigo sobre ele. Na verdade, eu não sentia nada, e tinha inclusive medo, mas não me atrevia a perguntar, a dizer não; curti os carinhos, a ternura pela qual ansiava tanto. Não queria pôr isto a perder, e, assim, também deixei a relação sexual acontecer. Também não queria deixá-lo na mão, lhe negar um desejo.

Mais tarde, me levou para casa de carro.

27-12-1977

Hoje, perguntei ao Volker se ele não se incomoda de combinar sua profissão, seu voto de castidade com a relação comigo. Ele disse que não. "Isto não me incomoda." Fiquei maravilhada; no que diz respeito à minha imagem de padre, fui fortemente influenciada pelo meu professor de religião. Ele nunca poderia ter feito alguma coisa assim. Também não sei se Volker realmente está dizendo toda a verdade. Vou perguntar de novo a ele.

No dia 2 de abril de 1978, Volker telefona para sua amante, que acabou de chegar do ginecologista. Sim, ela está grávida, confirma Maria, e implora: "Não faça nenhuma besteira!" "Eu te amo", diz ele e desliga. Mais tarde, ele conta para ela que, na auto-estrada, teve que se segurar para não jogar o carro contra um pilar da ponte. No fim, acabou indo para a casa de um padre amigo seu, e confessou-lhe tudo. Depois disto, "desabou".

Vinte e cinco anos mais tarde, Maria diz que o tempo da gravidez de Sebastian, seu primeiro filho, já havia sido um "horror" para ela e Volker. "Eu estava no meio dos meus exames de conclusão do segundo grau. E Volker estava constantemente deprimido. Depois que ele me contou de sua fantasia de suicídio na auto-estrada, este assunto estava permanentemente na pauta do dia. Nós nos implorávamos sempre mutuamente para não nos matarmos, e quando nos encontrávamos, nos agarrávamos um ao outro e combatíamos nossos medos com sexo."

Maria terminou seus exames de fim de curso pouco antes do parto e requereu um apartamento para si, junto ao serviço de assistência de menores, na qualidade de mãe solteira. Não podia ficar na casa de seus pais: como é o caso de muitas mulheres que se relacionam com religiosos, Maria tivera uma infância triste. Conta que sua mãe havia sido a escrava sexual de seu pai. Ela própria havia apanhado desde a primeira infância, um de seus irmãos também a maltratava. Para os outros, a família, que pertencia à camada instruída, preservava sempre sua aparência católica burguesa. Quando Maria foi violentada por um motorista de ônibus durante uma atividade juvenil da Igreja, aos 16 anos, não teve ninguém para conversar a esse respeito.

Presentemente, ela acha que a solidão e o desespero é que a empurraram para os braços do querido capelão — e não amor. "No fundo, nunca quis sexo. Gostava até de fazer, depois de já ter recebido carinho, mas eu jamais quis mais. Contudo, sabia que, caso recusasse o sexo, então também não ganharia mais carinhos. E engravido tão facilmente quanto uma coelha, tenho a sensação de que tenho dez dias férteis em vez dos costumeiros dois ou três. Porém, não sabia disto então, estava terrivelmente mal-informada sobre métodos contraceptivos — e, infelizmente, Volker também."

Retrospectivamente, o comportamento de seu namorado sacerdote, hoje um simpático cinqüentão bem conservado, parece absolutamente esquizofrênico: o capelão acompanhou sua namorada à sala de parto, vestiu o avental verde e ficou segurando sua mão enquanto ela fazia força. Uma hora após o nascimento, seu ofício o chamou e ele vestiu a casula para celebrar a missa.

Maria suspeitava de que muitas pessoas de fora percebiam o duplo papel de Volker.

26-12-1978

Estamos na casa paroquial, para celebrar o Natal. É bom estar tão perto de Volker, mas também é muito ruim. Sua governanta aparece toda hora, para perguntar ninharias. Achamos que ela desconfia de alguma coisa. Ela me presenteou com duas toa-

lhas tipo esponja, para "Ela" e "Ele". E, também, há os serviços religiosos. Aí, Volker fica de pé junto do altar, com seus trajes solenes, e eu fico sentada no banco com o bebê, como todos os outros. Ninguém pode saber em que estamos pensando, ninguém pode ver nossos olhares. Somente resta a divisão da grande hóstia como sinal de nossa união.

Talvez, tudo tivesse acontecido de modo diferente, caso Maria não tivesse ficado novamente grávida, três meses depois. Talvez tivesse acabado por se estabelecer uma família secreta no presbitério, com Maria desempenhando o papel de governanta — a infeliz mãe ainda era muito jovem, ainda não tinha formação profissional e dependia muito de Volker. Ele reconhecera sua paternidade junto ao serviço de assistência a menores, e também pagava pensão alimentícia. Aliás, pagava em dinheiro, para que a diocese não pudesse rastrear a pensão.

Contudo, quando soube que sua Maria estava novamente grávida, Volker enlouqueceu. Até hoje, o sacerdote, que contudo foi suspenso de seu ofício, não se perdoou por ter colocado Maria diante da alternativa sem saída: ou a criança não nascida morre ou eu. "Mas foi assim", afirma o teólogo de cabelos brancos, "e preciso arcar com as conseqüências."

28-3-1979

O enjôo matinal se foi, e meu filho também se foi. Ficamos no presbitério por três dias. Eu esperei, pedi e implorei. Por que é que nosso filho tem que morrer? Até o último momento, sonhei com a frase: nosso filho pode viver. Deixamos Sebastian na casa paroquial e fomos ao médico por causa de um "problema no abdômen". Volker ligou o rádio. Fiquei calada durante todo o percurso. Por que é que ele precisava deixar o rádio ligado, agora, como se este dia fosse igual a todos os outros. Quando é que ele finalmente pararia o carro e diria: "Vem, vamos voltar, vamos deixar nosso filho viver." Mas Volker seguiu adiante.

Não conseguimos encontrar logo o consultório médico — esperei que isto, talvez, pudesse nos salvar. Mas não, chegamos, entramos, entreguei a guia que eu recebera no posto de aconselhamento familiar, sem que me tivesse sido feita nenhuma pergunta, na condição de "mãe solteira e beneficiária de auxílio social". Praticamente, ela me fora impingida.

Então, chegou o médico, muito gentil, e fez um ultra-som. "A senhora não precisa olhar, posso virar o monitor." "Não, gostaria de ver a criança." Com nove semanas, já gesticulava com força com as perninhas e com os bracinhos. Esta vida já devia chegar a um fim? Volker também está vendo, por que não diz nada? O médico me perguntou se eu realmente queria fazer o aborto; fiquei calada, Volker respondeu, baixinho: "Sim." Me deram uma injeção, o procedimento começou. Doía e me senti mal, mal pra cachorro. Então, me colocaram numa cama, eu tive que vomitar, vomitar...

Volker disse que tinha que voltar, que se quisesse ficar, poderia me buscar dentro de três horas. Não, não queria ficar sozinha ali, fui até o carro vomitando sem parar. Regressamos e, desta vez, protestei contra o rádio. Diante da casa paroquial, fiquei sentada no carro, Volker correu para dentro da igreja e informou às crianças que voltaria em seguida. Então, me levou escada acima para a cama e foi à igreja. Fiquei deitada ali, vazia, infinitamente vazia, despojada, como que violentada, quase morta. E Volker estava na igreja, celebrava a missa com as crianças. Não o compreendo, e acho que nunca o compreenderei.

À noite, saí sorrateiramente para a igreja, sentei-me no banco e chorei:

Meu filho, meu filho.
Por quê?
Eu te amei, te amo.
Queria te levar adiante, te parir,
te amamentar e te abraçar,
te ver crescer,
poder estar alegre e triste com você,
mas eu não pude.
Como vou conseguir superar isto?
Onde você está agora?
Senhor, tome meu filho, por favor, acolha-o
e presenteie-o,
console-o.
Queria te dar um nome,
te enterrar,
por que você teve que morrer, por quê?

Volker me encontrou mais tarde, chorou junto comigo, acendeu três velas.

Tenho medo de que ajamos um com o outro da mesma forma que o fizemos com nosso filho — que nos matemos mutuamente. Só registro as sombras deste dia. Precisava gritar isto em toda casa paroquial, o que havia sido feito aqui.

Mais tarde, quando todos estavam dormindo, ficamos sentados no quarto de Volker. "Era realmente preciso fazer isto?" "Sim, eu teria morrido." Choramos. Depois, ele me contou que, como punição, ficou olhando para o tubo de sucção.

O desespero pela criança perdida perseguiu Maria dia e noite. Tirou-lhe, inclusive, seu último consolo: sua fé.

Páscoa de 1979

Acordamos de madrugada. O fogo da Páscoa foi aceso, fomos para a igreja com toda a pompa solene. O sol se levantou, refletiu-se no vidro das janelas. O Senhor ressuscitara, a noite chegara ao fim, a luz brilhava, o desespero cedera lugar à redenção, a morte, à vida. Esta metade da noite de Páscoa eu não percebi direito, ela está ainda tão longe de nós, será que nós vamos vivenciá-la?

Junho de 1979

Passamos as férias juntos: no fim do mundo. Volker foi buscar-nos, as malas estavam prontas, e eu então carreguei as coisas no Pólo, porque ele estava nervoso demais para isto. Era realmente o fim do mundo: dos 80 chalés que haviam sido planejados, somente 20 estavam construídos, sendo que somente uma pequena parcela destes estavam ocupados. Campinas, bosques, campos, vacas e cavalos eram nossos vizinhos.

Teria sido bom demais, caso as férias não tivessem fim. Volker de volta para a casa paroquial, eu de volta com Sebastian ao nosso pequeno apartamento — e, novamente, a espera; esperar algumas horas chegarem, esperar por uma decisão.

Certa noite, quis ir embora; embora para não ter que voltar, ir embora e morrer.

Julho de 1979

Dentro em pouco, vamos voltar para a serra, para E., onde Volker vai substituir o pároco local durante as férias, como já o fez diversas vezes. Além de nós, há ainda seis jovens, a governanta do presbitério e uma senhora de idade. As duas cozinham pessimamente — eu teria gostado de cozinhar, mas Volker disse que eu não podia fazer isto com as mulheres.

Isto aqui está insuportável. Anteontem, me retirei do bar em que todos estavam alegremente e me escondi perto da floresta. Será que eu queria testar Volker ou torturá-lo? Eu, que estou tão desesperada: agora mesmo é que noto de fato que meu filho não está na minha barriga. Agora, ele devia estar esperneando, mas não sinto nada.

"Senhor pároco, senhor pároco", já não posso mais ouvir isto. "Senhor pároco, mais uma xícara de café? Ah, agora está novamente contando anedotas, o pároco" (...) Puxa vida, eu gostaria de gritar bem alto — ou até poder dizê-lo bem baixinho — quem ele é. Mas, nada. Devo ser gentil, ser bem comportada, não deixar que os outros notem nada.

Não agüento mais ouvir como ele é badalado e honrado — e eu fico aí com minha desgraça, com um filho nos braços e outro morto na alma; e o pároco maravilhoso cuida de nós de forma tão comovente, é simplesmente o máximo.

Então, lá estava eu sentada na floresta e chorava sozinha. Por que é tão difícil morrer, tão difícil viver? Volker chegou depois, impotente como sempre. Mais tarde, ficou doente, não pude ficar com ele, a governanta não permitiu: "Deixem-no em paz. A senhora está vendo como ele está passando mal."

Novamente, ele me renega, como também acontece nos sonhos que tenho todas as noites: estou deitada no chão, diante da igreja, gravemente ferida. Muita gente me olha, todos olham, ninguém fala comigo, ninguém pergunta nada, ninguém sequer procura ajudar. Aí, Volker chega, eu grito: "Volker, me ajuda!", porque somente ele pode me curar. Mas ele me dá as costas e vai embora: "Não conheço esta mulher."

Desde o aborto, não posso mais ir à missa. Fico envergonhada de encenar meu papel, os outros devem se dar conta disto. Não consigo fingir. Além do mais, isto dói muito, dói demais. Tudo aquilo que o sacerdote fala, Volker poderia dizer, agora, de outro foro. Porém, o que faz ele? Amor? Responsabilidade? Sinceridade?

Agosto de 1979

Volker gostaria de adquirir um novo altar para a igreja. Ele percorreu a região, juntamente conosco, visitamos igrejas e olhamos altares. Juntos, freqüentemente de mãos dadas, entramos naquelas casas de Deus e, a cada vez, me doía de entrar nelas. Fico muito triste com isto. Antigamente, gostava de estar em igrejas, sentia-me em paz ali, protegida. Agora, a Igreja é como uma arma, ou melhor, como uma concorrente. Ela me toma Volker, ou eu o tomo dela.

Por que é que Volker tem que escolher entre ela e eu? Tenho medo de que eu a perca, a Igreja.

Setembro de 1979

As determinações da Igreja são demasiadamente severas.
Para nós, o melhor seria que você pudesse viver ambas as coisas;
Mas não podemos.
Nosso filho teve que morrer.
Assim, esta Igreja não serve,
não dá a vida,
mas mata.

15-2-1980

Estamos tirando alguns dias de férias de inverno numa vila familiar em Schwäbischen Alb. Novamente, me deu vontade de ir embora e morrer, para nunca mais ter que voltar. De pijamas, descalça, saí e andei pela neve. Não sentia o frio nos pés. Queria andar sobre a campina nevada, na floresta, até que eu caísse em algum lugar e congelasse.

Porém Volker saiu, deixou Sebastian sozinho na casa, chamou por mim, queria sair com o carro. Para onde? Não ficarei sabendo. Voltei, por quê? Porque não queria deixar meu filho sozinho? Ou teria tido medo de que Volker se ferisse? Gostaria tanto de ter me libertado, mas, agora, estou sentada na beira da cama, enquanto Volker põe meus pés de molho na água quente e os seca, esfregando-os.

Depois desta segunda tentativa de fugir da vida, Volker e Maria combinaram de manter contato, por um tempo, somente por telefone e por carta. Volker disse que precisava dessa separação para poder se decidir. Maria fazia perguntas cruciais: como é que alguém que abortou uma criança ainda pode ir ao púlpito para pregar às pessoas o amor ao próximo? Cada vez mais, a jovem mãe de 20 anos de idade se refugia num isolamento perigoso.

Este é um extrato de uma carta que Maria escreveu para Volker, no dia 6 de março de 1980:

Semana passada, você disse que, no mais tardar, você pararia se não pudesse mais celebrar a eucaristia. Quais são os motivos para não mais celebrar a eucaristia? [No seu lugar] os meus cálculos se iniciariam mais cedo: como poderia viver uma vida a serviço do amor, da salvação, da vida, se não posso tentar isto tudo nas minhas imediações? Como posso fazer isto, quando faço uma mulher infeliz, e meu filho também, quando o amor fica pelo meio e eu mato uma criança? Não posso dar a vida se eu mesmo mato...

Desde o aborto, não posso mais ir à missa — e não somente por motivos de fé, de decepção para com a Igreja ou da sensação de ter sido abandonada por Deus. Antes de tudo, é porque tenho vergonha; porque não mereço celebrar a comunhão da vida, me declarar a favor do amor, da salvação e da vida e, ao mesmo tempo, quando ninguém o vê, matar, diretamente, inabalavelmente — nosso filho está morto. Talvez me sentisse de modo distinto se eu pudesse confessar este assassinato a outros; desta maneira, contudo, sou hipócrita, e não posso fazer isto.

Jamais conseguiria fazer a leitura de pastorais "sobre a sexualidade humana" ou sobre o aborto. Sim, a cada proclamação de amor e vida, a frase ficaria engasgada em minha garganta; eu teria que sair correndo — não poderia falar. Nas suas prédicas, você intima as pessoas: sigam-me! Elas vêem você como um exemplo, mas não sabem nada de seus fracassos, de então e de hoje.

Extrato da resposta de Volker:

Você sabe que eu gosto muito, muito de vocês. Mas você não consegue compreender porque não posso dizer "sim" já, agora, de forma definitiva e sem restrições. E eu não entendo porque você não compreende isto. Acho que temos muitas dificuldades em nos aceitarmos mutuamente do jeito que somos. E estamos sempre nos machucando reciprocamente, procuramos formar o outro de acordo com "nossa imagem e semelhança" (...) Corremos o perigo de nos aleijarmos mutuamente. E isto certamente é a coisa mais grave para mim...

Maria, no dia 13 de março de 1980:

Você escreve que eu não posso compreender porque você não pode dizer "sim" para nós. Mas sim, é porque não posso aceitar você do jeito que você é, e você não pode fazê-lo do jeito que sou. Por isto, Volker, se quisermos realmente ser sinceros um com o outro, devemos encontrar um denominador comum para podermos aceitar um ao outro do jeito que somos.

Em sua dor, Volker se vê como sucessor de Cristo:

Este ano, sofri enormemente na pele o período da Paixão e, particularmente, a Sexta-feira Santa. Projetei nosso próprio martírio no calvário de Cristo. Logicamente, isto se dá somente de forma incompleta... E, então, às seis horas, vem a celebração da ressurreição. Ela acontece no meio da noite — no meio de minha noite do fracasso, da separação, da tristeza. E sei exatamente que, naquele contexto, o sol se levanta... Este ano, tenho medo disto; é que sei perfeitamente que, amanhã, o sol não vai se levantar para você (para nós) — não amanhã! Quando, então?

Numa carta posterior, ele se queixa:

Eu gostaria de meter o carro numa parede; já que não posso mais encontrar a paz em vida, gostaria pelo menos de achá-la através da morte.

Não obstante, o desejo fala mais alto. No dia 28 de abril de 1980, escreve para Maria:

Ontem à noite, estava extremamente irrequieto. Falar ao telefone com você foi particularmente atormentador... Gostaria de experimentar você em sua plenitude... Há um nível em que as palavras falham (...), então, todo o corpo e toda a alma falam numa língua que ultrapassa todas as palavras do mundo, deixando-as longe para trás. S. Paulo sugere isto em sua Epístola aos Coríntios: "Se eu falasse todas as línguas dos homens e dos anjos, mas não tivesse a do amor, eu não seria nada mais do que uma pedra retumbante ou um címbalo barulhento." (...) Poder somente ouvir você e não poder mais nada além disto faz com que eu quase enlouqueça.

Maria responde uma semana mais tarde e pergunta, timidamente:

Você andou pensando a respeito do celibato como forma de vida para você? Não posso absolutamente imaginar como é que você pode ficar num ofício, e muito menos que você possa "morrer de saudade", no caso em que você não possa mais nos ver.
Não sei se você está ouvindo minhas palavras e entende...

Extrato do diário de Maria:

5-5-1980

Sebastian parece se refugiar num sono abrangente. Com 18 meses de idade, ele dorme 18 horas a fio. Volker e eu não conseguimos seguir adiante, estamos nos movendo em círculos, numa espiral que desce continuamente. Alguma coisa deve acontecer absolutamente — deste jeito, estamos brincando com a morte.

Como para confirmar este fato, ele escreve-lhe, no dia 11 de maio de 1980:

Independentemente do que eu for fazer no futuro, o caminho de minha vida será pavimentado com cadáveres (pelo menos, psiquicamente). "Seria melhor para aquele que causar aborrecimentos a um destes pequenos que acreditam em mim que se lhe pendurasse uma mó no pescoço e se o afundasse na profundidade do mar..." (Novo Testamento!) Quem são estes "pequenos": vocês, os outros ou ambos? Será que realmente só me resta escolher quem eu devo matar? (...)

Neste complexo, também entra para mim a questão de se eu ainda posso aceitar o celibato como forma de vida... Não quero entrar aqui em detalhes sobre o sentido do celibato em si, acredito que esta instituição ainda tenha sentido. O que importa é apenas: ainda faz sentido para mim, é possível eu viver assim, depois de tudo o que aconteceu? Não posso simplesmente recomeçar do zero, como se nada tivesse acontecido. Já me sinto responsável por vocês dois... Por outro lado, minha profissão significa tanto para mim. Sinto-me compelido para ela. Não obstante, de quê se trata: de vocação ou de ilusão (fuga)?

Entrementes, o filho de sacerdote Sebastian aprendeu a andar — mas não pelas mãos de seu pai, que ele chama Olka. A despeito da longa separação, a criança pequena pergunta muito por Volker, está sempre buscando o álbum de fotografias e mostrando retratos de Olka.

Maria não consegue se livrar do trauma do aborto. No dia 18 de maio de 1980, escreve para Volker:

Se você se decidir pelo seu ofício, então você deveria abrir seu coração somente para Deus, fazer sua existência depender dele exclusivamente; então, também o fato de você ter matado uma criança, de ter um filho e uma mulher que vão morrer espiritual e fisicamente sem você, nada disto poderá mais matar você. Escrever isto não é fácil para mim, porque não consigo imaginar como você pode se abrir para Deus desta maneira, e porque não consigo conceber como algo assim possa ser possível. Mas eu sou um ser humano, e trata-se de uma grandeza divina.

Ele responde, nove dias depois:

Você quer dizer que alguém que experimentou Deus e que se lhe abre completamente "deveria, na realidade, ser invulnerável em sua última e mais profunda existência, na medida em que ele sabe ser sempre aceito e amado". E você se admira com o fato de que eu não o seja. Você tem razão: estou ferido. Freqüentemente, chego a acreditar que, depois de tudo aquilo que aconteceu e que está iminente no futuro, fui atingido por feridas mortais... Encontro-me diante de um monte de destroços que foram meus ideais. Sinto-me como Jó sobre a estrumeira, alquebrado e cheio de amargura. Contudo, vivo no temor de que não possa, como Jó, reconstruir uma nova vida dos destroços, mas que, no fim, "as portas do inferno" acabarão por me subjugar.

Não acho correta sua opinião de que, caso me decida pelo meu ofício, não me mataria o fato de ter uma criança na consciência e talvez ainda vocês dois, também. Como posso me dar por satisfeito com isto, na qualidade de pessoa de fé? O amor a Deus e o amor aos homens não podem ser fundamentalmente rivais um do outro.

Naquela época, Maria foi atingida por uma doença incurável, que a acompanhará pelo resto da vida e que, até hoje, a mantém freqüentemente presa numa cama. Então, nenhum dos dois ainda sabia da doença, sua condição foi piorando por surtos. Não está claro se teria chegado quase ao ponto da catástrofe mesmo sem ser sobrecarregada pela doença. No dia 10 de junho de 1980, Maria registra em seu diário:

Entrevada, cansada, anestesiada... Ontem à noite, quis engolir 40 comprimidos para dormir, com vinho, mas só consegui tragar oito. Aí, Sebastian acordou e chorou. Minha responsabilidade me arrancou novamente à morte. Não posso deixar tudo como está, deixar a criança sozinha (muito embora tenha cuidado de tudo em meu testamento) e ir embora e morrer.

Contudo, assim não posso mais continuar a viver. Desde o aborto, aprendi a não deixar fazerem comigo tudo o que querem. Também tenho o direito de dizer não. Sempre ficar somente aguardando e esperando, isto não basta para uma vida ativa, nem sequer para uma vida em geral; tanto mais que Volker se atola cada vez mais no dilema que consiste em amar seu ofício e a nós tanto que acredita não poder abrir mão de nada.

Telefonei para nosso pediatra e marquei com ele uma conversa que logo se daria na minha casa. Dr. G. me aconselhou a me mudar para longe. Somente então, Volker poderá se decidir, quando ele não tiver mais ambos à disposição e notar que algo tem que acontecer. Caso eu demonstre estar procurando andar com minhas próprias pernas, Volker teria a possibilidade de se decidir de forma relativamente livre. Para a criança, a condição atual é insustentável a longo prazo, e é só uma questão de tempo antes que apareçam danos psíquicos.

Retrospectivamente, Maria afirma que esta tentativa de suicídio teria sido o ponto de virada em sua vida. Daquela vez, ela não saíra correndo por se encontrar num humor em que estava farta de viver — ela planejara seu ato de antemão. Somente o choro de seu filho a salvara, diz. "Então, por assim dizer, eu havia feito as pazes com a morte, com a qual já vinha namorando desde que fora estuprada, isto é, havia sete anos. Era como uma redenção, por mais absurdo que isto possa soar. De repente, encontrei a coragem de dar um passo que talvez viesse a custar a vida de meu parceiro. Reconheci que eu tinha direito de fazer isto porque se tratava de minha vida e a de meu filho."

O passo a que Maria se refere foi a separação de Volker. Proibiu-lhe qualquer contato e se mudou com seu filho para uma cidade estranha, afastada 250 quilômetros da paróquia de Volker. Matriculou-se num curso para se tornar professora primária e procurou construir uma nova vida própria.

O efeito sobre Volker foi aquele que o médico havia previsto: começou a sentir tanta falta de Maria e Sebastian que, no inverno, tomou a decisão de se mudar com eles. "Caso ele tivesse demorado mais para se decidir, teria lhe dito: você não venha mais", diz Maria, hoje. "Destruímos tantas coisas. Na realidade, o nosso nunca se tornou um amor de verdade, uma relação de verdade. O que nos uniu foi o destino e a tentativa que fizemos de sobreviver ao próximo dia. Não foi mais que isto."

Quando ele comunicou sua decisão à Igreja, a ressonância foi espantosa: seu bispo teria "reagido gentilmente", relatou a Maria pelo telefone. Caso Volker tivesse apenas tido uma relação, ele teria lhe pedido para reconsiderar mais uma vez. Mas, como já havia um filho, tratar-se-ia, na verdade, de um "direito natural" querer ser seu pai. O bispo chegou a prometer, inclusive, intervir a favor da laicização de Volker durante sua iminente viagem para Roma.

Em contrapartida, a mulher que educara Volker para o sacerdócio, sua mãe, reagiu de forma totalmente incompreensível. "Se você tivesse morrido, não seria menos pior!", repreendeu o filho. Seu pai também ficou furioso: "O que é que as pessoas na vila vão dizer, não vamos mais poder andar por aí."

Do ponto de vista profissional, Volker teve sorte. O teólogo encontrou um trabalho como professor logo dois meses mais tarde. Entrementes, Maria saiu da Igreja. O casal teve mais um filho. Contudo, seu casamento não era abençoado. Maria diz que ele é "super-repressor". Ela quer conversar, ele insiste em fazer sexo. O aborto é hoje, para eles, um símbolo da "profunda violação", "do pior abuso que eu sofri". Seu marido, do qual ela vive separada há seis anos, ainda espera que Maria volte para ele, embora saiba: "O aborto nos afastou. Ela não consegue superar isto."

Dois homens e uma pequena dama

> Christina, 21 anos, ganhou um segundo pai aos nove anos de idade. Até o divórcio de sua mãe, ela considerou o marido desta como sendo seu "papai". Christina só descobriu que seu pai biológico era seu padrinho Walter, um padre, quando este se mudou para sua casa. Atualmente, a moradora de Osnabrück nutre uma relação afetuosa com ambos os homens.

"Tenho uma notícia boa e outra ruim", disse a mãe de Christina a seu marido, no outono de 1981. "A boa é: estou grávida. A ruim: não sei se você é o pai."

E foi assim que Christina cresceu com a consciência de que tinha um pai, uma mãe e um Walter. Quando ainda estava na segunda série do primeiro grau, ela desenhou, na escola, uma árvore genealógica com três genitores — uma mulher e dois homens. É bem verdade que Walter era apenas seu padrinho, e além do mais, era padre, mas, para ela, ele pertencia à família. Não era de estranhar: "Walter, meu ex-marido e eu", diz a mãe de Christina, Susanne, "formamos durante anos uma clássica história de triângulo amoroso."

O que tornava esta configuração menos clássica era o fato de que um dos homens era um padre comprometido com o celibato. E que as duas crianças oriundas dessas relações tão pouco ortodoxas parecessem absolutamente normais, era algo que chamava a atenção no sentido positivo. Era como se tivessem crescido com particularmente muito amor e particularmente muita liberdade. "Sou uma criança acidental desejada", se define a jovem de 21 anos de idade e cabelos provocadoramente curtos.

A jovem lida com sua biografia de forma autoconfiante. "Ninguém deve se envergonhar de sua origem", acha Christina, "e muito menos pelo fato de o pai ser padre." A assistente técnica de produção para mídia e *design* é politicamente engajada, atua como representante de sua escola profissionalizante e é membro do conselho municipal para o ensino. Não obstante, não parece ser briguenta por isto, ela gosta de rir, gosta tanto de ouvir quanto de falar, e parece estar isenta da mania de ser sabichona.

"Herdei minha alegria do Walter", afirma Christina. "E a capacidade de falar de improviso. Da mesma forma como ele fazia suas prédicas antigamente, faço minhas exposições de improviso." Ela divide com seu pai a paixão pela cozinha, por livros e pela reserva. "Gosto de passar o tempo sozinha", diz a filha de padre. De vez em quando, os dois vão ao estádio de futebol torcer pelo VfL Osnabrück, coisa que Christina chama de uma "ação típica de pai e filha". Se seu pai se diferencia de outros pais por ser ex-padre? "Não sei." Não precisa pensar muito. "Temos uma relação particularmente cordial. Não nos damos somente a mão quando nos encontramos, mas nos abraçamos e beijamos."

Os pais de Christina são assim como a maioria dos jovens desejaria que seus genitores fossem. São abertos e não são absolutamente burgueses. E eles estão apaixonados. O ex-padre comprou um carro conversível esportivo, e sua mulher, de 51 anos de idade, se equilibra sobre uma Vespa para ir crepitando para seu local de trabalho como pedagoga formada. À frota da família também pertence um velho Jipe sobre o qual, de vez em quando, Christina amarra uma prancha, para praticar o "esporte familiar": *windsurf*.

Por outro lado, Christina é assim como muitos pais desejam que seus filhos adultos sejam. "Ela é fascinante", acha seu pai. Contrariamente ao que ocorre com outros filhos de padres, Christina não sofreu da falta de um pai, porém, ao contrário, teve logo dois deles, ainda que não tivesse noção da relação exata que os dois homens tinham em relação a ela. "Mas nunca menti para as crianças", diz sua mãe, "sempre tive clareza que lhes diria a verdade — assim que eles perguntassem." Esta relação dialética com a verdade fez com que houvessem segredos, porém nenhum tabu. Hoje em dia, Christina sabe mais sobre seus pais do que a maioria das pessoas.

No álbum de família, há uma foto com um bebê dentro de um cesto que se encontra no meio de uma bancada da cozinha. "Fui gerada naquele dia", diz Christina. O bebê de colo é sua irmã mais velha, adotada — é que, depois de ter sido submetida a um longo tratamento hormonal, os médicos haviam declarado a mãe de Christina estéril. Então, o padre havia dormido pela primeira vez com Susanne e lhe explicado, depois, que ele queria voltar a fazê-lo ainda uma única vez, "como despedida" — e nunca mais. "Você está louco", retrucou ela e o enviou, com raiva, para a cozinha, para limpar cenouras.

"Sofria de um peso na consciência", esclarece Walter sobre seu comportamento de então, "tinha a sensação, por um lado, de colocar em risco o casamento de Susanne e, por outro lado, de trair minha comunidade com minha namorada."

O marido de Susanne reagiu tranqüilamente diante da má notícia de sua mulher. Não queria perder Susanne, seu amor de juventude. Os dois haviam acabado de adotar Steffi. Além do mais, conhecia e admirava o sacerdote — Walter, Susanne e ele já haviam viajado juntos duas vezes, durante as férias. Desde que ele fosse o pai oficial da criança na barriga de Susanne, tudo estava bem para ele· Inclusive o fato de Walter, depois do nascimento de Christina, pernoitar pelo menos uma vez por semana na casa deles. Walter trocava as fraldas de sua filha, se levantava quando ela chorava por causa dos dentes e ficou orgulhoso como qualquer pai do mundo quando ela conseguiu dar seus primeiros passos.

Os três continuaram a sair de férias juntos, compartilhavam barracas e casas flutuantes. Além disto, os dois homens compartilhavam a mesma mulher. Certa vez, inclusive, Walter e o então marido de Susanne viajaram sozinhos. Atravessaram a Dinamarca de bicicleta. À noite, na cabine telefônica, o primeiro passava, então, o fone ao outro para que pudesse falar com Susanne.

Somente uma vez o pai oficial de Christina se chateou: havia tirado a aliança para lavar a louça. Walter experimentou-a, ficou virando-a de um lado para o outro, e riu à socapa. "Isto o perturbou mais do que o fato de que eu estava dormindo com os dois", acredita Susanne. Ela não transfigura o triângulo amoroso, ao contrário, "para mim, era muito cansativo". Porém, como boa católica, ela não via saída: para ela, um divórcio estava fora de questão, e de qualquer maneira, Walter, enquanto padre, não podia se casar. Não tinha coragem de deixá-lo por causa disto: "Soube desde o início que ele era o homem de minha vida."

Naquela época, em 1982, Susanne começou a se encontrar com outras mulheres que também amavam secretamente padres. Juntas, fundaram o grupo das Mulheres Atingidas pelo Celibato. Foi a mãe de Christina que, em 1987, organizou a única demonstração antipapa na história da Alemanha, por ocasião de uma visita de João Paulo II a Münster. "Nós havíamos nos fantasiado para permanecer anônimas", recorda-se, "e a polícia nos protegeu dos partidários fanáticos do papa. Uma mulher gritava: 'Vocês não são mulheres, são prostitutas!'"

Houve uma fase em que a relação de três genitores se tornou insustentável para os envolvidos. Christina ainda não tinha dois anos de idade quando sua mãe notou que estava novamente grávida. Isto foi um choque, porque Susanne tinha clareza de que a criança só podia ser de Walter. A segunda gravidez foi a gota d'água que fez o copo transbordar. Seu marido ficou bravo e desesperado. "Naquela época, tremi com a idéia de que ele poderia me matar ou a si próprio. Ou", acrescenta Susanne, impassível, "eu a mim mesma." Por fim, afirma, os dois fizeram um esforço e se emendaram pelo bem de suas filhas Steffi e Christina. Então, passou a dormir, à noite, na sala de estar.

Walter não ajudou em nada. Susanne recusou sua proposta de se mudar com ele para a casa paroquial. Era emancipada demais para se tornar sua governanta. Ademais, havia outro problema ainda, um problema muito maior: Walter era infiel. Seus muitos contatos eróticos — com freqüência, apenas pequenos abraços, beijinhos, olhares sensuais — e as reações ciumentas de Susanne já eram motivo de discussão havia muito entre os dois. Quando Susanne ainda estava grávida de Christina lá pelo fim da gestação, ela confidenciou a seu diário:

22-4-1982

Hoje estou me sentindo muito para baixo. Sinto uma tristeza e uma decepção paralisantes dentro de mim. Novamente, tenho dificuldade para aceitar que Walter abrace outras mulheres e distribua carinhos que ele descreve "altruisticamente" como irradiar calor. Como se não lhe aproveitasse em nada!

Ontem, não pude tolerar o modo como Maria tratava o Walter, pegando nele de vez em quando. À noite, estávamos na sala juntos, assistindo ao futebol. Quando, então, Walter se afastou de mim para se sentar junto de Maria, e a acariciou, enquanto eu estava sentada ao lado com meu barrigão, aí, perdi totalmente as estribeiras.

Quando do nascimento de Nele, a irmã de Christina, o "papai" de Christina ficou ao lado de sua mulher na sala de parto (ver figura 4). Walter esperou do lado de fora, no corredor diante da maternidade. Terá sentido ciúmes? "Eu apaguei totalmente este sentimento. Nunca me permiti isto", afirma ele. "Esta é uma das capacidades que se adquire sendo padre. Se aprende simplesmente a mitigar as coisas que não podem ser."

Talvez seja por isso que precisou de tanto tempo para compreender o que ele impunha, com suas escapadelas, à sua namorada clandestina que, ademais, era mãe de seus filhos. De qualquer maneira, Walter ficou totalmente surpreendido quando ela se separou dele por causa de uma rival. Isso aconteceu logo depois do nascimento de Nele. Walter se sentira aliviado de ter confessado a Susanne que havia ainda outra na jogada. Contudo, a amada não compartilhara deste alívio. Para ela, o pote estava cheio.

Então, o sacerdote compreendeu. Susanne tinha razão quando, no início da relação, ela lhe esfregara na cara uma citação de Fritz Leist, filósofo das religiões em Munique, dizendo-lhe: "Você é exatamente assim." Leist escrevia, acerca dos padres: "Eles asseguram que 'mantêm' o celibato, e se permitem uma ou outra solução compensatória. (Isto se inicia) já quando um deles se torna assistente espiritual popular entre a porção feminina da juventude. Ele permanece correto e 'nunca acontece algo'. Ele sequer se dá conta daquilo que todos vêem, de como ele, inconscientemente, sempre faz com que as garotas se apaixonem por ele por meio de sua voz aliciadora e seu gestual narcisista, de como aceita ajuda e prestações de serviços de garotas, que se originam do coração das garotas. Deparamos-nos aqui com um tipo de Dom Juan impedido, porém que permanece no subconsciente, e que se deixa mimar — como o fazia antigamente com sua mãe, só que, agora, pelas garotas e mulheres."*

Walter também era um tipo de Dom Juan de hábito. Ele magoava não somente Susanne, porém também incontáveis garotas jovens, cujos corações se derretiam quando seu padre lhes lançava olhares flamejantes. Inclusive, Walter ainda é hoje, aos 57 anos de idade, um homem carismático: alto, de barba, queimado de sol, um tipo simpático que não diz uma palavra em demasia, mas também não deixa nenhuma pergunta sem resposta. Numa colaboração para o grupo anticelibato de Susanne, Walter justificou seu comportamento desleal, sob o pseudônimo Werner: "Não poderia de jeito

---

*Fritz Leist: *Der sexuelle Notstand und die Kirchen* [A necessidade sexual e as igrejas]. Gütersloher Verlagshaus Mohn, Gütersloh, 1972, p. 209).

nenhum viver a relação com Susanne. Contudo, conquanto eu não estiver totalmente envolvido, ela ainda pode ser conjugada com minha profissão. E como prova de que não estou totalmente ligado em Susanne, há as histórias com outras mulheres."*

Walter somente notou o quanto dependia de Susanne sob a pressão da separação. É bem verdade que ele sabia que queria permanecer padre de qualquer maneira, porque considerava este serviço como sua vocação. Contudo, queria mudar enquanto parceiro. No futuro, queria viver monogâmico, sem olhares furtivos, sem contatos fugazes.

"Então, acabei por lhe dar uma única chance", diz a mãe de Christina, "porque achei que sua sinceridade — a confissão de que havia ainda outra mulher — não devia ser punida." O padre aproveitou esta oportunidade. "Ele mudou da água para o vinho", afirma sua mulher atual, feliz, "tenho certeza de que, desde então, ele me é fiel."

E foi assim que, para as crianças, a configuração continuou sendo um-mais-dois-genitores. "Não sentia Walter como um padre", diz Christina. "Mas eu gostava de ir a suas missas, quando íamos ter com ele. Com ele, todas as crianças podiam se sentar na frente, sobre os degraus. Achávamos isto genial." Não obstante, assistiam somente algumas vezes no ano a suas missas, porque a paróquia de Walter ficava a 80 quilômetros de Osnabrück.

---

*Grupo do movimento das Mulheres Prejudicadas pelo Celibato [Hrsg.]: *Ein Sprung in der Kette. Vom Zölibat betroffenen und Priester durchbrechen ein Tabu* [Uma falha na cadeia. Mulheres e sacerdotes atingidos pelo celibato quebram um tabu]. Editora própria, Solingen, 1986, p. 52.

Era fácil para Walter esconder sua violação do celibato, inclusive por causa da distância espacial. Além disto, o segundo padre da paróquia era seu melhor amigo. Quando Walter resolveu contar-lhe seu segredo, descobriu "que ele tinha uma namorada há muito mais tempo que eu. Então, passamos a nos proteger mutuamente". O ex-padre acha que aproximadamente a metade de seus então colegas não vive no celibato. "É possível notar isto inclusive no púlpito. Quando alguém consegue ainda ser um pregador convincente depois de mais de cinco anos de serviços, em 99 por cento dos casos, há uma parceira ou um parceiro por detrás disto." A mãe de Christina também lia, então, as prédicas de Walter.

A esposa clandestina do padre percebia que seu papel consistia em trazer repetidamente Walter de volta para a realidade. Sobretudo quando este voltava de seus seminários anuais para padres. "Ele ia para lá como um homem razoável, e regressava com idéias absurdas." Seu marido acena afirmativamente com a cabeça. "Naqueles seminários, acaba-se envolvido pelo sentimento do grupo e se acredita, então, em todo esse palavreado dos homens da Igreja. Por exemplo, na amizade com Cristo. O sacerdote deveria viver uma relação com este tipo imaginário", conta o ex-clérigo e vocifera. "Como é que se preenche esta relação com vida? Uma amizade sempre repousa na reciprocidade. Não obstante, da parte daquele Jesus não vem nada, é pura ilusão. E quando se duvida, então, a isto se chama de provação. Aí, estou fora, aquilo já não está certo para mim."

Susanne não trabalhava quando suas três filhas eram pequenas. Pelas manhãs, era sempre despertada por um grito estridente: "Nããããããão!" Então, ela sabia que Christina estava acordada e armada para sua luta contra a autoridade.

Naquela época, ainda não dava para notar muito a herança do pai, a alegria. "Christina era contra tudo e não aceitava nada", lembra-se sua mãe. Ela própria se recorda como se rebelava contra a ordem de fazer arrumação. "Um dia, eu amarrei lençóis uns nos outros e escapuli do primeiro andar", relata Christina. "Uma solução muito simples. Eu havia visto isto em *Pippi Langstrumpf*,* onde os criminosos haviam se mandado da prisão com lençóis."

Os pais ficavam aliviados com o fato de que a pequena rebelde colaborava na escola. Christina se sentia um pouco infeliz de não pertencer aos "espertos", porém ao grupo dos "gordos e bobos", como ela diz. "Não que eu própria tivesse sido gorda. É que, simplesmente, eu sempre defendia os que não se enturmavam. Até hoje, sinto que esse tipo de gente está mais próximo de mim que as pessoas absolutamente normais." Quando uma colega de classe quis proibir a participação dos "gordos e bobos" numa brincadeira, Christina iniciou um abaixo-assinado na vizinhança, contra a estaferma. "Todos assinaram, porque achavam isto estúpido da parte dela, e a mãe dela ficou muito azeda."

Uma mãe, um pai e um Walter — a professora torceu o nariz em relação à árvore genealógica de Christina: "Vocês têm relações familiares esquisitas." A mãe fica injuriada com isto até hoje, mas Christina já esqueceu há muito tempo.

O único período difícil de sua infância que Christina se recorda foi o divórcio de seus pais oficiais e a nova orientação

---

**Pippi Langstrumpf*, programa de televisão muito popular na Alemanha, baseado num livro infantil em que a personagem principal, Pippi Langstrumpf, é uma boneca de pano que usa meias longas e listradas (*Langstrumpf* quer dizer meias longas, em alemão). (*N. da T.*)

do casal Susanne e Walter, que se seguiu. "Não dava mais", relata Susanne, "as circunstâncias complicadas de minhas relações com meu parceiro me haviam deixado doente."

Três meses após a mudança do "papai" de Christina, o padre se mudou para a casa da mãe de seus filhos. Dissera simplesmente a seu bispo que abandonava o serviço porque já não conseguia mais desempenhar seu papel de pároco do ponto de vista do conteúdo. Não falou nada a respeito de sua mulher e filhos. Tampouco solicitou a laicização.

"Me senti aliviado de deixar o ofício", conta Walter. "Não conheço nenhum padre que fica realmente satisfeito com seu trabalho durante muito tempo. O esgotamento acaba por aniquilar, a longo prazo, todo o zelo: dez ou mais missas por semana, de três a cinco casamentos, diversos enterros, e soma-se a isto o trabalho com a juventude, a assistência espiritual, o tratamento dos idosos. Tínhamos 110 doentes em minha paróquia, que tinham que ser visitados uma vez por mês — em média, 35 minutos por visita. E, em toda parte, todos ainda querem um conselho, um sorriso, um aperto de mão do senhor pároco. Daí a pouco, se começa a odiar aquele papel que sobrecarrega a gente constantemente, e, então, a gente passa a odiar a si mesmo pela própria insuficiência."

Walter preparou a ruptura profissional ainda quando trabalhava como padre: ele havia feito um curso de aperfeiçoamento em medicina chinesa. Quando saiu da Igreja, abriu um consultório como osteopata. Os primeiros anos foram difíceis do ponto de vista financeiro, ainda que Susanne também tivesse voltado a trabalhar em tempo integral. De repente, as crianças eram recebidas depois da aula por uma babá, que cozinhava para elas.

"Quando ela ia embora, por volta das três horas, começávamos a assistir televisão — até que Susanne ou Walter chegassem", recorda-se Christina. Como acontece com tantos filhos de pais divorciados, naquela época, seu rendimento escolar despencou e ela sofreu de distúrbios do sono. "Lia duas revistas de Asterix na cama", conta, "e acordava, ainda assim, às cinco horas da manhã."

Naquele tempo, fez uma grande descoberta. Aos nove anos de idade, a garota perguntou para sua mãe de quem ela herdara a cor de seus olhos. "Tenho um pouco de azul como você, um ponto castanho como papai e um pouco de verde como o Walter." Susanne ficou aliviada: o momento correto para dizer a verdade sobre Walter a Christina havia se revelado, por assim dizer, por si só, através da pergunta de sua filha.

"Jóia! Então, na nossa casa acontece como em *Três solteirões e uma pequena dama*", festejou Christina. O filme gira em torno de uma república masculina cujos moradores educam conjuntamente a filha de um dos três. "Então, Walter é meu pai biológico e papai, meu pai voluntário." Já no dia seguinte, Christina contou alegremente para seus colegas de classe que tinha um "biopapai" e um "papai social". "Fiquei orgulhosa: dois papais, três avós e três avôs."

Não obstante, no início, ela estranhou Walter enquanto pai, principalmente quando o biopapai queria repentinamente exercer o antigo papel de seu papai social e brigava com Christina. "Você aqui é somente visita, você não tem que me dizer nada", enfrentou certa vez Walter aos berros, arrancou todos os seus paletós do armário e lançou-os para fora da porta de casa.

Até hoje, as três meninas chamam o ex-marido de Susanne, que se casou novamente e teve outros filhos, de "papai". Mas, aos poucos, relata Christina, "o padre foi desaparecendo de Walter. É verdade que eu o chamo de Walter, mas, entretanto, sinto-o realmente como um pai".

Ambos, Christina e seu pai, começaram na época a se desligar gradualmente da Igreja. No início, os dois ainda tinham interesse pela missa e pela vida da comunidade. Cada vez mais, contudo, Walter foi perdendo a vontade de ir. "Não sou imparcial neste assunto, sou ultracrítico e penso constantemente que o colega está dizendo besteiras", diz o pai de Christina. "E, no que diz respeito à vida da comunidade, também não podia interferir. Na condição de ex-pároco, não dá para ser membro do conselho paroquial, ou algo assim."

Aproximadamente na mesma época, Susanne saiu do grupo de mulheres prejudicadas pelo celibato. "A fase em que eu queria contar para todo mundo como a Igreja é ruim e como o celibato é misógino", afirma, "está tão distante de mim que eu quase me espanto quando me caem nas mãos panfletos daquele tempo."

Christina sabe exatamente quando ocorreu seu rompimento com a Igreja. Aos 13 anos de idade, escreveu uma carta para sua madrinha de crisma, na qual ela lhe explicava o motivo pelo qual queria interromper o curso e não queria mais tomar parte da cerimônia. "Paralelamente, era também acólita", esclarece, "e ia muito à igreja. Porém, cada vez mais, sentia-me ali como numa seita. Assim, como eles mostram na televisão, em que todos estão juntos e elogiam uma pessoa qualquer. Observava as pessoas e notava que elas faziam isto somente porque é justamente assim que se faz. Algumas adormecem no banco, outras deixam a missa antes que ela termine, e quando cantam, só mexem com os lábios. Quase ninguém parecia estar ali de corpo e alma."

Talvez também a educação livre que Christina recebera é que fazia com que ela não se sentisse bem entre católicos deste tipo. Ela ainda se recorda exatamente da reação no acampamento quando contou de seu "namorado". É que Christina já tinha um namorado aos 13 anos de idade, "neste aspecto, ela já tinha vontade própria, não tinha como fazê-la mudar de idéia", conta sua mãe e ri. "Por causa disto, me chamaram de porcalhona", indigna-se e franze a testa. "Nós — Steffi, Nele e eu — éramos doidas demais para eles. Não me sentia aceita na comunidade, em cujo esquema eu não podia nem queria me encaixar."

Sua irmã mais nova, Nele, ostenta um *piercing* de *strass* azul na boca e não parece ser mais bem comportada que Christina. Ainda assim, é ativa na comunidade, inclusive como acólita. "No ano passado, quando Nele e seu então namorado, que também era acólito, foram acompanhantes no acampamento, não puderam se beijar na frente das crianças", conta Christina. "Não obstante, os dirigentes do grupo podem absolutamente encher a cara diante das crianças. Acho, então, que um beijo devia ser legítimo." Nele, que acabou de concluir seu segundo grau, concorda com a opinião de Christina. Contudo, acontece que ela tem alguns "excelentes amigos" na comunidade e que se dava muitíssimo bem com o antigo capelão.

Depois da ruptura com a Igreja Católica, Christina freqüentou por um tempo os cristãos livres. "Eles também têm um sacerdote, que tem uma esposa e família. Acima dele, entretanto, não há um bispo ou o papa." O que Christina mais gostou naquela comunidade religiosa foi a seriedade, como, por exemplo, o fato de as crianças só serem batizadas aos 12 anos de idade, quando já podem compreender esse ritual. Porém, mais tarde, deparou-se com uma característica menos agradável de sua nova comunidade: "Fui ao toalete na casa de uma senhora da Igreja livre, e ali havia uma espécie de folha de papel, na qual estava primeiro o número da casa e então a própria rua, seguido da vila, da cidade e, então, do país — um círculo que vai se tornando sempre maior. A comunidade queria crescer desta maneira e converter todas as pessoas." Isto causou estranheza a Christina, tanto quanto a intolerância desses cristãos, para os quais o símbolo de *ying-yang* dos chineses já representa uma "blasfêmia contra Deus".

Desde então, não sentiu mais necessidade alguma de igrejas. "Isto é algo para pessoas que têm necessidade de pertencer a um grupo — algumas entram num clube de futebol. Eu não preciso disto para mim." Segundo ela, ainda estaria ligada à Bíblia, afinal, já teria lido a obra toda — desde o Velho Testamento, "chato", que somente lista genealogias páginas a fio, até seu lugar preferido, o canto do louvor ao amor, na Epístola do Apóstolo Paulo aos Coríntios. "No *Trivial Pursuit*, meus amigos já dizem, 'pois sim, a filha de padre'", conta e sorri ironicamente, "em matéria de Bíblia, sou bem firme."

Christina é uma pessoa de relações. Desde o primeiro namorado, aos 13 anos, quase sempre viveu tendo relacionamentos. "A fidelidade é algo importante para mim", declara. Quando era criança, nunca se deu conta do triângulo de seus pais. Mais tarde, Susanne teria lhe contado a este respeito, "não foi um período fácil para ela", opina a filha, compassiva. Não emite julgamento: "Não acontece, às vezes, com muitas pessoas acharem que amam duas pessoas?"

Seis anos atrás, seus pais se casaram. Christina estava então com 15 anos e só se lembra que foi uma "festa bonita". Diga-se de passagem que foram as crianças que desencadearam o reconhecimento do amor no registro civil. Principalmente Neie, que queria finalmente ter "relações claras". No que diz respeito ao registro civil, o ex-marido de Susanne ainda constava como sendo seu pai. O homem dos serviços de assistência aos menores indicou um caminho para que Walter reconhecesse sua filha oficialmente como tal: "O melhor seria adotá-la", propôs, um procedimento sobre o qual Susanne se zanga, retrospectivamente. "De repente, tive que demonstrar o motivo pelo qual eu era adequada para ser mãe de meus próprios filhos." O certificado exigiu o preenchimento de uma enorme quantidade de papéis e, justamente, a comprovação do casamento de ambos os "pais adotivos" — Walter e Susanne. A mãe completa, com orgulho, que, na época, Christina e Nele reivindicaram naturalmente o sobrenome dela para si. "Mamãe é, e sempre foi, minha primeira referência", diz Christina.

Ela ainda se recorda como foi difícil para Walter se acostumar, no início, a uma casa de mulheres. Às vezes, Christina faz bicos como vendedora na feira. Da barraca, "liguei para o Walter uma vez, pedindo para que me trouxesse absorventes". Inicialmente, o pai ficou desconcertado. Depois, entretanto, achou a situação "engraçada", diz Christina, "porque, antigamente, tais assuntos eram tabus na sua família". Suas visitas à feira sempre enchem a filha de orgulho, "porque dá para perceber que as pessoas notam sua aura. Ele fica por último na fila, e os árabes que vendem ali o puxam para a frente, lhe dão a mão e dizem: olá, meu amigo."

Para Walter, a situação se complicou quando Christina começou a dormir com rapazes, "mas ele precisa simplesmente aceitar este fato. Assim são as coisas quando se tem filhas na puberdade". Ela fala sobre o ciúme absolutamente normal de um pai — não sobre concepções morais distintas. Toda a família está pouco ligando para as convenções; dinheiro, posses e aparências não são colocados em primeiro lugar. Com mais de 50 anos, seus pais ainda namoram, esquecidos da vida e apaixonados, no banco traseiro do automóvel, quando fazem passeios conjuntos — para grande alegria de suas filhas.

Ao pensar em seus pais joviais e cheios de vida, Christina fica melancólica. "Em algum momento, acontece que os pais ficam velhos e que, então, passam a ouvir menos e ficam um pouco mais devagar. Acho uma pena. Mas não porque seja preciso falar cada vez mais alto. Acho triste, porque isto dá a sensação de que a vida também é finita."

A filha de padre não perdeu completamente a fé em algo transcendente. Na medida em que nenhuma das grandes religiões interessa a Christina sem reservas, "vou ter é que viver durante um tempo aceitando o fato de que eu acredito em alguma coisa sem saber o quê. Muitos dos meus amigos sentem a mesma coisa. Temos que ter vindo de algum lugar, e alguém tem que ter bolado todo este sistema. Contudo, não precisa absolutamente ser aquele Deus. E não necessariamente um homem."

"Esta Igreja não vai sobreviver"

A presidente da ZöFra (Associação das Mulheres Prejudicadas pelo Celibato na Suíça), Gabriella Loser Friedli, 50 anos, fala a respeito de filhos de padres, brigas com os bispos suíços, abortos e problemas de alcoolismo de violadores do celibato. Ela própria casou-se com um religioso pertencente a uma Ordem, depois de 22 anos de relação clandestina — sem a bênção da Igreja (ver figura 5). O casal tem um filho de 21 anos de idade. Desde o início de seu funcionamento, em 1992, a ZöFra aconselhou mais de 340 mulheres. No entanto, o *link* da Associação na Internet consta da página oficial da Igreja suíça.

Quantos filhos de padres há na Suíça?

No início de 2003, recebemos um pedido da Conferência dos Bispos para elaborar uma estatística. Temos conhecimento de 146 filhos de padres. Entretanto, existem seguramente mais: quase cada uma das mulheres conhece pelo menos mais uma que foi atingida, mas que não tem coragem de entrar em contato conosco. Embora sempre garantimos o anonimato.

Um momento: os bispos queriam conhecer esse número?

Trata-se de uma longa história: em 1997, ocorreu um primeiro colóquio entre uma delegação da ZöFra e uma delegação da Conferência dos Bispos, em Solothurn. Nossos esforços no sentido de dialogar foram bem-sucedidos porque, em 1995, o bispo Hansjörg Vogel havia voluntariamente renunciado a seu ofício por causa do iminente nascimento de seu filho. Sua demissão teve muitas repercussões na Suíça. Durante o encontro, os bispos decidiram que nosso parceiro de discussão, por parte da Igreja, seria a comissão de bispos e padres. Inicialmente, porém, nossa preocupação não gozou de nenhuma prioridade nessa comissão. Somente depois de quatro anos é que ocorreu uma primeira conversa e um pequeno trabalho foi realizado.

Isto foi em 2001.

Naquele ano, a comissão ganhou um novo presidente, mais novo. Com ele, a colaboração funcionou muito melhor, foram marcados encontros anuais. Em janeiro de 2003, encontramo-nos — quatro membros da ZöFra e dois dessa comissão. Eles nos disseram que os bispos gostariam de dispor de números. De início, nós rejeitamos a proposta, porque não havíamos preparado nossa documentação nesse sentido, porém eles insistiram. Então, entre os meses de janeiro e março, exploramos 25 arquivos federais repletos de material. Correspondências, apontamentos de telefonemas, apontamentos de conversações, *e-mails*. No fim, ficou claro: até o mês de março de 2003, havíamos tido contato com 310 mulheres atingidas, e temos conhecimento de 146 filhos de padres. Desde então, outras 30 mulheres se juntaram àquelas.

E qual foi a reação?

No dia 12 de maio, entregamos uma compilação desses números para a comissão de bispos e padres. Simultaneamente, publicamos os números no *Tages-Anzeiger*, para que eles não desaparecessem numa gaveta. Os bispos ficaram chocados: primeiramente, por causa dos números elevados, e em segundo lugar, pelo fato de terem sido publicados. Na medida em que o jovem presidente da comissão não impedira a publicação, chegou a ser cogitada sua destituição.

E como reagiram no que diz respeito aos números?

Depois de algum tempo de reflexão, afirmaram que queriam que nossos dados fossem examinados por um perito de sua escolha. Rejeitamos esta possibilidade, por causa da confidencialidade das informações — trata-se de muitíssimas relações secretas com clérigos que violaram o celibato. Em vez disto, propusemos mandar certificar nossa compilação por um tabelião.

Quantos padres vivem em conflito com o celibato?

Isto é difícil de avaliar. Provavelmente, a metade deles ou mais não vive o celibato compulsório da maneira como a Igreja oficial imagina. Temos também parceiros homossexuais. E se ainda formos somar a isto aqueles que, de fato, vivem no celibato, mas, em compensação, são alcoólatras ou depressivos — então não sobrarão muitos que não sofram do celibato compulsório.

Os filhos de padres sofrem de quê?

Sofrem do fato de que, na realidade, não existem. Mal conseguem criar uma identidade. Crianças que são obrigadas a ocultar seus pais anos a fio se queixam do fato de que não podem falar com ninguém a respeito de sua família — isto é, sobre o ponto central de sua vida.

Qual é a reação das crianças?

Sei de crianças que estão sempre com dor de barriga ou dor de cabeça. Há crianças que quase não conseguem viver com esta realidade e que correm o risco de se suicidar. No último outono, depois de um programa de televisão, uma mulher que teve um filho de um padre telefonou para mim — o filho dela se matou aos 26 anos de idade.

Porque era filho de padre?

Sim, porque não conseguia viver com isto. Uma história desta é como câncer na alma. Aquela mulher, agora, vai regularmente à missa desse padre, quase como punição. Para que ele olhe para ela. O homem não compareceu ao enterro do filho, e ela teve que se virar sozinha naquela situação.

Isto quer dizer que ela educara o filho sozinha.

A maioria das mães de filhos de padres cria as crianças sozinha. Isto também constitui um problema: a necessidade econômica. Pouco tempo atrás, soube de uma mulher que teve um filho com um abade. Quando do nascimento, o superior lhe deu 10 mil francos a título de indenização, para que se calasse. Quando o dinheiro acabou, ela desfalcou seu local de trabalho. Foi presa, teve que dar seu garoto de seis anos de idade a amigos. Quando saiu da cadeia, já não foi mais possível estabelecer um relacionamento com o filho. Ele permaneceu na casa de seus pais de criação. E o abade continuou a exercer seu papel de abade, sem que nada disso exercesse qualquer influência em sua vida.

As mães pelo menos recebem pensão alimentícia?

Isto depende. Aqui na Suíça as coisas da Igreja e do Estado são resolvidas de forma distinta em cada cantão e em cada bispado. Os padres que trabalham na Suíça alemã possuem, de forma geral, um salário que varia entre bom e muito bom. São remunerados, nos cantões individuais, como professores de ensino médio. Um padre deste tipo paga pensão alimentícia sem problema.

Ele não precisa se preocupar em ser desmascarado?

Esta é a diferença entre o direito eclesiástico e o direito civil: um padre pode ir ao juiz de paz com sua mulher, reconhecer a paternidade e ninguém precisa ficar sabendo disto. O homem assina um contrato, segundo o qual assume a responsabilidade financeira pela criança. O acordo é referendado pelo juiz de paz, e, então, a mulher passa a ter direito à pensão alimentícia e ele, a visitas. Isto acontece sem que a Igreja tome conhecimento de nada.

E o que acontece se ele não quiser?

Isto raramente ocorre. Exercemos, então, um pouco de pressão, se a mulher quiser. Acompanhamos diversos processos de paternidade. O homem é citado e, como não quer chamar atenção, comparece. Diga-se de passagem que se o homem não tiver dinheiro, por ser monge, por exemplo, e receber apenas o assim chamado dinheiro de esmola, que gira entre 100 e 150 francos por mês, então sua Ordem tem que pagar. Sendo que, por como regra, a coisa funciona de tal maneira que a Ordem diz: pagamos, mas você se separa da mulher. Normalmente, os alimentos pagos pela Ordem são reduzidos.

E como é que a coisa se dá em outras regiões do país?

No cantão de Genebra, a Igreja e o Estado são separados. Não se paga imposto religioso. Lá, a Igreja vive dos donativos das pessoas. Todos os sacerdotes recebem o mesmo salário — não é muito, atualmente, aproximadamente 4 mil francos. Então, a coisa fica apertada para a mãe. Existe, porém, um fundo de solidariedade da Associação de Mulheres Católicas Suíças que está disponível, inclusive pelo fato de que a ZöFra é membro desta organização. Com ele, contudo, só podem ser mitigadas necessidades de forma provisória, por exemplo, até o pai encontrar um novo trabalho. Já solicitamos à comissão de bispos e padres que seja criado um fundo para os homens que desejam sair. Para poder pagar quantias de ajuda transitória, para mudança de escola ou para a procura de trabalho.

A senhora desenvolve este trabalho graciosamente. O que a incentiva? A senhora acredita que a Igreja está mudando?

Da maneira como a Igreja funciona atualmente, não acredito que ela vá sobreviver. Alguma coisa fundamental precisa acontecer. Contudo, não conto com isto. Minha motivação é parcialmente religiosa, porque a solidariedade, a justiça e a humanidade são importantes para mim, mas meu engajamento também poderia se dar de outra forma. Recentemente, meu marido disse que, se eu não estivesse fazendo isso, provavelmente estaria no Greenpeace. Mas, então, eu teria que me ambientar totalmente numa nova área, ao passo que sou versada nesta matéria simplesmente pelas circunstâncias de minha vida.

Através de sua experiência pessoal...

... que, por assim dizer, acumulei durante metade da minha vida. Durante 22 anos, mantive uma relação secreta com um padre. Ele dirigia um convento e trabalhava numa faculdade de teologia. Trabalhávamos juntos desde 1974. Ninguém soube nada de nosso amor. Somente em 1982 as coisas se tornaram mais difíceis, porque meu filho nasceu. A partir do momento em que ele aprendeu a falar, ficamos totalmente isolados. Não podíamos mais ir a lugar algum, porque achávamos que ele ia acabar nos entregando.

Ele chamava seu pai de papai?

Não, ele não dizia papai, mas a relação entre os dois era tal que qualquer pessoa de fora deveria perceber imediatamente.

Por que ele não se afastou da Ordem?

Sempre que saíamos de férias, era tão bom que ele dizia que queria fazer tudo para conseguir uma solução. Mal regressávamos e ele passava duas horas no convento, lá estava novamente esta lealdade em relação a seus irmãos. Ele era diretor do convento, um local de formação com 30 jovens. Além do mais, ele não podia fazer isso com seus pais. Eles eram muito católicos e muito pobres. Ele era o único padre que sua vila natal gerara, e isto com o auxílio do pároco. Seus pais esperavam isto dele. Quando ainda estava com dois anos de idade, seu pai já sabia que o filho se tornaria padre. Um caminho traçado *a priori*. Somente aos 55 anos de idade é que ele reparou que aquele não era o seu caminho. Foi um longo processo de busca de si mesmo. Hoje em dia, ele é mais religioso do que nunca, de forma muito mais consciente. Agora, vive sua "vocação" no seu dia-a-dia.

O que ele faz, agora?

Ele ainda é professor na universidade. Conseguiu se mudar para a faculdade de filosofia com sua cátedra. Com isto, está entre os poucos que não perderam toda sua existência. Isto também é um dos motivos pelo qual posso realizar este trabalho. Na semana passada, encontrei um homem que foi padre durante 20 anos e, agora, trabalha no depósito de um supermercado, para sustentar sua família.

Como foram para a senhora esses 22 anos de clandestinidade?

Foi difícil. O fato de eu ter agüentado por tanto tempo está relacionado à minha história de vida. Quando era bem jovem, não era muito equilibrada. Na época em que conheci meu marido, estava muito ruim: era bulímica, havia sofrido abuso quando criança e não possuía absolutamente nenhuma auto-estima. Como ele era monge, foi a primeira pessoa com quem pude conversar a esse respeito. Com ele, conseguia, porque não tinha absolutamente nada a temer. Naquela época, eu tinha medo de homens. Ele me ensinou que a vida continua, que aquilo pertencia à minha vida, que eu preciso aprender a viver com aquilo. Então, quando comecei a me sentir melhor, aos poucos, e que voltei a sentir o chão firme embaixo dos meus pés, ele começou a contar sobre si. Aí, devagar, começou a surgir uma relação. Quando percebemos que se tratava de uma relação do tipo que, na realidade, não deveria existir, já estávamos no meio dela. No início, foi um choque. Me submeti duas vezes a terapia, e nos separamos também diversas vezes e, a cada vez, reatamos o relacionamento. Meu companheiro também sofreu muito com a relação, porque não se coadunava com sua vida na Ordem da qual ele dependia. Começou a beber.

A senhora também reagiu fisicamente?

Durante anos, sofri de inflamações, abscessos e hemorragias que não paravam mais. Toda hora ia parar no hospital porque algo estava novamente ruim e precisava ser operada. Agora, estou bem, mas aquilo durou muito tempo. Meu marido levou diversos anos para se curar do alcoolismo, depois do afastamento da Ordem.

E seu filho?

Hoje em dia, passa bem. Mas não foi sempre assim. Quando ainda era bem pequeno, já se deu conta do problema de alcoolismo de seu pai. Freqüentemente, voltava para casa do jardim de infância ou da escola e encontrava-o inconsciente, caído em qualquer lugar, no chão, com uma garrafa vazia de uísque ao lado. Meu companheiro ia preenchendo com álcool o fosso que havia entre aquilo que ele fazia e o que deveria ser. Todas as tentativas de desintoxicação falharam, na época. Às vezes, eu chegava em casa e o pequeno se precipitava em minha direção e dizia: "Ele está morto, ele está morto, vem rápido, mamãe!" Não sei o que mais marcou o menino, se o problema com o álcool ou a circunstância de não poder falar a respeito de sua família.

Como é que isto se tornou patente no caso de seu filho?

Em 1996, dois anos depois de nosso casamento, realizamos um filme com uma emissora francesa. O pessoal da TV perguntou a meu filho, que então estava com 14 anos, se ele queria participar do filme. Ele pensou um dia a esse respeito, e então concordou. Ele estava em seu quarto, brincando com Lego, e eles ficaram sentados ali do lado, com a câmera e o microfone. O garoto brincou e brincou e brincou e não disse uma única frase. O pessoal da televisão fez perguntas e aguardou, mas ele só brincava. Simplesmente, ele não conseguia encontrar palavras. Depois de mais ou menos uma hora, fui lá e perguntei para ele se ele preferiria parar, e ele respondeu: sim.

Mais tarde, encontrou palavras?

Durante dois dias não falou absolutamente nada. Procurava muito contato físico. Toda noite, ia para a nossa cama e não me largava durante a noite inteira. E, então, o dique se rompeu de uma vez. Durante três dias a fio não parou mais de falar de como era difícil, de como aquilo doía. De que ele passara todos esses anos sem poder nunca contar a verdade para alguém, que a vida toda ele havia sempre tentado não mentir e, conseqüentemente, também não podia dizer muitas coisas. A ninguém. E, depois de três dias, ele nos contou que não queria mais continuar a viver. Ele já afirmara isto uma vez, aos seis anos de idade, quando, nas férias, subira numa grande ponte e disse que queria se jogar dali. Porém, depois, nunca mais tinha dito algo assim novamente.

Como vocês conseguiram ajuda?

Tivemos muitíssima sorte. Pouco tempo depois, nosso filho fraturou a mão e precisou de atendimento médico de emergência. O médico também percebeu que o garoto estava muito acima do peso. Começara a comer compulsivamente como forma de compensação, ainda que fosse extremamente magro quando era menor. Esse médico, então, também perguntou um pouquinho como ele se sentia e tal. Intuíra alguma coisa. Aí, de repente, meu filho disse para mim: "Por favor, saia. Me espere lá fora." Obedeci. A partir daí, e por um longo período, meu filho ficou indo regularmente a esse médico, e eles simplesmente conversavam. Acho que esse homem foi sua salvação. Depois de aproximadamente dois anos, ele disse que não precisava mais ir lá, que tudo estava bem.

Seu filho censura a senhora ou seu marido?

Não. Mas ele não quer ter absolutamente nada a ver com essa Igreja que estragou tanta coisa. Também não consegue compreender porque eu me engajo tanto nisso. Ele acha que a coisa está tão distorcida, tão estragada, que se deveria deixá-la acabar. Uma vez, ele perguntou se havia também filhos de padres na ZöFra. Eu respondi que não, somente mulheres. Então, ele disse, baixinho: "Graças a Deus."

O aborto é uma saída adotada freqüentemente no caso de mulheres que engravidam de padres?

Sim, é muito freqüente.

Qual é a sua opinião a este respeito?

Recentemente, logo após a campanha pela família e contra o aborto da Conferência dos Bispos Suíça, conversei sobre isto com um bispo, por causa de uma situação emergencial grave. Disse-lhe que ele, então, também precisava fazer alguma coisa por uma criança. O pai era um religioso que pertencia a uma Ordem da América do Sul. Por causa de sua violação do celibato, seu pai médico o abandonou, e então ele perdeu o direito de residência. A mãe da criança era uma religiosa polonesa ligada a uma Ordem, que não podia mais trabalhar no hospital por causa da gravidez e que também estava para ser expulsa. O futuro pai escrevera, desesperado, ao bispo, mas o secretário sempre lhe respondera que não eram responsáveis.

O bispo também lhe disse isto?

No início, ele alegou que o homem não tentara entrar em contato com ele. Então, peguei as cópias de minha pasta e disse: "Olhe, veja só! O senhor não respondeu sequer a uma única carta, todas foram despachadas pelo seu secretário." Então, ele se queixou: "Como é que eu devo ensinar para os jovens que não devem dormir com uma mulher antes de estarem casados, se nosso próprio pessoal dá um exemplo tão ruim?" Eu disse para ele que devia parar com aquilo, já que a gravidez da mulher era um fato. Como continuou a se lamentar, perguntei se, naquele caso, talvez preferisse que tivesse sido feito um aborto? "Claro que não", retrucou. Aí, eu disse: "Bem, a criança está chegando, e agora precisamos ver onde os três vão poder viver." Então, ele escreveu uma carta de recomendação para as autoridades estrangeiras.

A senhora e seu marido ainda são fiéis à Igreja?

Sim. Meu companheiro acabou de concluir seu mandato de cinco anos como presidente do conselho da paróquia. Agiu desta forma porque achamos que não se pode modificar nada estando por fora.

Annette Bruhns e Peter Wensierski

A senhora consegue imaginar a vida sem a Igreja?

Claro. É verdade que não posso viver minha religiosidade sem a comunidade, mas poderia encontrar isto também em outro lugar. Na Igreja, nós, mulheres, somos um fator de força, que ninguém consegue suplantar. Só a União Suíça de Mulheres Católicas já conta aproximadamente com 250 mil membros, que estão muito engajados na Igreja. Se todas essas mulheres abandonassem a Igreja, ela sucumbiria. A Igreja necessita mais de nós do que nós dela.

"Sou filha do amor"

> Miriam, 31 anos de idade, é filha de um padre que por amor a sua mãe abandonou sua Ordem. Os dois se casaram e tiveram dois filhos (ver figura 6). A jornalista formada, que também é mãe, conta sua história "para que os pais padres não possam mais alegar que a Igreja os impede de optar por sua família". Miriam se casou na Igreja e seus filhos foram batizados. Contudo, a bávara está sempre reavaliando se deseja continuar na Igreja.

Quando Miriam estava com cinco anos de idade, fez uma grande descoberta. "Mas esse é o papai", exclamou a criança do pré, apontando, excitada, a foto do batismo de uma prima mais velha. E, de fato: o homem com o hábito branco de debrum vermelho que salpicava o bebê com água benta era seu pai.

Papai, um padre! Até então, Miriam sempre acreditara que seu pai fosse simplesmente alguém que saía para trabalhar de manhã e cuidava dela à tarde, depois da escola — quando a mãe estava trabalhando. Seus pais eram professores numa escola profissionalizante em Nördlingen, na Baviera: Jan, o pai de Miriam, lecionava religião, e sua mãe, Maria, economia. O fato de que seu pai já tivesse batizado crianças e celebrado missas era uma grande surpresa para a pequena freqüentadora da Igreja. "Fiquei incrivelmente orgulhosa dele", diz Miriam.

Esse orgulho nunca a abandonou. Hoje, Miriam está com 31 anos, sua profissão é consultora para relações públicas e, além disto, é casada e mãe de dois filhos. Seu marido é engenheiro com doutorado; ele também é filho de um professor de religião. Eles dividem as tarefas de casa e a educação das crianças, para que ambos possam trabalhar. "Isso já era assim com meus pais", afirma Miriam, "a igualdade de direitos de ambos está entre as coisas que eu adotei deles."

Quando Miriam está contando algo, ela fala com o corpo inteiro — os cabelos compridos e avermelhados balançam, gesticula com as mãos pequenas pelo ar. De vez em quando, ri alto, ou abre seus grandes olhos azul-claros ainda mais, para sublinhar uma afirmação. Fala rápido, porém de modo preciso. "Praticávamos o debate na mesa da cozinha. No que diz respeito à retórica, como filha de teólogo, estou mais bem preparada que a maioria das pessoas." Claro está que qualquer redação de imprensa admitiria Miriam imediatamente — e que qualquer chefe de pessoal experiente saberia, ao mesmo tempo, que esta colaboradora não é do tipo que se deixa mandar facilmente.

Miriam é o exemplo vivo do fato de que um padre ordenado pode ser um bom pai. A filha de padre diz que "não é filha do pecado, porém, ao contrário, filha do amor, e isto, inclusive, num sentido bem particular: por amor a minha mãe, meu pai abandonou a profissão e a carreira, de forma consciente e sem se queixar. Foi uma decisão que ele sempre sustentou e pela qual nós, crianças, nunca tivemos que sofrer."

Como os pais descreveriam Miriam? Sua mãe sai falando, a mil. "Alegre. Esperta. Com um ano, já dominava toda uma gama de palavras. Ela defende muito os outros. Não tem muita paciência." Seu pai acrescenta: "Talvez, a coesão da família fosse mais forte conosco do que com outras famílias, por causa do papel independente. Naturalmente, isto só passou a funcionar quando eu consegui lidar com a perda de meu ofício, enquanto pai. Antes disto, repassava minha frustração para as crianças."

Miriam acha que seu pai se comportou de forma exemplar. "Muitos padres que se encontram numa situação dessas acabam arranjando desculpas para se livrar dela. São tipos que abandonam seus filhos ou forçam suas namoradas a abortarem. E, então, eles dizem: a Igreja má é que nos força a fazer isto."

Agora, seus olhos estão enormes: "Desculpe, mas a Igreja não nos força a absolutamente nada. Cada ser adulto é responsável pela sua vida e pela vida das pessoas que lhe são importantes. Ele próprio deve definir quem e o quê é importante para ele. Mas, por favor, ninguém deve culpar os outros ou qualquer estrutura. Acho isso simplesmente fácil demais. A insegurança do futuro profissional? O que impede de, paralelamente, ainda fazer um segundo curso superior, de arranjar uma segunda atividade econômica, pelo sim, pelo não? Não pretendo ditar como um homem desse tipo deve organizar sua vida, mas um pouquinho de realismo poderia ser útil, de vez em quando. Ou, talvez, também um pouquinho mais de sinceridade — por exemplo, dizer, para mim, isto não passa de uma aventura, não estou procurando nada além do sexo. Mas, então, por favor, não se deve colocar a culpa na Igreja malvada. É possível utilizar essa estrutura como desculpa para muitas sacanagens. De repente, descobre-se que o sacerdote tem até duas ou três mulheres simultaneamente! Assim, ninguém agüenta!"

Em matéria de Igreja, Miriam é craque. Desde pequena, seus pais levavam-na todos os domingos à missa, juntamente com sua irmã cinco anos mais nova: "Lá em casa, nunca teve discussão em relação a isso, era simplesmente assim. Rezava-se antes das refeições e, também, antes de ir dormir.

Mais tarde, depois da crisma, Miriam se engajou espontaneamente na comunidade. Ela foi dirigente da juventude da paróquia da KJG, a Katholische Jungen Gemeinde [Comunidade Católica Jovem] . "A KJG tem uma concepção bastante independente da Igreja — a ela pertencem os jovens mais rebeldes. Os nossos mais velhos, na época, protestavam contra a energia atômica e coisas do gênero. Nós, os estudantes mais novos, achávamos isso legal." Uma particularidade do grupo de KJG de Miriam era a de ser constituído unicamente de meninas. Miriam gostava disso — "em outras agremiações em que haviam também meninos, as garotas não faziam nada".

Para a filha de monge, a KJG se transformou numa "pátria dentro da Igreja, um pouco afastada da tendência principal, de toda aquela sociedade beata". Naquela época, Miriam passava quase que todo seu tempo livre em atividades da Igreja. Quando a estudante já estava nos últimos anos, começou a se engajar no nível da diocese, "isso era muito divertido". Quando ainda era jovem, participou de viagens em grupo para Florença e Paris — quando se tratava de engajamento cristão, seus pais, que em outros aspectos eram extremamente rígidos, lhe deixavam tanta liberdade quanto ela queria. E não somente seus pais: "A Igreja disponibilizava para mim espaços livres de organização tais como eu não teria conseguido em nenhuma agremiação desportiva."

Com o passar do tempo, contudo, a necessidade de organização de Miriam começou a esbarrar em limites. "No papel de rodinha de uma engrenagem como a Igreja, não se pode movimentar absolutamente nada. Na realidade, tudo sempre permanece como antes. Em algum momento, não consegui mais perceber por que é que eu devia me empenhar tanto. Isto porque sempre dói muito quando se dá murros em ponta de faca."

Do ponto de vista do conteúdo, Miriam se sente próxima dos radicais teólogos da libertação na América Latina, que exigem o reino dos céus já na Terra para os pobres e que incentivam os leigos a configurarem a Igreja a partir de baixo. A Igreja na Baviera lhe parece estar muito longe dessa visão, "com esta coisa de cima para baixo. Em vez de liberdade de consciência, reina a obediência incondicional. A KJG me pareceu cada vez mais como um nicho para os espíritos particularmente críticos. Isto porque, quando a coisa pegava, era possível constatar como era que a banda tocava — então, a pressão era exercida através do dinheiro".

Miriam se aborrece especialmente em relação à posição ocupada pela mulher na Igreja. "Com freqüência, a relatora de pastorais tem uma formação tão boa, do ponto de vista teológico, quanto o capelão. Não obstante, ela só pode se ocupar de tarefas menores, ao passo que ele pode brincar de ser o senhor pároco, após dois anos." Cada vez mais, começou a reparar que as palavras dominicais de comunhão e amor ao próximo não estavam dirigidas a todos: "Pessoas em condições de vida extremadas — como, por exemplo, mulheres que se decidem pelo aborto ou divorciadas que querem se casar novamente — são empurradas para fora. Decididamente, não sou nenhuma partidária do aborto, mas não se pode simplesmente condenar essas pessoas."

A filha refuta a lei do celibato, que custou o ofício a seu pai, com um movimento das mãos. "Qualquer católico semi-esclarecido nem liga para isso. E nem para a pseudo-infalibilidade do papa. Por favor, me diga de onde ela provém? Esse homem só é elevado a seu posto por joguinhos de poder — e não pelo bom Deus." Dá risada.

"Certa vez, estávamos alucinadamente estressados, antes de uma missa. Uma pessoa qualquer colocou na minha mão as preces prontas. Percorri-as com os olhos e achei que ia ter uma síncope. Não é que queriam realmente rezar para conseguir novas gerações de padres! Espontaneamente, deixei as preces de fora. Não posso topar com uma besteira dessas. A Igreja só precisa modificar suas estruturas, então, terá suficientes descendentes — ao ordenar mulheres como padres e ao permitir que os padres se casem."

Miriam sentiu perfeitamente que seu pai considerou a perda de seu ofício "um osso duro de roer" — muito embora não se lastimasse. Sua fidelidade à Igreja, por si só, já lhe parece ser uma comprovação deste fato. "Seria como se meu empregador me demitisse e eu continuasse, ainda assim, a ir a suas conferências. Não se pode ratificar isso posteriormente de fora — tem algo a ver com o fato de que ser padre não é uma profissão, é uma vocação."

Jan, o pai de Miriam, se deixou despedir pela mãe dela, Maria. A história dos pais de Miriam deveria "entrar para o 'livro de ouro'", afirma Maria, de 61 anos de idade: "Título: 'A culpa é do tio da América.'" O tio de Jan teve que fugir para os EUA durante a guerra, onde se tornou pároco; sua governanta vinha da Baviera — era prima do pai de Maria. Em 1962, ele foi para os Países Baixos, junto com sua governanta, para a primeira missa do sobrinho. É que Jan, de 67 anos, é holandês. A governanta também convidou parentes de sua terra, dentre eles, Maria.

Depois da missa, toda a família foi comemorar. Um primo de Jan tentou se enturmar com a bela bávara, que então estava com 21 anos de idade. O jovem tinha um tremendo bafo de onça e Maria se virou, enojada — aí, ela capturou o olhar de Jan, na outra extremidade do grande celeiro. "Ele ficou vidrado."

Passou-se um intervalo bíblico — sete anos — antes que Jan e Maria voltassem a se encontrar. A própria Maria tentou a sorte num convento, durante cinco anos. Não obstante, abandonou-o. "O pessoal esquentava com coisas secundárias, por detalhes; o fundamental era deixado de lado." Na medida em que, paralelamente à vida na Ordem, a enérgica noviça concluíra estudos para ser professora na área de comércio, ela pôde regressar à vida leiga sem problema.

E, então, finalmente, o homem com os calorosos olhos azuis veio visitar a família, junto com seus pais e um irmão. Durante aqueles anos todos, os dois só haviam trocado cartões-postais e, de repente, lá estava Jan diante dela. Maria ainda fica comovida, quando se lembra de seu hábito marrom com o sobretudo branco de comprimento médio por cima, e exalta-o, "como ele se arrojou do trem".

Os dois passaram uma semana de férias na Áustria, juntamente com o irmão dele. Seus olhares se tornaram cada vez mais profundos. Ao chegar em casa, em Amsterdã, Jan interrompeu seu doutorado. Tudo o atraía de volta para Maria, em Augsburg. No inverno, depois de uma gripe severa, confessou ao médico da família o motivo de seu desequilíbrio moral. "Ele disse: 'Eu lhe dou uma licença médica pelo tempo que quiser. Se você precisar pensar para se resolver a esse respeito, então você está numa enrascada.'"

Desde o início, Jan não quis manter uma relação secreta. No Natal, Maria já o apresentou aos pais dela. Para ele, o que o ligava a Maria era mais do que sentimentos. Ele sentia que, naquela mulher independente, havia encontrado sua contraparte feminina que, da mesma forma que ele próprio era animado pelo espírito do Segundo Concílio Vaticano, era o correspondente religioso da revolta estudantil de 68.

Para Jan, estava claro que seu amor não era um pecado. Quando o religioso procurou o bispo local, seu superior, este último enviou imediatamente seu pedido de laicização para Roma. O então papa, Paulo VI, o assinou sem demora. Jan se decidiu pela sua mulher relativamente rápido e de forma clara: com isto, poupou os que o rodeavam do tradicional desgaste provocado pelo torturante vai e vem, pela clandestinidade e dissimulação. A maioria de seus irmãos de Ordem não ficaram zangados com ele por muito tempo, e acolheram a mulher de Jan de forma amigável.

Em 1971, Maria e Jan se casaram em Hazerswoude, na capela particular de sua Ordem, os Carmelitas Descalços; foram casados por um ex-irmão. Miriam veio ao mundo um ano mais tarde. "Ficamos imensamente felizes. Isto porque, com nossas biografias de conventos, não era absolutamente normal que pudéssemos ter um filho", afirmam seus pais.

Na época de seu nascimento, Jan estava tão magro "que o primeiro terno que tive na vida, e que havíamos comprado na Quelle,* ficou muito largo. A transferência para a vida civil me havia atingido duramente. Principalmente do ponto

---

*Quelle é uma empresa popular que vende por correspondência, através de um catálogo enviado sem compromisso pelo correio. (*N. da T.*)

de vista profissional: eu acabara aterrissando ali onde nunca quisera estar — num estabelecimento escolar". Em Amsterdã, o especialista no Velho Testamento havia conquistado um renome na Escola Superior Católica, havia pesquisado e lecionado. Agora, aos 36 anos de idade, precisava explicar a Bíblia para pedreiros e bombeiros hidráulicos, numa escola profissionalizante da Baviera. No início, entrou em desespero, ainda mais porque, como sua esposa diz, cheia de compaixão, "seus alunos falavam em dialeto — ele, que era holandês, não tinha nenhuma chance de sucesso".

Ademais, Jan havia encontrado aquela posição, conforme acontece com tantos sacerdotes suspensos, no fim de uma longa e decepcionante procura. Depois da boda, passou três dias inteiros na secretaria do trabalho, em diferentes filas para estrangeiros, até que abordou finalmente um funcionário: "Esta espera vai realmente dar em alguma coisa?" O homem perguntou-lhe sua profissão e, então, o remeteu para um guichê para "casos especiais". "O atendente ali foi gentil", afirma Jan, "porém, não tinha uma colocação para mim."

Então, um pastor evangélico quis que ele assumisse o posto de secretário para o Encontro Ecumênico de Pentecostes, em Augsburg. Jan o avisou que seria um empreendimento sem perspectiva de sucesso, muito embora sua qualificação fosse ideal para o cargo. Teve razão: a alta hierarquia da Igreja Católica se opôs com todas as forças à nomeação de um padre casado. Em seguida, o colega, solícito, indicou Jan para uma obra assistencial evangélica em Vaihingen: como educador da instituição para evacuados e pessoas com antecedentes criminais. Foi realmente por acaso que, seis meses depois, pôde mudar para a escola da sua mulher. O diretor dela procurava tão desesperadamente um professor de religião que não se deu por satisfeito com o "não" categórico do bispo. "Fui praticamente contrabandeado para dentro por um cônego da sé de Augsburg. Tratava-se de um comportamento tipicamente pós-Concílio: na realidade, não pode, mas aí está um homem, e então, vai ter é que poder."

Miriam não vivenciou esse período. "Ele se decidiu pela minha mãe e nunca mais olhou para trás. Quem é que consegue fazer isto? Conheço muitas famílias normais em que as crianças são tratadas aos berros, durante brigas: 'Por que é que eu resolvi ter vocês? Eu poderia ter uma vida tão bacana, sem vocês!'"

Quanto mais Miriam crescia, tanto mais ouvia as pessoas à sua volta expressar incompreensão em relação à decisão de seu pai. Aos 12 anos de idade, retrucou à indagação de um curioso: "Se ele não o tivesse feito, eu não estaria aqui — e eu gosto de viver."

Às vezes, ela troca confidências com filhos de padres casados, dos quais é amiga. "Sua mãe também tem que escolher a suéter que combina com as calças para o seu pai? Ao ouvir a pergunta, todos sempre acenam que sim e caem na risada. Todos os nossos pais são bastante desajeitados no que diz respeito a roupas, questões de casa e de dinheiro."

Afora isso, a vida com um pai deste pode se transformar, às vezes, num caso sério. "As exigências morais incrivelmente elevadas de papai", diz Miriam, "sobrecarregam qualquer criança e mais ainda um adolescente. Porque não se pode fazer nada por fazer, simplesmente por prazer. Sempre é questionado o sentido mais profundo, para tudo." Por outro lado, seus pais não viraram exatamente campeões de sociabilidade, depois que romperam as amarras da Igreja. Ao contrário: os pais de Miriam mantêm contatos conjuntos no quadro da Igreja. Até hoje, Miriam está engajada em diferentes projetos de cunho honorário — principalmente num abrigo de mulheres e junto do movimento das mulheres pelo prejudicadas celibato.

Os pais se mostraram particularmente rígidos quando Miriam chegou à puberdade. "Era-me categoricamente proibido ir à discoteca, a leitura de *Bravo** era tabu, e meu pai procurava insinuações satânicas nos *rocks*." Seus pais se defendem. "Essas discotecas, a questão das drogas estava diretamente ligada a elas, na época", justifica seu pai, "eu bem que dei aula para um dos tipos que eram escolados no assunto, fui informado detalhadamente sobre o perigo."

Miriam sacode a cabeça. Naquela época, de vez em quando enganou os pais severos, dormiu na casa de uma amiga e formou sua própria opinião acerca do suposto antro de drogas. "A discoteca era inócua", afirma, "todos os meus colegas de classe podiam ir lá — só a pequena Miriam é que tinha sempre que recusar, *sorry*, não dá. Naturalmente, daquele jeito, nunca se podia pertencer a uma turma legal." Ela acredita que seus pais eram um tanto quanto "alheios ao mundo por causa da sociedade religiosa que freqüentavam. Ao procurarem impor limites adequados para mim, se atinham à lei de proteção aos menores. Fiquei totalmente espantada quando, aos 18 anos, pude fazer tudo, de repente — inclusive, me emprestavam o carro para que eu pudesse ir a festas".

---

*Bravo é uma revista voltada para adolescentes, que trata de música, moda, problemas específicos com os namorados, os pais etc. (*N. da T.*)

Além da discoteca e de *Bravo*, "a terceira antecâmara para o inferno eram roupas de marca". A mulher atraente suspira. "Durante toda a infância e a juventude, travamos verdadeiras batalhas sobre isso, até que eu mesma pudesse ganhar algum dinheiro com bicos. Eles eram inflexíveis. O mundo das marcas e tendências era absolutamente suspeito aos seus olhos. A anunciada calça *jeans* Levi's não encontrava lugar em seu mundo alternativo-cristão ligeiramente rosado. O que eu não teria feito para ter um ou dois conjuntos Alibi, simplesmente para me sentir como pertencendo à turma em determinados momentos. Caso eu não tivesse tido a KJG, teria sido taxada de *outsider*."

Evidentemente, Miriam deixou para trás o tempo de sua diáspora de modismos. Veste com negligente elegância uma curta suéter preta de lã angorá e calças justas beges — sendo que, atualmente, ainda amamenta seu segundo filho. Em compensação, seu apartamento é "como lá na casa de meus pais: não imponente, com cromados e vidro — mas simplesmente confortável".

Miriam sempre foi segura de si. Os pais é que mencionam o fato de que, na pequena cidade de Nördlingen, "há famílias que nos discriminam", não a filha. Ela se recorda somente de um comportamento peculiar de um de seus professores de religião, sendo que, naturalmente, todos sabiam de sua origem: aí estava o padre seminarista alquebrado que, obviamente, descontava sua frustração na filha de sacerdote: "Ele me tratava pior que todos os outros." Em compensação, a coisa era exatamente invertida no caso de seu professor de religião que era padre: Miriam era uma de suas alunas preferidas por causa de seu conhecimento de teologia.

Aos 21 anos de idade, foi convidada a participar de um programa de televisão sobre filhos de padres. Respondendo à pergunta da moderadora, que queria saber se fora alvo da gozação de seus colegas de classe por causa de sua origem, a estudante ruiva retrucou, atrevida: "Ao contrário! O pessoal, então, sempre falava: 'Isso é superlegal, é, existe isso mesmo?'" E acrescentou, provocadora: "Aí mesmo que a gente se tornava interessante!"

Já então, Miriam considerava sua exposição na TV na condição de filha de padre uma declaração de guerra endereçada à Igreja. "Que Deus é este", perguntou durante o programa, "que precisa concorrer contra uma relação humana? Que imagem de Deus é esta?"

No fim do programa, perguntou-se-lhe: "Imagine que você tivesse um filho e ele dissesse para você, em algum momento: mamãe, eu quero ser padre." Miriam respondeu prontamente: "Eu raciocinaria sobre o que teria feito errado em sua educação. Isto, porque, se alguém for tão submisso à autoridade que acha que pode vir a viver nessas condições de obediência, então não pode se tratar de meu filho. Eu lhe proporia tornar-se assistente social — então, teria uma vida mais feliz."

Ela se lembra com horror da tempestade de indignação que desencadeou com essa observação. Em sua antiga comunidade, os ânimos estavam esquentados. De repente, a filha de padre se transformou numa "pessoa que suja o próprio ninho".

Naquela época, Miriam acabara de concluir seu tempo ativo na Igreja. Ela saíra de casa e estudava jornalismo. "Naquele tempo, fiz um corte drástico. Sequer freqüentava mais a comunidade da escola superior. Não por preguiça, mas de forma totalmente consciente: estava cheia da Igreja. Estava saturada, porque a Igreja sempre fora o principal tema de discussão lá em casa." Então, Miriam estava namorando pela primeira vez e curtia poder gozar sua liberdade de estudante longe da severidade dos pais. "Finalmente, podia caprichar no visual."

Foi naquele período que Miriam pensou, pela primeira vez, em sair da Igreja. Quando seu pai ouviu rumores a esse respeito, discutiu horas a fio com sua filha. "Só posso explicar isto pela sua vocação. Logo ele, que tanto sofreu por causa dessa Igreja, a defendendo!", diz a filha. Entretanto, seus argumentos eram bons: "Se todos os espíritos críticos saírem, então, em algum momento, só vai sobrar um pedaço de Igreja estupidamente conservador, em que o pessoal do Opus Dei vai se esbaldar." Até hoje, Miriam é membro da Igreja.

Não obstante, não deixou de lado sua posição crítica: "Na Igreja, prega-se a comunhão e o amor ao próximo, porém, na prática, o que ocorre é limitação e negação da vida." Por isso é que ela sempre formula para si a pergunta crucial: "Será que eu realmente ainda posso apoiar esta instituição? Ou não seria preferível pegar este dinheiro que pago atualmente de imposto para a Igreja* e alimentar com ele dois filhos apadrinhados numa região qualquer da África?" A mãe de Miriam entende sua filha. Algumas vezes, ela esteve a ponto de largar tudo. "Mas quando se está do lado de dentro, é mais fácil ficar minando", afirma Maria, sorrindo.

Depois de ter concluído seus estudos, a primeira relação de Miriam a durar anos foi por água abaixo. Do ponto de

---

*Refere-se à legislação alemã. (*N. do E.*)

vista profissional, a jornalista descobriu seu talento como consultora de relações públicas. Eis seu lema severo: "Primeiro, o cliente tem que me convencer. Se ele conseguir, então eu atendo a seu pedido." Em 1995, ela encontrou seu atual marido — justamente durante um encontro comemorativo da Comunidade Jovem Católica. "Nós já havíamos nos conhecido anos antes, mas, desta vez, estávamos os dois sozinhos", conta Miriam. "Meu marido e eu viemos de uma situação idêntica. Seu pai também é teólogo e ambos seus pais são professores. Quando ele me levou pela primeira vez para a casa deles para conhecê-los, depois de uma hora, já me senti como se estivesse em casa."

A despeito de terem restrições internas contra a Igreja, ela e seu marido decidiram mandar batizar seus filhos. "Não foi uma decisão fácil. Desde a infância — ambos temos pais religiosos — estamos familiarizados com a discussão que gira em torno de deixar uma criança decidir a respeito de seu batismo, quando estiver suficientemente crescida. Em princípio, isto seria bem razoável. Contudo, em minha classe haviam duas crianças assim, que ainda não haviam sido batizadas por este exato motivo. Então, elas não freqüentavam nenhum curso de religião, não iam à Igreja. Não tinham absolutamente nenhum compromisso com aquilo. Com que base teriam podido se decidir?"

Para Miriam, o batizado não era uma questão de fé. "Não tenho uma fé infantil — não é possível tê-la quando os pais são teólogos. Não posso contar a meu filho de quatro anos de idade acerca de anjinhos, diabinhos ou qualquer outra porcaria — ele está acostumado a receber respostas para valer. Também não rezamos, nem vamos à missa." O que importa, para esta mãe versada em sociologia, é principalmente um "enraizamento cultural" de seus filhos no cristianismo. A despeito do fato de que ela própria ainda possa talvez se decidir totalmente contra a Igreja: "É melhor ter raízes e começar a questioná-las. Então, sempre é possível ainda decidir se se prefere cortar esta ou aquela. Caso se abandone as raízes rápido demais, vem o nada."

Para seu pai, não foi fácil ficar do lado, assistindo ao batizado do filho de Miriam. O padre suspenso ainda sofre pelo fato de não mais poder administrar os sacramentos. "Então, a gente fica pensando se aquele ali também pertence àqueles que vivem uma relação secreta. Naturalmente, quando se optou por ser honesto, a perspectiva de que outros possam se permitir ambas as coisas não é nada agradável."

Oito meses mais tarde, os pais do batizando também foram casados no religioso. O casamento foi realizado por um bom amigo de Jan, o antigo irmão de Ordem que já realizara seu casamento com Maria. O velho monge viu o ex-irmão com seu primeiro neto e fez uma observação de que Miriam se lembra com freqüência: "Você tem sorte, você tem descendência."

"Este é seu filho!"

> Dorothea Aschenbrenner nasceu em abril de 2003, filha de um padre católico e de uma professora de religião evangélica. Que mundo é este em que se nasce, quando o próprio nascimento é um escândalo e uma provocação para as autoridades da Igreja? Seu pai, Anton, de 41 anos de idade, foi imediatamente demitido por seu superior, o bispo de Passau, por ter assumido a criança e sua mãe, Birgit, de 38 anos.

Está ficando progressivamente escuro, nesta tarde de abril, em Bayerischer Wald. As estradas estaduais estão perigosamente escorregadias. Um homem e uma mulher seguem cuidadosamente para o hospital mais próximo, pela densa nevasca. As primeiras dores já tiveram início.

A mulher se chama Birgit e está grávida do homem que, sentado ao volante, procura permanecer tranqüilo. Na verdade, não seria nada de extraordinário, se Anton Aschenbrenner, de 41 anos de idade, não fosse um padre católico. Antes de sua ordenação, o homem de então 25 anos prometeu solenemente ao bispo de Passau viver para sempre no celibato e castamente.

O casal chega cedo demais. A parteira manda a mulher passear e o futuro pai de volta para casa, já que lá há três cavalos e um cão para alimentar. Ele não demora a regressar, mas, mesmo assim, ainda leva muito tempo na sala de parto do hospital de Freyung, antes que o parto se inicie.

Dorothea Luisa só vem ao mundo logo depois da meianoite, no dia 5 de abril de 2003, aos 48m. Dorothea significa presente de Deus. Os pais escolheram o nome de forma consciente. Em sinal de agradecimento pela criança, o pai segue um velho costume a respeito do qual a parteira contou: "Levei a placenta de noite para casa e enterrei-a ainda pela manhã embaixo de uma árvore."

A filha de padre recém-nascida deverá precisar ainda de um pouco mais de magia para ter uma vida normal (ver figura 7). Uma pesada hipoteca repousa sobre Dorothea: ela é o símbolo vivo da culpa que o padre Aschenbrenner assumiu aos olhos da sua Igreja. Perdeu seu emprego dos sonhos por causa de sua filha. Será que, mais tarde, ela se sentirá co-responsável pela desgraça de seu pai — muito embora não tenha culpa nenhuma?

A ruptura na vida do religioso Aschenbrenner data do Dia de Reis do ano de 2003. Naquele dia, o pároco da vilazinha Hintereben, em Bayerischer Wald, celebrou sua última missa. A Igreja estava absolutamente lotada. Os crentes ainda se acotovelavam de pé na entrada.

Anton Aschenbrenner liderou sua comunidade de 2.200 almas com sucesso durante 12 anos. O bispo de Passau demitiu o clérigo porque este reconheceu sua paternidade publicamente. Logo antes do Natal, Aschenbrenner informara seu superior. No dia de São Silvestre, este último enviou prontamente sua demissão. "Naturalmente, sabe-se o que esperar, de acordo com o direito canônico", diz Aschenbrenner, "e, ainda assim, espera-se secretamente que aconteça um milagre. Como um doente de câncer." Aschenbrenner teve que aprender que os milagres acontecem, porém exclusivamente na Bíblia, não na Igreja Católica.

Juntamente com os jovens cantores de estrela,* ele agora percorre mais uma vez sua Igreja. Está pálido, contudo sorri. "Oferecer um lar às crianças", este é o lema do encontro dos cantores de estrela do ano — foi besteira "ter levado este lema tão a sério", diz Aschenbrenner um pouco mais tarde, junto do altar. Aschenbrenner pára abruptamente diversas vezes durante sua prédica, sua voz falha, tem lágrimas nos olhos. Não obstante, diz, então, amargurado: "Vou obedecer ao bispo."

Por um momento, a Igreja fica em grande silêncio. Então, ressoam aplausos. Longos e fortes.

A última missa do pároco Aschenbrenner se transforma numa demonstração dos crentes contra os superiores da Igreja. Durante as preces, o religioso muda o texto de improviso. "Para o papa e os bispos — para que compreendam os sinais do tempo."

Aschenbrenner é um homem popular. Quando pede aos crentes que apóiem seu sucessor, diz, num lance de ironia voltado contra si mesmo: "Ajudem-no. Ele é como a virgem que concebeu um filho — não como a Birgit."

Então, dá leitura à carta do bispo, na qual o seu superior de Passau, Wilhelm Schral, justifica a expulsão de seu pároco. Nela, está escrito:

---

*Cantores de estrela: em certas regiões da Alemanha, é costume, no Dia de Reis, as crianças se vestirem com longas capas e carregarem estrelas presas em varas, e irem assim de casa em casa, cantando e recebendo, em troca, dinheiro, nozes, doces ou similares. (N. da T.)

Na medida em que o pároco Anton Aschenbrenner não está mais disposto a viver celibatário e casto, conforme havia prometido solenemente a seu bispo antes de sua ordenação, sou obrigado, de acordo com o código eclesiástico, a dispensá-lo imediatamente de todas as suas tarefas e funções eclesiásticas. Enquanto bispo, inclusive, lamento ter que tomar esta atitude muito aflitiva, até porque sei que, com isto, a diocese deverá abrir mão de um sacerdote que, desde que foi ordenado, em 1988, provou ser um assistente espiritual zeloso. Por este motivo, o pároco Anton Aschenbrenner poderá optar por pedir ao Santo Padre sua laicização.

Depois de terminada a missa, Josef Kellermann, presidente do conselho paroquial, se dirige ao altar. Lê uma declaração: "Este dia ficará registrado como um dos mais dolorosos e mais tristes dos anais paroquiais de Hintereben." Com a suspensão, o bispo de Passau teria escolhido o "caminho mais fácil" para a Igreja: "Caso Jesus tivesse agido desta forma outrora, poderia ter se poupado do seu calvário. É-nos extremamente dolorosa a maneira como estão procedendo com você."

Os freqüentadores da Igreja aplaudem novamente. Alois Rosenberger, membro do conselho municipal de Hintereben, também expressa sua indignação: no passado, o pároco Aschenbrenner sempre acolhera calorosamente a todos, jovens e velhos. "Não compreendo a decisão do bispo." Novos aplausos retumbantes.

Quando Anton Aschenbrenner se retira da Igreja com os acólitos, muitos freqüentadores choram.

Solidários, 30 coroinhas da paróquia redigem uma carta ao bispo: "Não podemos compreender isto, já que, por qual motivo um padre não poderia ter filhos? O senhor Aschenbrenner deve continuar como pároco de nossa paróquia apesar da criança — as crianças são uma dádiva de Deus."

Ademais, as crianças e os adolescentes ainda acrescentam seus posicionamentos absolutamente pessoais. "Vivemos num mundo moderno. Por que a Igreja Católica é tão atrasada?", pergunta Barbara, de dez anos de idade. "Acho que um pároco que tem um filho pode construir uma relação melhor com outras crianças", escreve Tanja, de 13 anos. E Markus, aos 12 anos de idade, entende que "um pároco que tem um filho pode atuar exatamente da mesma forma que um pároco sem filho".

O coroinha Emanuel considera a suspensão particularmente injusta: "O pároco Aschenbrenner foi, por assim dizer, desordenado do sacerdócio porque vai ter um filho. É uma dádiva de Deus. Outros padres, que durante anos a fio abusaram de coroinhas, tiveram que arcar, no máximo, com uma transferência. Isto não está certo."

Alguns dias mais tarde, Winfried Röhmel, porta-voz da arquidiocese de Munique e Freising, qualifica esta formulação do garoto de 13 anos como "pura impertinência", e acrescenta: "Quando um pároco quer fundar uma família e quer casar, então não pode mais ser um sacerdote católico. Neste ponto, deve fazer uma escolha."

Até o último momento, Aschenbrenner ansiara por outra decisão por parte de seus superiores: "Esperava que fossem fazer vista grossa. Mas recebi tanto amor e solidariedade, que não me arrependo de minha decisão."

O padre nunca fizera segredo de sua relação com uma mulher. Seguramente, também teria sido difícil conseguir dissimulá-la por muito tempo na vila. O pároco esbelto e esportivo conheceu a fogosa Birgit em 1994, na condição de colega da escola em que ensinava paralelamente religião. Na medida em que o pároco aposentado ainda vivia na casa paroquial, no centro do vilarejo, seu sucessor, Aschenbrenner, sublocou inicialmente a casa de um lavrador, nos arredores da vila. Logo, Birgit começou a entrar e sair dali, abertamente. Sentia-se "atraída pelo seu charme e pela sua presença agradável". Anton e Birgit foram feitos um para o outro, formam um par, isto ficou claro para todos aqui, ainda que não ficassem de mãos dadas publicamente. Uma vez por ano, viajavam juntos durante as férias.

O presbitério, que tinha 100 anos, foi reformado em 1995. Com autorização da administração do bispado, Birgit ocupou o recém-criado apartamento anexo. Oficialmente, a união dos dois consistia apenas de "boa amizade". Durante mais de sete anos, Aschenbrenner ficou morando debaixo do mesmo teto com sua Birgit, sem que os superiores da Igreja achassem nada demais. Em 2002, a diocese aprovou inclusive outro domicílio em conjunto: por motivos de economia, a grande e suntuosa casa paroquial foi alugada e o casal se mudou para uma casa unifamiliar própria, na vila vizinha. A direção da diocese perguntou, meramente como formalidade, se os dois viviam num pseudocasamento. Ambos negaram, e os burocratas da Igreja ficaram satisfeitos. Não é de admirar que, assim, Aschenbrenner se convenceu de que as coisas continuariam desta forma para sempre.

Não obstante, no verão de 2002, ficou claro que Birgit estava grávida. "Inicialmente, quase caí para trás", afirma Aschenbrenner. "Pensei realmente em José e Maria, da Bíblia. É que, na verdade, José quer se separar dela sem fazer alarde, por causa da criança, assim está escrito. A cabeça dele fica nisto até que um anjo lhe diz: 'Fique ao lado de tua mulher e de teu filho!'" Para os dois, um aborto está fora de questão. "Nada acontece no mundo que não seja a vontade de Deus", diz Aschenbrenner, lapidar. "Então, pensei, minha história de vida vai precisar ser modificada. Puxa vida, Anton, este, agora, é seu filho! Agora, você é pai!" O padre se decidira logo e informara seu bispo. "Não queria que meu filho não pudesse dizer 'Papai' para mim."

O ex-pároco não tem peso na consciência: "Para mim, a violação do celibato com uma mulher não representa um problema. A relação sexual com uma mulher não é um pecado." Ele somente fez aquilo que muitos outros padres também fazem: "No que diz respeito a meu bispado, avalio que, seguramente, a metade de todos os padres tem relação com uma mulher."

Por que, então, a Igreja se apega de forma tão desesperada ao celibato? A resposta de Aschenbrenner é rápida: "Porque, com isto, as pessoas se tornam dóceis. Quem não vive um relacionamento, um casamento ou uma relação humana profunda é, em última análise, mais fácil de ser dirigido."

Antigamente, ele pensava de outra maneira. Então, era fortemente engajado do ponto de vista ecológico, político e social. Como São Francisco de Assis, queria lutar ao lado dos pobres e injustiçados e, por isto, não queria se prender. "Presentemente, contudo, considero o fato de ter uma relação fixa a maior riqueza. Uma ligação confere mais estabilidade, mais força moral, e modifica a vida de maneira extremamente positiva."

De acordo com Aschenbrenner, as pessoas em Bayerischer Wald, em torno de Passau, teriam toda compreensão com isto, não se apegariam às antigas normas da Igreja. "A violação do celibato não ofende ninguém aqui." As pessoas de Hintereben já teriam aceitado há muito tempo que ele e Birgit formem um casal. Quando ainda era novo na paróquia e ainda era obrigado a morar com os lavradores, "Birgit era sempre convidada, comigo; à mesa, ela se sentava perto de mim, o pároco".

E o nonagenário ex-pároco de Hintereben? "Até ele ainda resmunga contra o celibato. Pois é, ele já se posicionara criticamente contra desde o último concílio da Igreja, em 1962." Por um momento, Aschenbrenner estaca, faz as contas e percebe que aquele raio de esperança para a vontade de reforma católica já feneceu há mais de 40 anos. "Meu Deus, será que eu também tenho que chegar aos 90 sem que nada ainda tenha se modificado neste sentido?"

Os católicos de Hintereben são fiéis a seu pastor cassado. Logo depois de sua missa de despedida, no início de janeiro, chegaram de toda parte presentes para a criança, esperada para a primavera. O grupo de mães e filhos da comunidade católica se despediu de seu pároco com todo tipo de presentes, incluindo o berço e até a cadeira alta.

No dia 31 de janeiro de 2003, o casal se casou no registro civil em Waldkirchen — sem muito barulho. Naquele dia, Birgit estava particularmente feliz por um motivo específico: "Ele o fez espontaneamente, procurei não exercer pressão sobre ele. Caso contrário, esta decisão não nos acrescentaria nada."

Entretanto, ainda levaria meses até a primavera estar bem adiantada para que o pároco Anton Aschenbrenner realmente começasse a compreender que sua vida de pároco terminara definitivamente.

Constantemente, encontrava pessoas da comunidade que se queixavam de que não conseguiam se conformar com o fato de ele não mais ser seu pároco. E, de alguma maneira, Aschenbrenner continuava a esperar por um milagre. Somente no início de abril é que ele se decidiu conscientemente a procurar trabalho. "Internamente, precisei realmente de muito tempo até que tive clareza: agora, acabou, devo aceitar isto, não faz sentido continuar a esperar, o caminho de volta está cortado, não pode ser mais."

No dia em que Dorothea nasceu, o ex-pároco acabara de enviar sua primeira carta, candidatando-se a um emprego.

O que lhe passou pela cabeça quando, logo depois da meia-noite, segurou sua própria filha nos braços?

"Naquele momento, pensei: o que vai ser desta menina? Naturalmente, antes disso, havia me perguntado todas aquelas coisas que, seguramente, passam pela cabeça de todos os pais: tomara que tenha saúde, tomara que esteja completa. Mas, então, a preocupação que ficou preponderante foi tudo o que ainda vai acontecer com ela. Naquele momento, senti de forma muito forte: puxa vida, Anton, agora você é responsável por ela. Eu olhava para ela e pensava: estarei com você, aconteça o que acontecer."

Nas primeiras semanas após o nascimento da criança, o casal repartiu entre si o trabalho diurno e noturno. Birgit amamentava a criança, de dia, Anton a levava durante horas a fio para passear em sua comunidade, seja no moisés, seja no carrinho. Nos primeiros dias, mal conseguia sair do lugar: "Posso ver a criancinha um pouquinho?", "Como se chama?", "Já cresceu um pouco?". Choviam conselhos para o pai e muitos presentes para a prole do padre. "Espere, tenho uma coisa para a criança!" O casal recebeu uma enxurrada de brinquedos, macacões e casaquinhos.

Mas, para Anton Aschenbrenner, o mais importante era sentir "que as pessoas aceitavam plenamente o fato de que eu tivesse assumido a criança e a mulher".

E os fiéis continuaram a agir como se seu pároco continuasse no ofício. Ainda o procuravam, o convidavam para as excursões do clube da terceira idade ou lhe pediam para ajudar a preparar a festa da paróquia. Quando ele recusava, ficavam decepcionados.

O novo pároco mal tinha tempo para as tarefas da paróquia que se lhe acrescentara, ele era muito mais velho e não conseguia levar as coisas adiante. Aos pouquinhos, tudo o que Aschenbrenner construíra durante 12 anos foi se desmanchando — os grupos infantis, os acólitos, até mesmo o clube da terceira idade foi se dissolvendo. "Agora, a Igreja", se queixava uma velha lavradora, "é como uma sopa sem sal."

De vez em quando, contudo, Aschenbrenner ainda acrescenta um pouco de sal. "Na realidade, não tenho mais permissão para servir de assistente espiritual. A diocese de Passau tomaria providências se descobrisse o que acontece ainda por aqui. Tive, inclusive, que celebrar missa de corpo presente quando duas pessoas morreram. O novo pároco não pôde ser alcançado, e, então, as pessoas foram me buscar. Até hoje, os lavradores perguntam ainda: 'Quando é que vai haver de novo uma missa que você vai rezar?'"

Vira e mexe, o ex-pároco ainda se desloca para visitar doentes que só querem falar com ele. Na verdade, ele também não poderia mais fazer isto. Quanto tempo é necessário para que um padre esqueça o que ele já foi?

Por mais que sua comunidade ainda lhe permaneça fiel, muitos de seus co-irmãos cortaram relações com o apóstata. Colegas de estudos, que antigamente eram seus amigos, ou seus párocos vizinhos, com os quais sempre manteve boas relações, "nem sequer perguntaram como está a criança, ou se ela já nasceu".

Os prelados em Passau, então, é que não dão a mínima para ele. "Nos círculos mais elevados do clero, passo por uma pessoa má, que suja o próprio ninho." É que ele divulgara no jornal local que, em sua opinião, possivelmente a metade de todos os padres do bispado vivia relações parecidas com as dele.

Anton Aschenbrenner atravessa a pior crise de toda sua vida: o que vai acontecer com ele, onde é que vai encontrar um trabalho que o preencha? Aos 41 anos de idade, ele recebe uma negativa após outra, quando se candidata a algum emprego.

Por exemplo, no convento de Niederaltaich, que procurava preencher a vaga de diretor de seu centro de formação semi-estatal. "Como não recebi resposta durante muito tempo, resolvi perguntar o que houve. Me disseram, à boca miúda, que era uma pena, mas que não podiam sequer me convidar, porque teria havido uma intervenção da parte do bispado de Passau. Minhas qualificações seriam ideais para a posição, mas, simplesmente, não podiam me admitir."

Algo análogo aconteceu com Aschenbrenner quando se candidatou a gerente de negócios de uma outra instituição próxima à Igreja, em Niederaltaich. Aqui, também, vivenciou uma experiência amarga: "Eles me queriam de qualquer maneira. Contudo, logo antes de eu sair de casa para me apresentar lá me ligaram repentinamente. Disseram que sentiam muito, mas que haviam justamente acabado de falar por telefone com o gabinete do bispo. Não podiam me dar o emprego."

Wolfgang Duschl, porta-voz do bispado, não quer se manifestar em relação às acusações. Em vez disto, indica que haveria suficientes exemplos do fato de que "a Igreja Católica abre perspectivas de futuro profissional a ex-padres, depois de certo intervalo de tempo".

Por fim, um conhecido aconselhou: "Entre para a ética empresarial!" Isto vai fazer sucesso. Tratar-se-ia de postura pessoal, um trabalho ideal para um ex-pároco. "Cheio de esperanças, procurei algumas empresas e consultores. Mencionaram minha formação de modo elogioso. Então, todos disseram que estariam sobrecarregados no momento e não precisariam de ninguém de imediato." Nos departamentos de recursos humanos de grandes empresas, o ex-padre também só recebeu negativas.

Entrementes, Aschenbrenner se pergunta: "Será que ainda vou conseguir fazer alguma coisa? Ou será que devo voltar a estudar novamente? Ainda vale a pena, aos 41 anos de idade?"

Enquanto isso, o outrora assistente espiritual exerce o papel de dono de casa — ele cozinha, limpa, lava roupa, almofaça os cavalos e cuida do jardim. Põe as fraldas em sua filha e a põe na cama, à noite. Sua mulher Birgit, com cujo salário de professora a família vai se agüentando, afirma: "Nem posso imaginar um pai melhor, jamais teria imaginado isto." Pelo menos, o trabalho dela parece ser seguro: continua como professora de inglês e geografia no ginásio estatal de Waldkirchen.

Durante um ano, o próprio Aschenbrenner receberá, mensalmente, 750 euros da diocese, a título de indenização. Apesar de se encontrar desempregado, não tem direito a receber qualquer tipo de compensação. É que a Igreja não recolhe contribuições para o seguro-desemprego de seus párocos.

Aschenbrenner interrompe a entrevista e enrola amorosa e cuidadosamente sua filhinha num tecido vermelho-alaranjado de quatro metros de comprimento, e a pendura nos ombros. Vai assim ao armazém do vilarejo para comprar alguma coisa. No caminho, fala ininterruptamente com Dorothea, explica-lhe e mostra-lhe a vida na rua. Normalmente, anda ligeiro, com passo rápido, como se tivesse ainda muito para resolver. Somente anda muito devagar quando está pensando. Isto acontece durante todos os seus passeios. Às vezes, também pensa simplesmente em voz alta e conta para sua filha tudo o que está planejando ou quem ele pretende visitar com ela daí a pouco.

"Não foi minha mulher que tirou licença para criar a criança, sou eu que a educo, agora", enfatiza, não sem orgulho. As autoridades responsáveis acabaram de lhe confirmar oficialmente que lhe outorgarão três anos de licença-educação, que serão contados para efeito de aposentadoria.

Aschenbrenner sabe que sua posição é "realmente desanimadora". Não tem vontade alguma de pedir ao papa para ser reconduzido à condição de laico. Trata-se de um processo complicado e moroso. Entretanto, necessitaria da laicização para poder obter a licença para atuar como professor de religião católica.

Aschenbrenner preferiu trocar de fé. Em agosto de 2003, se tornou evangélico, como sua esposa. Espera poder atuar como professor de religião evangélica.

A Igreja que até então fora sua reagiu à sua saída com outra sanção ainda — ela o excomungou de forma altamente oficial, "em conformidade com o cânon 1.364, § 1°, Codex Juris Canonici". Agora, Aschenbrenner tem isto por escrito e de forma definitiva: sua carreira católica acabou.

Não obstante, tem o direito de continuar a sonhar — "com uma Igreja que reage de forma mais humana em casos como este". Poderiam também ter dito, em sua opinião: "Puxa vida, as coisas tomaram um rumo estúpido, espere, que temos muitos contatos, vamos ajudá-lo para que possa tomar pé novamente em algum lugar."

Entretanto, como é que Dorothea, a filha de padre, vai aprender a acreditar no bem se a Igreja continua sempre a jogar novas pedras no caminho do pai, da família e da criança absolutamente inocente?

Em setembro de 2003, Anton Aschenbrenner acreditou finalmente ter conseguido. Obteve um contrato para ensinar religião evangélica durante 14 horas por semana, no Adalbert-Stifter-Gymnasium, em Passau. Contudo, sua alegria não durou muito. Na última semana de setembro, foi chamado pelo diretor.

Bem, é que surgira um problema. Walter Schmidt, o decano municipal evangélico teria entrado em contato com ele. O bispo evangélico responsável, Helmut Millauer, teria recebido uma chamada de seu colega católico, o bispo Schraml, de Passau. Teria recordado ao colega evangélico que, segundo um acordo realizado em 1977 entre católicos e protestantes, convertidos como Aschenbrenner não podem ser empregados pela Igreja evangélica na mesma diocese. O seu emprego iria de encontro à comunhão ecumênica das duas Igrejas. Lamentaria muito, mas era preciso que ele juntasse suas coisas e deixasse a escola.

Anton Aschenbrenner voltou para casa, pegou sua filha e foi passear longamente, sozinho, com ela.

O milagre de Dreiborn

Matthias, 22 anos de idade, e Anne, 20, são as "crianças pastoras de Dreiborn". Foram criados na casa paroquial de Bruno Ix e de sua governanta, como numa família normal. Em 1983, o pároco católico recebeu a autorização de seu bispo para acolher uma criança de criação. A comunidade da região de Nordeifel tem orgulho de sua família paroquial.

Anne necessita de duas horas e meia para dirigir até a casa de seus pais, de Hessen até Nordeifel. No fim da jornada, boa parte do caminho é percorrida por estradas federais: depois de Roggendorf vem Schützendorf e, enfim, Morsbach. Então, a estrada faz uma longa curva, à direita há um antigo castelo. Atrás dele, aparecem as primeiras casas de Dreiborn. "Quando vou me aproximando assim do vilarejo, pela curva, despertam em mim verdadeiros sentimentos de patriotismo", conta a jovem, de 20 anos de idade. Faz justamente dois anos que ela se mudou de casa. "Aqui, conheço todos os cantos, foi aqui que cresci, aqui moram meu pai e minha mãe."

Dreiborn está localizada no topo de uma colina, longe das grandes cidades, na extremidade do bispado de Aquisgrana. Há algumas velhas casas de madeira, e muitas residências unifamiliares recém-construídas. A Igreja Católica de

Dreiborn, uma construção simples, de 1896, é consagrada a São Jorge, o matador do dragão.

Aqui vivem umas mil pessoas. A maioria é católica desde sempre. Chamam o pároco de pastor. Todos os domingos, a igreja está bem cheia.

Na rua principal, uma senhora idosa varre folhas secas, juntando-as. Ela conhece o caminho até a casa paroquial, que não fica imediatamente ao lado da igreja. Não, responde, as crianças já não moram mais na casa. "Porém, Matthias e Anne são e serão sempre nossas crianças pastoras, ainda que agora já tenham se mudado."

Em Dreiborn, aconteceu uma espécie de projeto piloto da Igreja Católica, com a autorização do bispo. Durante 20 anos, uma verdadeira família morou na casa paroquial: o pastor Bruno Ix, hoje com 67 anos de idade, sua governanta Hanne, de 57 anos, o filho dela, Matthias, de 22 anos, e a filha Anne, de 20.

Quando era capelão, Bruno Ix conheceu um pároco que o impressionou profundamente: em sua casa, era criada a filha de sua governanta solteira. Para a criança, o pároco era uma espécie de pai. Aquilo agradara a Ix. "Assim, cresceu também em mim o desejo de acolher uma criança na minha casa e de ser um pai para ela." Este desejo se tornara "cada vez mais forte". Em 1982, ele se separou das irmãs do vilarejo que, até então, haviam cuidado exemplarmente da administração da casa paroquial.

Com isto, o pastor Ix pôde realizar seu desejo. Uma parenta lhe contara acerca de Hanne e de seu filho Matthias, de um ano de idade, que ela criava sozinha. A mulher, então com 35 anos de idade, havia sido diretora de um jardim de infância católico, até o nascimento de seu filho. Ix gostou do pequeno Matthias imediatamente. Em março de 1983, o garoto e sua mãe se mudaram para a casa paroquial.

Não demorou para que o sacerdote e sua governanta achassem que a casa paroquial era suficientemente grande para mais uma criança. O garoto não devia crescer sozinho. Assim, resolveram acolher ainda outro filho de criação.

No serviço de assistência a menores, quiseram ver a anuência do bispo. Para sua surpresa, o pároco a obteve absolutamente sem problema. O vigário geral da diocese de Aquisgrana deu sua autorização por escrito ao clérigo: não havia objeções.

O pároco e sua governanta procuraram o serviço social de mulheres católicas. Este arranjou rapidamente uma irmãzinha para Matthias, Anne, então com um ano de idade — a partir daí, Bruno Ix se tornou pároco católico com dois filhos. Mandou instalar caixas de areia e balanços no jardim do presbitério, cuidava dos dois também no dia-a-dia, muito embora Hanne carregasse o fardo principal enquanto mãe.

"Naturalmente, também empurrava o carrinho do nenê pela vila. Na primeira vez, tive medo de como as pessoas reagiriam. O que pensariam de mim? É que não é normal que um pastor assuma o papel de pai. Mas elas reagiram de forma fantástica. O medo era de ser rejeitado. Contudo, era só minha imaginação, e o medo se dissolveu no ar."

A velha senhora da vila se lembra: "Podia-se ver freqüentemente nosso pároco na rua jogando futebol com seus filhos." De forma geral, a vida transcorria com muita alegria na casa paroquial, não tão estéril quanto com o seu velho predecessor. "Antes disto, a casa era desalmada", diz a mulher, e acrescenta, não sem mostrar orgulho: "E nos outros lugares, também é assim. Não aqui."

As crianças chamavam naturalmente Bruno Ix de "papai", independentemente de estarem na rua ou na igreja. "Quando alguém telefonava para a casa paroquial", conta outra mulher da vila, "e uma das duas crianças atendia, dizia: um momento, vou ter que ir buscar o papai. E, então, o pároco vinha atender." "Não achávamos nada demais", diz Anne, e seu irmão concorda: "Éramos uma família normal, só que meu pai tinha uma profissão engraçada."

Matthias e Anne só se interessaram pelos seus pais biológicos por um curto período. "Por volta dos 15 anos de idade, me inteirei de todo o arquivo que estivera o tempo todo em nossa casa", recorda-se Anne. "Tudo estava registrado ali. Foi algo impetuoso de ler. Meu pai biológico teria morrido de uma overdose de heroína. Escrevi umas duas ou três cartas para a mãe, mas nunca fui visitá-la. Deixei para lá."

Matthias nunca "se questionou muito" sobre seu pai biológico. Nunca quis vê-lo, e só sabe dele através de sua mãe. Ainda assim, sempre recebera pensão alimentícia dele.

"Ainda criança, fui questionada bem cedo a respeito do fato de meu pai ser um padre católico", relata Anne. "Por quê? É meu papai, eu dizia, então. Não sabia o que pensar da pergunta, porque não sabia nada acerca das regras da Igreja. Sempre pensei que estivesse crescendo numa família normal. Também teve alguns momentos violentos, mais tarde, no primário, em que outras crianças disseram: 'Bem, mas isto não é normal.' Somente então é que fiquei consciente da peculiaridade da situação."

As crianças não gostam que alguma coisa seja peculiar em seus pais. Na maioria das vezes, Matthias contornava as perguntas de forma impertinente: "Quando era ginasiano na vila vizinha, e que me apresentavam alguém, tinha uma tirada padrão pronta. Dizia: 'Não é meu pai biológico, mas ele é quem me dá mesada.' Então ficava tudo bem. Afinal, todos em minha turma e em meu círculo de conhecidos sabiam e, em algum momento, as perguntas pararam."

Naturalmente, quando eram crianças, Anne e Matthias iam aos domingos à missa de Bruno Ix. Os dois também se tornaram acólitos e chegaram a servir a missa juntos. "Mais tarde, aos 13, 14 anos, a coisa começou a ficar chata", conta Anne. Hoje em dia, os dois só vão à igreja de vez em quando. Dá para ter fé sem ir à igreja, dizem. Afinal, seu pai também nunca procurou convencê-los à força.

"Vou continuar a pagar o imposto da Igreja", opina Matthias, porque tem excelentes lembranças de seu tempo no ginásio católico, "por causa da boa formação escolar". Presentemente, o jovem de 22 anos de idade estuda informática e vive num quarto de estudantes de 16 metros quadrados em Gummersbach. Na estante, ao lado do *Senhor dos anéis*, também há a Bíblia. "Naturalmente, sou particularmente versado no que diz respeito à teologia — quando comparado com o pessoal de minha idade." Afinal, na pequena escola primária, teve seu pai de criação como professor de religião.

Sua irmã se mudou para mais longe, para Hessen. Ali, ela vive com seu namorado num pequeno apartamento de cobertura. Entre as vigas de madeira, móveis Ikea, uma estante. Anne é criativa, está estudando para ser decoradora. "Gostava de viver em Dreiborn, mas aqui vivo minha própria vida. Contudo, minha família é sempre minha família. Mesmo que não vivamos mais amontoados uns sobre os outros, pode ser uma boa relação." Em Dreiborn, cavalgou e jogou basquete durante 11 anos. Participava do grupo de dança de carnaval, construía casas nas árvores e tinha muito contato com a natureza. Atualmente, a jovem esportiva de 20 anos e cabelos até a altura dos ombros só freqüenta a academia de ginástica.

"Para mim, meu pai foi a referência número um." Ela conta como, uma vez, aos 16 anos de idade, se metera em apuros à noite. "Eram quatro horas da manhã, tudo dera errado, só queria saber de ir para casa. Então, liguei para ele: 'Você pode vir me buscar, estou bem na frente da discoteca, preciso de você.' E papai veio." No dia seguinte, o pastor Bruno foi até o quarto de Anne e disse, apenas: "Essas coisas acontecem."

Presentemente, ele mostra, cheio de orgulho, as fotos e os desenhos de sua filha, que estão pendurados nas paredes da sala de estar. Vinte anos de vida em família estão registrados em duas dúzias de álbuns de fotografias: o pároco faz bolinhos na caixa de areia e se balança com seus filhos, constrói torres com cubos, navios com Legos. Férias com as crianças, na praia e nas montanhas. Natais com presentes debaixo da árvore. A busca por ovos de Páscoa no jardim da casa paroquial, todos os quatro juntos em festas da vila. A família e o sacerdócio, com ou sem celibato, de repente, tudo parece funcionar de forma tão simples, aqui em Dreiborn

"Freqüentemente, recebíamos convites", recorda-se Matthias. "Então, reservavam quatro lugares para a gente. Todos sabiam, nosso pároco vem junto com a mulher e as crianças — e tudo bem. Sempre íamos como família. Ia conosco até mesmo para visitar parentes reservados, como seu irmão conservador."

O bispo Klaus Hemmerle, de Aquisgrana, permitia tudo a Bruno Ix — quase tudo. Não se tratava dos filhos carnais de seu servidor. E quais eram exatamente as relações entre o pároco e a governanta, isto ele não perguntava. O bispo, que faleceu em 1994, visitava a casa freqüentemente. Às vezes, Hemmerle trazia junto consigo o capelão do bispado e o bispo sufragâneo. Então, sentava-se à mesa de jantar da família e também lhe acontecia pegar as crianças no colo. Os altos eclesiásticos confeccionavam chapéus de papel e os colocavam nas cabeças das crianças.

Quando Matthias cresceu, numa ocasião dessas, chegou a conversar sobre filmes de Bud Spencer.

Matthias gostava menos de outros religiosos, que franziam demais o nariz para as relações existentes em Dreiborn e não se davam bem com crianças. "Contudo, não se atreviam a expressar diretamente seu desconforto com a nossa presença, das crianças, na casa paroquial. Sorriam artificialmente e nos acariciavam, a nós, crianças, desajeitadamente." Um padre da região chegou a denunciá-los: não podia acontecer algo assim, duas crianças no presbitério.

Para os quatro, não era tão importante o que os outros pensavam deles. "Para nós, o importante era seguir o nosso caminho da melhor forma possível", opina Bruno. Nas escolas em que lecionava religião, o pastor contava com o pleno apoio e reconhecimento do colegiado.

"O bispo gostava de estar aqui na casa paroquial", conta Hanne, "porque, em outros lugares, queixava-se, tudo era terrivelmente rígido e oficial, mais como um mundo artificial." Hemmerle era um bispo excepcional, um pastor de almas que pintava aquarelas do mediterrâneo, na Sardenha, que passeava pela região de Eifel de calças curtas e deixou para trás 700 obras de arte. Ele era a favor de reformas e de movimentos para criar uma Igreja viva, que tivesse força profética. Sua primeira ação oficial, depois que soube que estava gravemente atingido pelo câncer, foi inaugurar um conjunto habitacional para infectados com o vírus da Aids, em Mönchengladbach.

Doris Lieske, católica engajada na comunidade, se lembra que, 20 anos atrás, quando se descobriu que "o pastor de Dreiborn tem filhos", correu somente por pouco tempo um rumor pelas vilas adjacentes. As pessoas se perguntavam: "Será que pode, mesmo?"

Entretanto, o pároco Bruno, que era mais para franzino e delicado, desenvolveu-se de forma impressionante com sua vida em família. "Logo começou a ficar patente que soprava outro vento vindo da casa paroquial. Tudo parecia estar mais aberto para o mundo, o pároco também sabia como proceder com nossos filhos. Ele era levado muito mais a sério, porque sabíamos que ele também passara noites daquelas, acordado com as crianças, que havia compartilhado preocupações e cuidados com eles. Ele próprio já vivenciara tudo aquilo que se pode experimentar numa família."

Até hoje, reina uma atmosfera familiar no presbitério. Hanne, a governanta, mantém a casa aberta. Quando se mudou para Dreiborn, "começou por se impor com sorrisos". Tocou a campainha dos vizinhos, para se apresentar como recém-chegada. Saiu para a vila, abordou as pessoas e conversou com elas. Hanne aderiu a diversas associações. Os moradores da vila não puderam se subtrair a seu charme.

Desta maneira é que a resoluta mulher natural de Renânia pavimentou a via para a insólita família-*patchwork* católica. Há muito que Dreiborn já não é mais uma vila obtusa de lavradores do Eifel. De qualquer modo, quase não existem mais lavradores, a maioria dos habitantes se desloca diariamente para as cidades vizinhas, há décadas. Nada mais aqui é dissimulado ou vedado. O local é conhecido na região por sua sociabilidade.

"A imagem que os superiores eclesiásticos têm das pessoas", conta o presidente do conselho paroquial, Jürgen Kirch, "freqüentemente não está mais correta. A maioria aqui é católica, mas com convicções extremamente liberais. Os nativos da região do Eifel têm o senso do fundamental, não são de ficar falando por aí à toa. Naquela época, aceitaram rapidamente que seu pastor tivesse uma família e continuam a achar isto bom até os dias de hoje." Matthias Dürbaum, do conselho da igreja, acrescenta: "No fim das contas, um pároco com família representou um ganho para a comunidade. Através da família, Bruno se desenvolveu tão positivamente como não teria sido possível de outra maneira."

"Meu pai, no início, era um padre típico", opina Matthias, "mais teórico do que dado à prática. Era muito gentil com crianças, mas também muito desajeitado. Ele nem conhecia direito a vida de verdade. Quando eu era garoto, ainda pequeno, meu pai sequer conseguia me bater direito no traseiro, era mais algo simbólico. Não sabia cozinhar e não construía ou fabricava constantemente coisas para mim, como outros pais fazem. Não obstante, com muita boa vontade, aprendeu a fazer isso tudo e se desenvolveu enormemente nesse processo, de solteiro desajeitado passou a ser um verdadeiro pai de família — acho isto extremamente impressionante."

Ademais, Matthias chegava até a considerar o fato de que seu pai era o pastor de Dreiborn, uma vantagem a não ser subestimada. "Certa vez, na noite de Natal, ganhei de presente um console de videogame. Só que ninguém sabia como fazer para conectar a coisa ao aparelho de televisão. Qual é o pai que pode pedir ajuda a outra pessoa da vila logo na noite de Natal? Meu pai ligou para alguém, e esta pessoa veio imediatamente. Achei aquilo superlegal."

Na verdade, Bruno Ix poderia estar contente consigo mesmo e com o mundo. Aos 67 anos de idade, poderia se aposentar, porém, não quer. Isto porque o pequeno homem magrinho ainda gostaria de modificar sua Igreja um pouco mais.

Bruno conquistou sua descontração não eclesiástica com muita dificuldade. Cinco anos atrás, resolveu "escrever para se libertar e se curar" de uma infância perturbadora. Escreveu um livro que traz o título *Ein Priester bricht das Tabu des Schweigens*.*

Nele, o religioso descreve como foi violentado por um criado, aos dez anos de idade, e como, ainda por cima, ganhou uma descompostura de seu confessor por causa disto — como se a criança tivesse tido culpa pela sua desventura. Talvez seja por isto que era tão importante para Ix fazer crianças felizes. Também quer uma "nova primavera" para sua Igreja — por exemplo, com sacerdotes que são casados e que podem servir sua comunidade junto com seus filhos.

Sua governanta Hanne prefere atuar na retaguarda. Sem ela, nunca tudo teria funcionado tão bem. Ela se engaja a favor da casa paroquial, da família e da comunidade da vila. Atualmente, ela faz o papel de uma vizinha fofoqueira no

---

**Ein Priester bricht das Tabu des Schweigens* [Um sacerdote quebra o tabu do silêncio] (Editora Publik-Forum, Oberursel, 1999).

grupo de teatro de Dreiborn, que conta com 50 integrantes. Antigamente, também empreendia muitas coisas com seus filhos — por exemplo, excursões longuíssimas a pé e passeios mais curtos de bicicleta.

"Por nós, dá para perceber como as coisas poderiam acontecer em outras partes também, se os párocos tivessem filhos e família", acredita Matthias. E Anne enfatiza: "Só os pais de família felizes é que deveriam poder se tornar párocos."

Órfã e traída

> Simone, 25 anos de idade, é vendedora especializada em equipamentos para açougues e vive na Baixa-Saxônia. Seu pai morreu quando ela estava com 11 meses de idade. Sua mãe lutou durante 17 anos para receber uma pensão de semi-órfã para Simone — em vão. A Igreja foi empurrando o caso de uma instância para outra — como se o padre não tivesse existido. Em vez de uma pensão, sua filha recebeu uma esmola, um único donativo de 500 marcos. A Igreja deve o fato de que Simone ainda seja membro contribuinte da Igreja exclusivamente à fidelidade da filha para com seu pai.

Quando era menor, tive uma vez um sonho. Talvez soe ridículo, mas com freqüência penso nele: a campainha toca, abro a porta — e ali está meu pai! Ele me sorri, abre os braços e me jogo neles... Infelizmente, então, acordei.

Não acho que seja ruim ser filha de padre. O que é ruim é que a Igreja proíba a seus homens de amar mulheres. Mas, não dá para proibir a um pássaro de voar!

Nunca conheci meu pai. Quando estava com 11 meses de vida, ele faleceu em um acidente de automóvel. No dia 27 de abril de 1979 — justamente no dia do aniversário de minha mãe, seu 33°. Há uma foto daquela época, totalmente tremida, mas não abro mão dela: lá estou eu, ainda bebê, em seus braços, e ele olha para mim. Acho que ele teria sido um pai legal.

Imagino-o como um sujeito alegre e amável. De bom coração. Eu o descreveria como sou — ele tinha as mesmas mãos, os mesmos lábios, ambos somos baixos e rechonchudos (ver figura 8). Quando fico amuada, minha mãe sempre diz: "Agora você está igualzinha a seu pai." Minha mãe é totalmente diferente de mim — bastante vivaz, ela se irrita também, às vezes. Eu sou tranqüila. Bonachona? Não sei, talvez os outros é que devam dizê-lo. De qualquer maneira, gostaria de saber como meu pai era realmente.

O tempo depois do acidente deve ter sido um período terrível para minha mãe: meu pai foi seu grande amor. Ele viera secretamente da Polônia para a Alemanha, passando pela Áustria, para ficar com ela. Eles haviam se conhecido na Alta-Silésia, quando ela estava visitando sua família. Quando era nova, minha mãe se mudara de lá para Colônia. Acho que, quando ele morreu, ela e meu pai ainda não tinham muitos planos de como sua relação secreta iria se desenvolver.

Fui uma criança desejada — minha mãe já estava acima dos 30 anos e queria de qualquer maneira ter um filho. Depois que nasci, ele não me viu muitas vezes: mamãe e eu vivíamos em Colônia, e ele era vigário em Siegen. Minha mãe tinha um restaurante e, quando ia trabalhar, minha avó é que cuidava de mim. Meu pai vinha visitar-nos duas a três vezes por mês — por sinal, o pessoal de sua paróquia sabia a nosso respeito. Permitiam isso, porém, depois, lavaram as mãos, dizendo-se inocentes.

Ele queria ter as duas coisas: uma família e sua profissão. Naturalmente, isso não era realmente possível. Certa vez, quando discutiram por causa disso — porque, evidentemente, também não podia nos sustentar —, ele sentou-se e redigiu um testamento. Nele, legou tudo para mim. Quando se foi, minha mãe jogou o papel fora. Durante a noite, então, refletiu sobre o assunto e buscou o papel na cesta de lixo. Isto aconteceu precisamente seis meses antes de seu acidente fatal! Então, minha mãe, os pais dele e a Igreja brigaram durante oito anos pela divisão de seus móveis e de seu seguro de vida. No fim, mamãe recebeu um pouco mais de 10 mil marcos para mim, que ela investiu para meu enxoval.

O falecimento dele derrubou minha mãe. Ela desistiu do restaurante. Já não podia mais trabalhar lá, teria se tornado alcoólatra. Então, conseguiu um emprego como supervisora de máquinas de jogo. Com isto, logrou ganhar o suficiente para vivermos, eu, vovó e ela. Mamãe estava infeliz porque achava que o bairro em que morávamos não era bom para uma criança. Mas o dinheiro não dava para algo melhor.

Desde o início, minha mãe procurou a Igreja para conseguir uma pensão de semi-órfã para mim. Contudo, eles só ficaram desconversando. Primeiro, disseram que ela precisava comprovar que meu pai era realmente meu pai — na medida em que seu reconhecimento de paternidade ainda não havia sido feito junto dos serviços de proteção aos menores, só poderia acontecer por meio de decisão judicial.

Isto deve ter sido terrível: até mesmo minha avó me renegou, na época. Ela, que já havia me segurado nos braços quando eu era neném, disse, publicamente: "Não, meu filho não teve filho." Por causa da vergonha que sentia.

Entretanto, o tribunal determinou que o reconhecimento de paternidade era válido juridicamente. Não obstante, ainda nada estava resolvido. Agora, a Igreja alegava: teu pai não era exatamente nosso empregado. E, por isso mesmo, não pagariam nada para mim. Acho que a Igreja Católica não compreende o bom Deus. É que ele não permitiria que se fizesse algo tão injusto assim.

E minha mãe se viu aí, sozinha com um filho e sua mãe de idade. Trabalhou muito, naquela época, inclusive nos fins de semana. Lembro-me ainda que, um dia, fiquei de pé na porta do jardim de infância e disse: "Mamãe, por favor, fica comigo, não quero ir para lá hoje." E ela, então, respondeu: "Mas você tem que ir, Simone, eu preciso trabalhar." Estava num jardim de infância católico, minha mãe me educou como católica, com comunhão, crisma, e tudo o mais.

Então, ela colocou um anúncio matrimonial. Assim, aos cinco anos de idade, ganhei um padrasto, aqui na Baixa-Saxônia. Ele é pedreiro de profissão e é natural da Alta-Silésia. Ele cuidou bem de nós, chegou inclusive a recolher a mãe da minha mãe. Não obstante, não se tornou o grande amor de minha mãe. Este foi e sempre será meu papai.

Quando eu estava com seis anos, fomos visitar o túmulo de meu pai, na Alta-Silésia. Naquela época, eu achava que poderíamos levar meu papai junto conosco. "Trouxe uma colher", segredei a minha mãe, no caminho do cemitério, "com isto, podemos tirá-lo da terra." Ela chorou e explicou-me que não podia ser assim.

Todas as vezes que estou junto de seu túmulo, é como se estivéssemos nos olhando através de um vidro. Como se estivesse visitando-o no presídio. Mesmo assim, gosto sempre de ir lá, é uma pena que ele está enterrado tão longe. Pendurei um grande retrato dele no meu apartamento; nele, está com uma sotaina e ri. Meu namorado tem que conviver com esse retrato, que não sai de minha parede. Meu pai está sempre comigo nos meus pensamentos.

Ainda me recordo que estávamos, na época, diante da casa de minha avó. Havia um grande portão verde de madeira, e minha mãe cochichou: "Você nunca deve chamá-la de vó do lado de cá deste portão, Simone, nunca!" Então, sempre prendia a respiração, até que atravessássemos o portão. Naquela época, eu já ficava muito triste pelo fato de que ela tivesse vergonha de mim, porque, afinal, ela era a mamãe de meu papai, e eu gostava dela.

Quando estava com dez anos, quisemos visitar novamente o túmulo. Minha mãe escreveu ao arcebispo de Paderborn — e, dessa vez, ele reagiu! Foi a única vez que a Igreja reconheceu que eu existia e que o homem que havia me gerado não pertencia exclusivamente a ela: o pároco da vila entregou 500 marcos a minha mãe, por ordem do bispo.

Até hoje, nosso pároco fica constrangido com isso, porque não quiseram nem saber de quanto se gasta efetivamente com crianças e de que a Igreja deveria contribuir para esses custos. Uma vez, a Igreja colocou por escrito que se ele tivesse vivido, meu pai teria tido que pagar por mim. Mas, depois que ele faleceu, passaram a achar que não nos deviam nada, porque ele teria, por assim dizer, enganado seu bispo ao me colocar no mundo. É verdade, escreveram isto. Sendo que eles teriam que ter feito contribuições para um fundo de pensão para ele, afinal esta é a lei, e eu teria direito a essa pensão. Portanto, eu nunca enganei o bispo — mas ele é que me enganou.

Estou na Igreja até hoje. Não por causa da Igreja, mas por causa de meu pai. Contudo, não vou à missa. Esses homens da Igreja sempre só mentiram para minha mãe. Uma vez chegaram a dizer, em juízo, que meu pai teria sido apenas auxiliar de padre! Sendo que, na verdade, ele fora ordenado, como todos os outros. Hoje em dia, não posso sentar-me para ouvir um sermão, porque não quero ouvir mentiras de ninguém.

São todos uns hipócritas. Quando se liga a televisão, se vê que o papa pisa novamente num tapete vermelho, num lugar qualquer. Ele anda para cima e para baixo de avião pela região como um bonzo, para ajudar os pobres da África. Ninguém acredita nisso. Eles vivem totalmente na opulência, em sua Igreja.

Quando rezo, não rezo diretamente para o bom Deus. Porém rezo para meu pai. Já fazia isto quando era criança, e continuo a fazer isto até hoje.

Minha mãe não parou de lutar pela minha pensão. Se meu pai tivesse sido um empregado normal, ela teria recebido alguma coisa para mim, depois de seu falecimento. Mas justamente pelo fato de a Igreja ter sido seu empregador é que deveríamos sair de mãos abanando? Não sei de onde minha mãe tirou essa força — eu não teria tido. Ela escreveu até ficar com os dedos doloridos, alertou os políticos cristãos, inclusive o presidente da República! Richard von Weizäcker foi o único que reagiu, na época: ele nos enviou 500 marcos. Porém, uma coisa ficou clara: a Igreja falhou. E os políticos não podem fazer nada.

Durante quase cinco anos, um jurista canônico, Knut Walf, nos ajudou. Ele era um homem muito legal. Eu estava com 14 anos de idade quando ele desistiu de convencer a Igreja a assumir a responsabilidade pelo fato de que seu pároco tivesse gerado um filho e precisava pagar uma pensão de semi-órfão. Naquela época, ele publicou nosso caso numa revista com posicionamento crítico em relação à Igreja.

Logo depois, recebeu uma carta de um leitor:

Düren, 26 de outubro de 1992

Prezado Senhor Walf,

Li seu relato com comoção. Na medida em que considero verdade aquilo que o senhor descreve ali, só havia uma conseqüência possível para mim.

Hoje, saí daquela Igreja.

Com isto, recebo mensalmente 80,92 marcos a mais.*

Portanto, não sofrerei prejuízo algum ao transferir esta quantia (arredondada para 100 marcos) mensalmente à Senhora Ursula K.

Peço-lhe para me comunicar as modalidades de pagamento.

Saudações cordiais para Simone.

Fiquei pasma. Que um estranho compreendesse toda aquela injustiça e não balançasse somente a cabeça, mas reagisse! Que alguém levasse aquilo tão a sério que saísse da Igreja. De repente, passamos a não nos sentir tão sozinhas. Oito meses mais tarde, esse senhor faleceu. Não obstante, sua esposa telefonou e entregou a minha mãe o dinheiro que ele economizara para mim até sua morte.

Naquela época, minha mãe sofreu crises de depressão. Cada vez mais, tornava-se mais perturbada e mais medrosa. Toda vez que recebia uma nova carta de uma entidade ecle-

---

*Trata-se do imposto religioso que, com sua saída da Igreja, deixou de ter que recolher compulsivamente. (N. da T.)

siástica ou de um político, tremia de medo. No fim, teve que ser internada numa clínica psiquiátrica. No total, esteve três vezes lá. Fiquei terrivelmente preocupada com isso. Dependo de minha mãe mais que os outros — às vezes, minha colega me chama de filhinha da mamãe. Ela é minha melhor amiga. Vou visitá-la todo dia. Jamais tivemos uma briga, nem uma única vez.

Quando ela esteve tão doente, então, sofri com complexos de culpa. Seria minha culpa se minha mãe estava tão doente? Sei que não sou responsável por ter nascido. Mas, naquela época, já pensava assim.

Minha avó, mãe de meu pai, ainda está viva. Escrevo para ela regularmente. Infelizmente, não fui visitá-la com freqüência, mas, agora, estou aprendendo polonês. Não por sua causa, pois ela fala alemão, mas porque me sinto ligada à região. Visitei minha avó pela última vez três anos atrás. Então, queria saber mais sobre meu pai — minha mãe me mostrou sua sotaina de padre, que ela guardou durante todos esses anos. De repente, me perguntei como meu pai devia ser quando criança. Como ele era, o que gostava de comer, se gostava de música, quais eram suas brincadeiras preferidas — coisas assim.

Então, fiquei chocada de constatar o quanto minha avó ainda se envergonhava. "As pessoas comentam, as pessoas comentam", suspirava repetidamente — porque sou tão parecida com seu filho, o sacerdote. Sou sua única neta e ela gosta de mim, mas, para ela, o que as pessoas pensam é mais importante do que o que eu sinto. Aquilo me magoou muito.

Os representantes de Deus acabaram com minha mãe. Sei que a Igreja quer me convencer de que também eu devo me sentir mal porque meu pai era padre. Entretanto, ele só fez aquilo que não é proibido aos outros: passou seu amor adiante. O resultado sou eu.

"O trauma é transmitido"

> O professor berlinês Horst Petri, 67 anos de idade, psiquiatra infanto-juvenil, psicanalista e escritor (*Das Drama der Vaterentbehrung* [O drama da privação do pai], 1999, e *Väter sind anders* [Os pais são diferentes, 2004), referindo-se carga psicológica que recai sobre os filhos de padres e seus pais e as maneiras de lidar com ela.

O que significa para uma criança o fato de ter que crescer sem pai?

A perda do pai ou o fato de o pai não ser disponível é sempre traumático para a criança. Uma garota que cresce sem pai terá problemas, mais tarde, para desenvolver relações sadias com os homens. Para o garoto, a coisa fica pior ainda, já que lhe falta o pai para que possa desenvolver sua própria identidade masculina. Entrementes, existem provas empíricas que comprovam o quanto o pai é importante. Aliás, esta pesquisa foi rejeitada pelo feminismo, cujas representantes postulam, equivocadamente, que os pais podem ser prescindíveis.

Em que consiste, exatamente, o trauma da criança sem pai?

Um trauma é uma experiência aguda ou crônica que sobrecarrega o equilíbrio psicológico do indivíduo. O sujeito em questão já não está mais em condição de dominar os influxos que agem sobre ele. Isto é chamado de *distress* [angústia]. Angústia a longo prazo constitui-se num trauma em que o organismo já não pode mais processar os estímulos do estresse. O estresse então se transforma em patologia — em doenças ou em outras falhas de comportamento.

Então, crescer sem pai faz as crianças ficarem doentes?

Não obrigatoriamente, já que elas também são expostas a outras influências que podem ajudá-las a superar o trauma, em certas circunstâncias: a mãe e o restante do círculo social. Não obstante, a mãe não pode compensar o pai que falta. Este último é insubstituível para o desenvolvimento infantil — e isto, desde o início. Já no primeiro ano de vida, o pai é importante para aquilo que presentemente chamamos de formação triangular: mãe, criança, pai — a assim chamada triangulação, na qual a criança se solta da mãe com o auxílio de seu segundo objeto de referência, o pai. Este destacamento é decisivo para o desenvolvimento emocional da criança. Existem investigações extremamente impressionantes acerca do processo doloroso pelo qual as crianças têm que passar para solucionar o conflito existente entre seus desejos de simbiose com a mãe, por um lado, e seus desejos de individualização, por outro lado. Trata-se de um conflito existencial que, a rigor, dura toda a vida — o ato de equilibrar a ligação e o autodesenvolvimento. E, neste contexto, o pai tem a função absolutamente decisiva de compensar os medos da separação que a criança vivencia e de lhe oferecer orientação. Estas funções elementares do pai são extremamente importantes para o desenvolvimento ulterior da criança.

Portanto, especialmente para as crianças mais velhas.

Em todas as fases da infância, o pai desempenha funções especiais para a criança, que se diferenciam das da mãe. Isto se estende, inclusive, até a puberdade e a adolescência, em que ele volta a ter uma função muito importante, de mediação em termos do espaço social no qual o jovem tem que se orientar e em que sua real identidade psico-sexual passa a ser realmente formada.

No caso de filhos de padres, soma-se ainda outra dimensão ao problema da privação de pai: o grande segredo em torno da identidade deste último.

É exatamente por isto que, na minha opinião, essas crianças correm ainda mais riscos de serem prejudicadas. É que os segredos violam um princípio. Um dos sistemas motivos inatos — isto foi comprovado pela investigação de crianças de peito — é o sentido de orientação. Uma criança que tem mãe e pai orienta-se nesse contexto social. Quando o pai não está presente, seu sentido de orientação é perturbado. Caso o pai ausente ainda seja adicionalmente envolvido em mistério, a criança se vê em apuros ainda maiores. Compreende que alguma coisa está errada aí, e se sente como num labirinto. Na medida em que somente a mãe está disponível, não tem outra escolha que não a de se identificar com ela. Enquanto portadora de segredos, entretanto, ela também encerra perigos para a criança.

Annette Bruhns e Peter Wensierski

Por que a mãe mente permanentemente para seu filho?

É preciso considerar: o que é um segredo, na realidade? Há segredos doces, que todos achamos maravilhosos e que desencadeiam muita criatividade e fantasia. Entretanto, não se trata deles aqui, porém de segredos envenenados, em cujo fundamento encontra-se uma iniqüidade, um pecado, caso se pense no contexto católico. Por assim dizer, o que se mantém em segredo é um crime — a violação de um voto religioso. É por este motivo que o segredo está envolto numa aura de culpa e vergonha — além do medo de que seja descoberto. E isto torna este segredo tão particularmente perigoso: ele torna também os portadores do segredo imprevisíveis, em primeiro lugar, a mãe, às vezes, também o pai, que transmitem seu medo e sua vergonha para os filhos. Toda essa tragédia deságua, nesta temática específica, num pesado complexo de culpa e vergonha, o qual recai sobre todos os envolvidos.

Porém a criança não sabe em que consiste o segredo.

Aquela que lhe transmite o segredo — ou o esconde dela —, portanto, a mãe, não deixa de estar envolvida. É que muitas dessas mães são católicas tão devotas quanto os pais e, portanto, freqüentemente sofrem por sentirem que pecaram e que seu filho não deveria realmente existir. Intuitivamente, a criança capta os sentimentos de culpa de sua mãe como mensagens: você não é desejado. Você não é amado, o melhor teria sido abortar você, você é rejeitado. A criança relaciona essas referências negativas consigo mesmo e desenvolve, a partir daí, sentimentos depreciativos e sentimentos de ódio em relação a si mesmo, imagens negativas de si próprio. Envergonha-se de sua existência e tem sentimentos de culpa pelo simples fato de existir. Para os pais, a criança é a comprovação irrefutável do ato cometido — a violação do celibato — e da culpa que com isto carregam. Por isto é que todos estão envolvidos nesse complexo de culpa e de vergonha. O segredo é guardado dos que estão do lado de fora; dentro da família, o assunto é tabu. E daí, então, se origina esse clima de hipocrisia e de mentiras — portanto, de longe não apenas por necessidade de prevenir que o pai seja desmascarado pelo seu empregador. Inquietantemente, está na natureza do segredo reativar constantemente os sentimentos de culpa e de vergonha. Com isto, não é possível estabelecer uma relação natural entre os envolvidos.

Como é que o senhor vê o modelo da família paroquial, em que os pais e as crianças vivem juntos de forma absolutamente natural — disfarçados para fora com a alegação de que a mãe é apenas a governanta da casa, que coincidentemente tem filhos ilegítimos? Essas crianças não podem chamar seu pai de "papai", mas, mesmo assim, não são privadas dele.

Não acredito de jeito nenhum que isto aconteça sem deixar marcas nas crianças. É que segredos não são apenas material explosivo interior, mas também atuam sobre o mundo externo. As crianças crescem com o sentimento: não posso dizer quem são meus próprios pais ou nem sequer que família temos. Aquela garota, Anna, conta como lhe perguntavam constantemente: quem é seu pai, mostra para a gente. Quando se imagina uma comunidade de vila assim, como se cochicha por baixo dos panos e como as persianas são fechadas quando o pároco se reúne com sua família! As crianças sentem nitidamente que alguma coisa está errada com elas. São estranhas no grupo social das crianças. São diferentes das outras, porque não têm uma vida familiar normal. E esta sensação de não pertencer se enraíza como estranheza interior. Por mais que a família seja harmoniosa, a tarefa existencial das crianças consiste no fato de crescerem dentro de seu grupo social. Os filhos de sacerdotes, porém, carregam consigo esse estigma do não-permitido, do pecaminoso. Isto gera estranhamento interior bem como isolamento e desconfiança. É difícil determinar a força com a qual isso se manifesta e se, realmente, irá ocasionar alguma doença. Não obstante, acredito que isso vai lhes dar trabalho pelo resto da vida.

E o que o senhor acha de casos como o do filho de padre Thomas, cuja família acha que ele desenvolveu câncer em função da tragédia familiar?

Refleti muito a esse respeito. Efetivamente, existem, na medicina, teorias segundo as quais o câncer também pode ser uma doença psicossomática. Em primeiro lugar, no caso de tumores, é evidente que os processos endocrinológicos e biocelulares desempenham um papel importante. Mas, de acordo com essas teorias, traumas de infância também podem naturalmente funcionar como elementos desencadeadores. No caso em questão, teria primeiramente a privação do pai até o nono ano de vida. Então, quando a identidade do pai é revelada, um assim chamado romance familiar é aniquilado: trata-se de um conceito que Sigmund Freud cunhou para a maneira como as crianças imaginam, em sua fantasia, o pai ou a mãe que falta — Thomas menciona Sean Connery como exemplo. Ele tece um típico romance familiar. E, de repente, esse romance estoura e um pequeno monge encurvado aparece à luz do dia. Então, naturalmente, o garoto se sente traído, inclusive em sua própria auto-estima. Chamamos a isto da transmissão transgeracional de um trauma — dos pais para os filhos. Neste caso, é impressionante o fato de que, mais tarde, o adolescente se bate com o pai. E aí, então, surge, com retardo, a clássica situação edipiana: na realidade, ele quer assassinar o pai. E o pai perde a luta. Na verdade, ele deveria se sentir libertado.

Mas, na verdade, ele sentiu vergonha pela fraqueza de seu pai.

Acontece verdadeiramente como na tragédia grega clássica: Édipo é exposto pelo pai, na verdade, condenado à morte. Só se salva por acaso. Então, cresce sem pai. A falta do pai, porém, o leva a procurar e a achar seu pai — e, então, ele o mata. Por isto, sofre de imensos sentimentos de culpa — muito embora ele o tenha feito inconscientemente. Até aí, a reação de Thomas é absolutamente normal. Mas, contrariamente ao que acontece com outros garotos, que desde a infância puderam estar às voltas com a concorrência paterna e também vivenciar esta rivalidade, ele justamente não chega ao ponto em que ganha do pai para se libertar realmente dele e poder desenvolver sua própria identidade masculina. Este garoto não conseguiu fazer isto, e por causa disso fica sem orientação...

... e desenvolve câncer?

Para o garoto surge, logicamente, a necessidade de explicação: fiquei muito doente porque sofri uma sobrecarga tão pesada. Isso não constitui nenhuma prova de que também é realmente assim. Mas é absolutamente plausível. A polisarcia que ele teve antes — hipertrofia do tecido adiposo —, mostra que ele é sensível e tem tendência a desenvolver reações psicossomáticas.

Outros filhos de padres também apresentam tendência a distúrbios alimentares — por exemplo, aquele garoto suíço que, ainda criança, desenvolveu pensamentos suicidas, ou Christian, que na puberdade se tornou bulímico.

Aí é preciso fazer uma distinção: a polisarcia é mais uma reação depressiva. O indivíduo come demais para realmente adquirir uma couraça de proteção. Em contrapartida, o comer-demais-e-vomitar constitui uma síndrome bulímica. Tanto nas garotas quanto nos garotos, trata-se da recusa de se tornar adulto. E os garotos que não puderam desenvolver um Eu masculino, por falta de possibilidades de identificação, têm naturalmente um medo enorme e sofrem bloqueios para darem esse passo, e querem deixar de se tornar homens pelo maior tempo possível. É um fato muito típico que os garotos reajam à privação de pai de forma mais doentia que as garotas, simplesmente porque os garotos necessitam de seus pais de forma mais urgente para sua própria identidade do que as garotas. Este é o fator trágico para esses filhos.

Existe também um elemento trágico especial para filhas sem pai?

Muitas não conseguem se soltar da mãe. Mesmo quando desenvolvem simultaneamente violentos sentimentos de ódio em relação a suas mães, são demasiadamente fixadas nelas para conseguir realizar o necessário corte do cordão umbilical. Ao mesmo tempo, também as filhas sofrem de rupturas em seu sentido de identidade feminina, porque a feminilidade se desenvolve principalmente através do reflexo pelo pai.

O senhor escreve em seu livro que garotos sem pai correm um risco maior que outras crianças de se tornarem criminosos. Os filhos de padres são protegidos desse destino pelo nível do meio de onde se originam?

No que diz respeito à relação entre a ausência de pai e a criminalidade, tantos outros fatores — necessidade existencial das mães, abandono, eventualmente, também, a problemática ligada à imigração — desempenham efetivamente um papel, por isso é difícil dizer qual é a influência decisiva. O que chama atenção, entretanto, é que muitas crianças sem pai, particularmente os garotos, sofrem um rebaixamento social em comparação com os seus pais. Até mesmo os filhos de padres descritos por vocês não alcançam, em geral, o *status* social de seus pais.

Como o senhor julga, então, o filho de sacerdote Günter, o qual assegura estar feliz com seu destino?

Sua história oferece um testemunho impressionante de um mecanismo de ordem totalmente distinta de como é possível lidar com um traumatismo: a saber, através da negação total e sua inversão no contrário. A idealização já se inicia junto dos pais de criação. Eles estão acima dos 70 anos quando ele chega na casa deles, e ele é o 36º filho de criação. Na realidade, aquilo não foi uma substituição adequada dos pais, o que não quer dizer que eles não lhe tenham oferecido também muita segurança emocional e a satisfação elementar de necessidades — como bons pais adotivos costumam fazer. É comovente constatar como esse homem é feliz com sua vida e com sua mulher e com sua profissão de maquinista. Por assim dizer, Günter faz o melhor que pode com seu destino.

Qual é a participação que tem nisso o encontro com o pai verdadeiro, que só ocorreu quando ele já estava com 36 anos de idade?

"O acontecimento mais importante da minha vida", conforme ele diz. Eu vivencio isto sempre na terapia: sempre chegam pessoas adultas que passaram anos negando que a perda do pai tenha sido um trauma para elas. Elas sempre dizem: "Nunca vivi de forma diferente, então, por que eu deveria ansiar pelo meu pai?" E, em algum momento, desperta, ainda assim, a curiosidade, e se inicia a busca pelo pai. E o fato de ter encontrado esse pai é um sentimento absolutamente elementar de procedência: agora, finalmente, me encontrei. Agora encontrei minha identidade. E se este pai ainda "dá a mão como nunca em minha vida um ser humano apertou a minha mão"...

Em sua opinião, por que é que os padres fracassam tão lamentavelmente como pais?

No fundo, também eles levam existências trágicas. Os padres vivem num dilema inacreditável, que é produzido pela Igreja. A Igreja Católica exige pobreza, castidade e obediência — três virtudes que levam à santidade e à iluminação. Trata-se das três virtudes que dizem respeito às nossas necessidades instintivas elementares, a saber: a oralidade — o querer possuir, a sexualidade e a agressividade. Por detrás disto oculta-se uma concepção da Idade Média: se eu limitar os homens tanto quanto possível em suas necessidades instintivas, posso manter a ordem social e criar mais harmonia interna para o indivíduo. Porque o homem é simplesmente manipulado demais pelas suas forças e necessidades instintivas más — isto é, pecadoras — para que possa se tornar senhor delas. Os padres são os representantes desta ideologia, e a verdadeira pergunta soa assim: por que é que alguém abraça essa profissão?

Normalmente, a decisão é tomada cedo, às vezes, até, ainda na puberdade, em geral, aos 19 ou 20 anos.

Exatamente. Os garotos conjuram um ideal no qual esses três mandamentos existem, numa época — a puberdade ou a adolescência — que é marcada por fortes crises de identidade, em que os ideais ascéticos, a estranheza e a fuga do mundo exercem papéis importantes. Nessa crise de orientação, a Igreja oferece as respectivas possibilidades de amparo e também de substituição da família — num coletivo que se submete a regras para poder lidar melhor com essas forças interiores. É exatamente como nas muitas seitas que criam um forte tabu em torno da sexualidade. E os garotos justamente têm origens em meios religiosos católicos correspondentes; portanto, estão totalmente infectados por essa idéia de que tudo o que estiver relacionado com as necessidades instintivas seja pecado. Desconfio que, entre os padres, também haja muitos que tenham crescido sem pais — isto é, garotos que não alcançaram a integração instintiva, que só é possível através do amadurecimento edipiano. E isto quer dizer que, na época da puberdade, também não possuem ainda nenhuma identidade masculina. Encontram-se, portanto, numa crise de identidade particularmente grave, cuja solução consiste, para eles, em se voltarem para a fé. A vocação para o sacerdócio católico talvez seja uma das escolhas de profissão mais neurótica que possa existir.

E eles se tornam péssimos pais porque são tão neuróticos?

Não. Porém, porque nunca aprendem a assumir responsabilidades. Em nenhuma outra profissão exige-se tanta renúncia às necessidades individuais e à satisfação de instintos quanto nesta. Sem essas forças, entretanto, não é absolutamente possível desenvolver nenhuma individualidade, nenhuma identidade, vira-se instrumento. O sujeito torna-se, então, membro de uma comunidade religiosa que lhe tira a responsabilidade por si próprio: é meramente servidor. Contudo, esses homens envelhecem. E, em algum momento — com freqüência, somente aos 30 anos ou mais— descobrem: não dá mais. A formação de defesa, que na puberdade ainda se mantinha, vem abaixo. As necessidades instintivas se fazem sentir mais fortes. Naturalmente, elas podem continuar a ser recalcadas. Freqüentemente, isto acarreta, então, sintomas psicossomáticos ou vícios como o alcoolismo. Ou, então, surgem manifestações instintivas que não podem ser comandadas, seja de tipo homossexual ou de pedofilia, ou ímpetos de violência. Ou, então, justamente, esses homens se envolvem em relações sexuais.

Durante as quais concebem, então, um filho...

... e isso se constitui então, conforme já disse, na comprovação irrefutável do fracasso do pai, de sua culpa. Além do mais, ele precisa repentinamente se tornar adulto. De repente, precisa assumir responsabilidades — algo que ele nunca aprendeu a fazer. Acredito que somente levando em consideração esta situação de fundo é que se pode compreender porque esses homens estão fadados ao fracasso. Simplesmente, não conseguem. A maioria deles faz muitas tentativas para se soltar. Isso leva anos. Talvez cheguem inclusive a assumir essa responsabilidade por algum tempo, mas acabam por desistir e voltam a abandonar a família. Quando se tornam pais, esses homens entram num conflito enlouquecedor: não somente com a Igreja, mas também com sua própria ideologia. Chama-se isto de rejeição auto-sintônica. A rejeição auto-sintônica consiste na firme convicção de que aquilo no que a pessoa acredita é correto: estou convencido de que Deus existe, de que eu devo ser casto e de que não devo pecar. As ideologias são formas de rejeição muito enraizadas justamente porque são auto-sintônicas.

E se, mesmo assim, eu peco, então sou a bola da vez.

Esses homens padecem de um elevado grau de sentimentos de culpa e medo de represálias, na medida em que romperam seus votos perante um Deus idealizado ou o papa. Este último é, também, o grande "Santo" Padre; todos esses deuses são figuras de pai. Por isto é que me ocorreu que, talvez, muitos não tenham tido pai. Os bispos, o papa e Deus são, para eles, substitutos de pais, aos quais se submetem cegamente. Quando a criança chega, é a catástrofe social e psíquica absoluta. Não se pode equiparar esses sacerdotes aos pais civis que não assumem suas responsabilidades — há suficientes deles no dia-a-dia — porque eles próprios não foram criados de forma responsável. Que, então, se mandam e deixam sua mulher e filhos sozinhos. Isto tudo é bastante terrível, porém, no caso em questão, outra psicodinâmica devastadora entra em ação.

Isto quer dizer que não são os padres os culpados pelos seus fracassos, porém, em última análise, a Igreja, que os educa para fracassarem?

A Igreja não leva em consideração que, quando ela exerce essa pressão sobre jovens e se impõe a eles de forma compulsória, isto acaba por ocasionar rupturas, coisas da pior espécie. Porque, justamente, essa rejeição que ela impõe aos jovens não consegue se manter a longo prazo — pelo menos, não em todos os casos. Aí, fica evidente o caráter arcaico da Igreja: não toma absolutamente nenhum conhecimento dessa dimensão psicológica, porém transforma seus padres em instrumentos que, na realidade, deveriam atuar de forma positiva, segundo o espírito da Igreja. São justamente esses padres que deveriam construir a ordem social e manter, de algum modo, o ser humano em seu próprio equilíbrio. O fato é que esta expectativa é totalmente contrária à psicologia e faz lembrar, efetivamente, concepções absolutamente primitivas, tais como já existiam na Idade Média.

Na qual, porém, os padres também já não se atinham ao celibato.

É claro que não. Aí, no mais tardar, a experiência e o processo de mudança deveriam entrar em ação. Por isto, não tivemos a Reforma à toa.

Por que é que as mulheres escolhem justamente esse tipo de homens como parceiros para si?

A grande diferença de idade na maior parte dos casais já fornece indícios. Muitas dessas mulheres procuraram substitutos para seus pais — talvez, por elas mesmas não terem tido pai, talvez porque tinham pai violento, algumas dessas mulheres também sofreram abusos quando criança. Outras já trazem crianças consigo e procuram um pai para elas. Elas se abrem com esses homens, por assim dizer, figuras substitutas de pais usando auréolas. Na realidade, essas mulheres contraem uma união com Deus, com o pai todo-poderoso. E, então, a realidade se impõe na forma de um filho. Por um lado, essas mulheres sabiam bem o que estavam fazendo quando se meteram com um padre ou um monge. Mas, independentemente de elas o terem feito de forma semi-inconsciente ou por uma situação pessoal aflitiva — junto com os filhos vem o sentimento de culpa que, então, conforme já foi dito, é repassado adiante. Este também é o motivo pelo qual essas mulheres, bem como os pais, sobrecarregam seus filhos muito mais do que os filhos de separações normais.

Ainda mais porque as mães, então, ainda enfrentam freqüentemente problemas para reclamar na justiça o pagamento de pensão alimentícia — como foi o caso, por exemplo, daquela mulher de Leipzig que teve que brigar durante dois anos até que a Ordem de seu ex-amante resolvesse assumir o pagamento de uma pensão alimentícia mínima.

Naquela história, fui tomado por um certo desconforto — particularmente no caso da carta que a mãe escreveu para sua filha. Aquilo me pareceu algo problemático. Ali, a mãe escreve, decerto, que quer tudo de bom para a criança. Porém, no fim, acaba sugerindo à criança que o pai é um velhaco: sim, ele te ama, mas não quer ver você porque se ele te amasse ainda mais então não poderia mais se separar de você. São mensagens de duplo sentido, das quais dificilmente a criança consegue se desvencilhar. Assim, a criança deve desenvolver uma imagem muito dividida do pai.

Mas isso é uma carta para depois. Presentemente, a criança está apenas com quatro anos de idade e constrói para si um ninho com as fotos de seu pai desconhecido.

Só resta esperar que, em algum momento, ocorra um encontro com o pai real. Somente então a criança poderá desenvolver uma imagem realista do pai.

Portanto, a imagem de um bom pai como apoio interior durante o desenvolvimento emocional só funciona no caso em que o pai esteja morto, não no caso de um pai que ainda vive em algum lugar, mas que não tem contato com a criança?

Creio que sim. Simone é uma espécie de exemplo disso. Seu pai está morto, porém, até hoje, aos 25 anos de idade, seu retrato ainda está na parede dela, e ela pensa constante e carinhosamente nele. É como no caso de filhos de pais caídos na guerra, aos quais Heinrich Böll erigiu um memorial em seu romance *Haus ohne Hüter* [Casa sem protetor] — são freqüentemente crianças com uma boa imagem do pai, que os apóia apesar de toda privação. Simone pôde chorar no túmulo do pai — coisa impossível para as crianças cujo pai está vivo, porém não está presente.

Isto soa quase como se fosse pior que um pai padre esteja vivo do que se ele estivesse morto.

Veja o exemplo de Christian. Primeiro, o garoto deve renegar seu pai. Entretanto, ele não deve ficar com raiva por causa disso — porque seu pai encarna o bem, como seu filho educado de forma religiosa bem sabe. Ao contrário do que acontece, por exemplo, com o filho de um pai que se encontra preso, ele não deve renegá-lo por ele ser um homem mau, sobre quem a criança possa, então, projetar sua raiva totalmente justificada pela obrigação de ter que mentir. Christian se rebela somente mais tarde — a saber, quando observa que fora leal à toa: paralelamente, o pai mantinha uma amante. Em decorrência da explosão de raiva do filho, este é rejeitado pelo pai. No fundo, isto demonstra que ele nunca aceitou o filho. Isto é que é o pior, que esses pais não podem absolutamente aceitar seus filhos. A ideologia da Igreja, que eles interiorizaram, lhes ensinou que é preciso expulsar o mal — e seus próprios filhos são "frutos do mal".

O que é que as pessoas atingidas devem fazer, na prática? Uma mãe nos perguntou, simplesmente, quando é que ela deve contar à criança quem é seu pai.

No caso de filhos adotivos, costuma-se dizer que três, quatro anos é uma boa idade — portanto, muito cedo, quando a criança começa a delimitar seu próprio eu.

Isto talvez possa dar certo no caso em que o pai realmente desapareceu, como o monge, pai de Catharina. Mas como proceder no caso de famílias em que as crianças são obrigadas a manter o segredo porque o pai ainda exerce sua profissão?

Meu conselho seria confidenciar o fato para as crianças no mais tardar quando do início da escola, na forma de um "doce segredo", seguindo o lema: somos uma família especial. Teu pai, na realidade, não deveria ser pai, porque sua Igreja não o permite, mas é realmente muito legal que ele seja teu pai e um dia a Igreja também vai reconhecer que isto é bom e vai acabar com o celibato. E, então, você poderá se orgulhar de seu pai diante de todo mundo. O importante é que a criança sinta que ela e seus pais pertencem juntos.

Que formas de tratamento existem para aqueles para quem tudo já deu errado e que cresceram renegando e mantendo segredos?

Não se deve tratar logo tudo de forma terapêutica. Um critério importante é levar em consideração se as crianças chamam a atenção de alguma forma, isto é, se apresentam dificuldades na escola, ou sintomas psicossomáticos como polisarcia ou depressões. Normalmente, estes são sinais de alarme na presença dos quais as mães deveriam procurar um terapeuta e deveriam revelar a este, também, a problemática específica que se encontra por detrás deles. O especialista deve então decidir se é melhor submeter a criança ou a mãe à terapia — ou, talvez, ambas. Hoje em dia, quando as crianças apresentam comportamentos estranhos, prefere-se freqüentemente tratar os pais, neste caso, a mãe.

E quando as crianças não chamam a atenção?

Todos devem ser encorajados a falar. Recomendo que as mães e os pais procurem grupos de auto-ajuda — evidentemente, muitas das mulheres já se organizaram. Deve-se encorajar as crianças e os adolescentes envolvidos a procurar amigos e a se abrir, a falar sobre seu grande segredo. É que o segredo é tão destruidor justamente porque ele permanece encapsulado. No momento em que eu me abro, freqüentemente, a maldição, o poder do segredo, já são quebrados. Além do mais, também seria importante estabelecer um conhecimento mais aprofundado sobre o assunto nas instituições terapêuticas. Até agora, esta problemática é um ponto negro aos olhos da ciência. Isto deve ser modificado.

A controvérsia em torno do celibato

> Na condição de padre comprometido com o celibato compulsório, sei, depois de 20 anos, o que esta forma de vida contrária à natureza traz consigo: solidão opressiva numa casa paroquial vazia, ânsia por uma vida em comum, medo de envelhecer, sensação de abandono. Tenho constantemente que ouvir comentários ridículos, porém justificados, sobre esta forma de existência, e encontrar alguma resposta para eles. Não gostaria de aconselhar nenhum jovem a assumir espontaneamente o celibato, na medida em que, no fim das contas, este sacrifício discutível não é consentâneo com as tarefas sacerdotais.
>
> Dr. Martin Schubert, 50 anos de idade, pároco em St. Mauritius, em Munique.

O comprometimento dos padres católicos com a abstinência sexual e o celibato conta entre as regras mais controvertidas da Igreja, desde que a carência de padres, em certas partes do mundo, assumiu formas ameaçadoras para a existência da instituição. O celibato é considerado um dos motivos principais para a sua decadência.

O tratamento dado pelas autoridades eclesiásticas aos capelães, párocos e religiosos ligados a Ordens que violam seu voto de celibato é pautado pela dissimulação: a Ordem mantém um padre no ofício desde que sua relação com uma mulher permaneça secreta e os dois não vivam juntos. Em contrapartida, caso ele assuma publicamente sua relação, não poderá mais continuar a exercer sua profissão, ainda que como experimentado assistente espiritual. E muito menos caso ele se torne pai.

Resultado: por medo existencial, muitos padres são obrigados a viver em dissimulação, sendo que os que sofrem as conseqüências são principalmente os filhos clandestinos. Aproximadamente entre um quarto e metade de todos os clérigos da Alemanha não se atém ao celibato, de acordo com avaliações de teólogos pastorais.

O celibato é apenas uma lei da Igreja. No direito canônico católico em vigor, o cânone 277 prescreve: "Os clérigos são obrigados a manter completa e permanente abstinência em prol do reino dos céus; por isto são obrigados ao celibato, que é uma dádiva especial de Deus, através do qual aqueles que exercem um ofício eclesiástico podem seguir mais facilmente a Cristo, sem estar com o coração dividido, e podem se consagrar mais livremente a servir a Deus e os homens."

O papa, que governa a Igreja Católica de forma absolutista, poderia reverter o cânone 277 a qualquer momento, com uma canetada. Existem diversos motivos para que a direção da Igreja se atenha obstinadamente ao celibato. Pios prelados como o papa estão profundamente convencidos de que o padre só pode fazer jus à sua vocação de anunciar o reino de Deus caso renuncie a qualquer relação humana mais estreita. Para ele, o celibato é fundamental ao sacerdócio católico. Por isto é que a abolição do celibato eclesiástico é impensável para ele — ainda que a falta de padres venha a aniquilar a Igreja nacional.

Contudo, para muitos hierarcas, a manutenção do celibato eclesiástico também apresenta um sólido motivo do ponto de vista do poder político: os clérigos são indispensáveis para a estrutura da Igreja Católica, é com sua ajuda que o papa e os bispos governam o imenso império religioso que conta com mais de 1 bilhão de membros. Por sua vez, é mais fácil dominar e dirigir rigidamente esta tropa de elite se esta não mantiver relacionamentos familiares ou sexuais.

Além do mais, na história da Igreja, outra questão desempenhou um papel importante através dos séculos: os padres, que não tinham que sustentar mulher ou filhos, não corriam o risco, na sociedade feudal e da Idade Média, de atentar contra o patrimônio da Igreja ou de se envolver em contendas sucessórias.

Não é possível justificar a conexão obrigatória entre o sacerdócio e o celibato com base no Novo Testamento. Do ponto de vista da recomendação do celibato, é bem verdade que Jesus elogiou o celibato em prol do reino dos céus, no Evangelho Segundo Mateus, mas logo acrescentou: "Quem puder o assumir que o faça."

Com isto, fica claro que a renúncia à sexualidade está ligada a uma vocação especial que a poucos é dado vivenciar. As ordens católicas se baseiam neste fundamento teológico desde 1.500 anos, desde os tempos de Bento de Nursia, um dos patriarcas de todos os monges.

Nas Igrejas ortodoxas, que estão ligadas à Igreja Católica e que reconhecem o papa enquanto chefe supremo, sempre houve popes casados. Até mesmo o Vaticano não considera que haja uma correlação desse tipo entre a Bíblia e o celibato compulsório: religiosos evangélicos e anglicanos podem manter seu casamento com a aprovação expressa de Roma ao se converterem ao catolicismo — e podem continuar a oficiar como padres.

Durante o domínio comunista, na Tchecoslováquia, mais de 30 homens casados foram ordenados secretamente padres com a autorização do Vaticano, e havia inclusive bispos casados que pertenciam à Igreja clandestina tcheca. A grande miscelânea que ocorre na Igreja universal dificulta a defesa do celibato compulsório para o resto do império católico.

E também em dioceses alemãs, há antigos párocos evangélicos casados que, presentemente, trabalham como assistentes espirituais católicos — como, por exemplo, Robert Ploβ, de 41 anos de idade, que foi ordenado sacerdote por Gerhard Ludwig Müller, bispo de Ratisbona, em junho de 2003. Ploβ, pai de três crianças, pode, ainda assim, manter seu casamento. Abandonou a Igreja evangélica em Selb depois de oito anos e entrou para o serviço do bispado de Ratisbona porque "me dei conta de que a Igreja Católica tinha mais condições de me oferecer uma pátria". Trata-se de um caso raro, porém não único: "Somente no bispado de Ratisbona há, desde os anos 1970, uma meia dúzia de padres casados", esclarece o porta-voz do bispado, Gregor Tautz.

Na Igreja original, o celibato era desconhecido. Uma parte dos apóstolos era inequivocamente casada. O Evangelho Segundo Mateus conta de forma absolutamente franca que Jesus curou a sogra de Pedro da febre. O apóstolo Paulo também pensava como Jesus: "Não temos o direito de levar junto conosco uma mulher crente como os demais apóstolos e os irmãos do Senhor e como Kephas (= Pedro)?" Paulo reclamava ali seu direito e o de seus colaboradores de levar consigo uma mulher nas viagens em missão, como os outros apóstolos, a começar por Pedro, faziam.

Há, ainda, muitas outras provas de que os primeiros patriarcas da Igreja não praticavam o celibato compulsório. Na Primeira Epístola a Timóteo, inclusive, exige-se que um bispo, que então presidia uma paróquia, tivesse que ser casado para ser um bom bispo. Ali, está escrito: "O bispo deve ser um bom pai de família e deve educar seus filhos para serem obedientes e terem boas maneiras. Como poderá cuidar da Igreja de Deus quem não puder presidir seu próprio lar?"

Muitos críticos do celibato acreditam, portanto, não somente que a lei canônica em vigor tenha sido ultrapassada pelos séculos, porém que seja também uma injustiça permanente segundo as Escrituras Sagradas.

Somente foi possível comprovar a existência de regulamentos de direito canônico — localmente circunscritos —, no que diz respeito ao celibato eclesiástico, no século IV da era cristã. Do ponto de vista ideológico, a aversão do corpo herdada de antigas mentalidades de origem grega, romana e judia como, por exemplo, dos gnósticos ou dos maniqueístas, desempenhou importante papel nesse contexto. A partir do século IV, o maniqueísmo, fundado pelo persa Mani, se propagou no Oriente até a Índia e a China, bem como no Império Romano. O maniqueísmo rejeitava radicalmente o mundo físico e alardeava, em vez disso, um mundo puro de luz. Essa filosofia angariou muitos seguidores, inclusive entre os cristãos.

A discriminação oficial do casamento sacerdotal iniciou-se com o Sínodo de Elvira (por volta de 306). A congregação da Igreja exigiu "que se deve dar ordens aos bispos, padres e diáconos, bem como a todos os clérigos que desempenham as funções no altar, que se abstenham de ter relações conjugais com suas esposas e que não gerem mais filhos." O Concílio de Nicéia ainda recusou-se, 20 anos mais tarde, a aplicar esta lei à totalidade da Igreja. Não obstante, patriarcas da Igreja como o bispo Ambrosio de Milão (339-397) já exigiam veementemente que os padres se abstivessem de manter relações sexuais com suas mulheres.

Na Igreja Ocidental, a briga impetuosa em torno do celibato durou até o século XI. É bem verdade que diversos concílios promulgaram editos contra o casamento de sacerdotes e os papas combateram amargamente a vida sexual de seus religiosos. Assim, durante o Sínodo de Pávia, no ano 1022, o papa Bento VIII ordenou, juntamente com o imperador Henrique II, que os religiosos não mais podiam se casar. Ameaçou-se aplicar duras penalidades contra as violações. Não obstante, em muitos lugares, os padres mandaram a proibição às favas.

Somente no ano de 1139 é que o II Concílio de Latrão elevou o celibato à condição de lei obrigatória. De forma geral, declarou inválido o casamento de padres. Justificativa: na medida em que os padres "devem ser o templo de Deus, os recipientes do Senhor e o santuário do Espírito Santo, é indigno que eles sirvam ao leito matrimonial e à impureza".

Desde então, a Igreja Apostólica Romana sempre se ateve rigidamente a esse veredicto; contudo, na prática, os quadros clericais sempre violaram, vez por outra, a disciplina do celibato — em conformidade com o lema bíblico: o espírito tem boa vontade, porém a carne é fraca.

No curso da história, procedeu-se de forma cruel com as mulheres de padres. Petrus Damiani (1006-1072), professor eclesiástico que é venerado como santo, insultava as mulheres de padres, no século XI, de "isca de Satanás, escória do paraíso, veneno dos espíritos, espadas das almas, maleita dos que bebem, veneno dos que comem, fonte do pecado, ensejo da perdição, mochos, corujas noturnas, lobas, sanguessugas, prostitutas, meretrizes, servas da luxúria, chiqueiro de porcas gordas". Por sua vez, *Fuero Juzgo*, livro de direito espanhol redigido por uma congregação de bispos, prescrevia duras punições para qualquer mulher casada ou não-casada que se envolvesse sexualmente com um clérigo. Da Espanha até a Hungria, as autoridades da Igreja entregavam freqüentemente ao Estado mulheres que estavam casadas com sacerdotes, para que fossem torturadas e presas.

O monge augustino Martinho Lutero se pronunciou contra o celibato já no início da Reforma, e casou-se com uma ex-freira, Katharina von Bora. Com a Reforma, o casamento e a família assumiram novos valores. Nos países protestantes, os conventos foram suprimidos, o celibato compulsório dos párocos foi abolido. A família paroquial foi promovida a exemplo para muitos cidadãos protestantes.

Os reformadores se empenharam principalmente no combate à dissimulação da Igreja Católica. Isto, porque já nos tempos de Lutero muitos religiosos viviam em concubinato, tinham filhos e pagavam a seus bispos, por causa disso, multas permanentes. Essas multas perfaziam inclusive parte considerável dos rendimentos do alto clero. Em 1521, o ex-monge franciscano Sebastian Meyer, que se converteu à Reforma, avaliou num libelo que, no bispado de Constança, uma média de 1.500 filhos de padrecos viria ao mundo anualmente. Para cada criança, o bispo receberia quatro *gulden*.* Em troca de um pagamento correspon-

---

*Gulden: A partir de 1500 e até o século XIX, o *gulden* era, na Alemanha e nos Estados vizinhos, uma moeda de prata. (*N. da T.*)

dente, era até possível acertar uma herança para filhos de padres.

O reformador Ulrich Zwingli, que desde o início de 1522 vivia um casamento secreto na condição de pároco católico, assumiu a postura, como Lutero, de que a Bíblia não proibia em nenhuma parte que os religiosos se casassem. Em julho de 1522, juntamente com um verdadeiro séquito de pessoas com as mesmas idéias, ele deu entrada, junto ao bispo de Constança, a uma petição em que exigia a abolição do celibato. Zwingli citava uma longa lista de papas que eram filhos de padres. Assim, no ano de 931, o suposto filho do papa Sérgio III e de sua amante, a princesa Marozia, foi elevado ao posto de pontífice, como João XI.

Os papas ampliaram a prole cristã, contra qualquer princípio moral da Igreja. O teólogo alemão Alois Uhl estudou intensivamente as fontes originais ainda existentes sobre os papas e seus filhos. Sua conclusão: a partir do fim da Idade Média e até os tempos do Renascimento, numerosos representantes de Cristo, como os próprios papas se autodenominam, não questionaram o celibato, porém não o adotaram para si pessoalmente. Pode-se comprovar a existência de pelo menos 20 descendentes dos nove papas que oficiaram nos séculos XV e XVI. Não menos que 16 dos 39 cardeais eram pais de uma ou várias crianças geradas com suas amantes, no ano de 1520.

Muitos filhos de papas chegaram, inclusive, a serem elevados por seus pais à instância máxima da Igreja. Em contrapartida, quase não se sabe nada das mães: desapareceram no anonimato da história — como a maior parte das filhas também. Uma das raras exceções é Lucrécia Borgia, filha do papa Alexandre VI. Em 1492, por meio de suborno, o clérigo proveniente da família dos Borgia se tornou papa. Somente de seu concubinato com a nobre romana Vanozza Catanei e com outras beldades da cidade são dez os filhos que puderam ser comprovados por documentos. A maioria gerada durante o tempo em que oficiou como cardeal. Quando Alexandre viajou para a cidade italiana de Sermoneta para negociações, colocou um cardeal ao lado de sua filha Lucrécia para que este lhe servisse de assistente e lhe entregou a direção dos negócios correntes da Igreja.

O lado da família tinha um aspecto importante para Alexandre VI. Ele utilizou o tempo em que oficiou para ampliar o patrimônio de seus filhos por meio de tráfico de influência e uma hábil política de casamento. O papa dos Borgia levava uma vida bastante desregrada em Roma. Seu mestre-de-cerimônia alemão, Johannes Burckhard, descreveu o cenário bizarro de um "baile das castanhas", que foi realizado no dia 31 de outubro de 1501, na presença do pontífice septuagenário e de seus filhos Lucrécia e César: naquele baile, os serventes dançaram com 50 cortesãs em torno de candelabros, e, mais tarde, as mulheres nuas tiveram que juntar as castanhas espalhadas, rastejando entre as chamas. No fim, foram fixados prêmios para aqueles "que consumassem o ato com as prostitutas o maior número de vezes". A entrega dos prêmios, de acordo com a testemunha ocular, foi realizada publicamente.

O sucessor de Alexandre, Júlio II (1503-1513), era muitíssimo mais discreto nesta matéria. Ele passou a receber suas três filhas somente secretamente em seus aposentos, para jantar. De Paulo III (1534-1549) só se sabe que ele teve quatro filhos, três meninos e uma menina.

A Igreja Católica Romana respondeu à crítica dos reformadores com uma reiteração da proibição do casamento. O Concílio de Trento (1545), que anunciou a Contra-Reforma na Igreja, no meio do século XVI, decretou em toda a Igreja a aplicação conseqüente do celibato e transfigurou o ideal da virgindade teologicamente: "Quem disser que o casamento é melhor que a condição de virgindade ou do celibato, e que não é melhor e mais bem-aventurado permanecer em estado de virgindade e celibato do que contrair o casamento, será excomungado."

Não obstante, mesmo a assembléia reformadora de Trento, cujas resoluções são obrigatórias até hoje, não pôde eliminar a contradição existente entre teoria e prática. Os pecados sexuais estão disseminados até hoje não apenas entre os comuns, porém também no mais alto clero. Há filhos de bispos em dioceses do mundo inteiro.

Em 1992, o popular bispo Eamon Casey chocou o mundo católico. Inicialmente, soube-se que o irlandês, que então estava com 65 anos de idade, não somente tinha há muitos anos uma amante — sua prima — porém que também era pai de um filho de 17 anos. Em conseqüência disto, o religioso demitiu-se. Mais tarde, descobriu-se que Casey tinha desviado aproximadamente 95 mil euros da Igreja no curso dos anos, para pagar pensão alimentícia. O figurão folgazão, que jamais escondera sua paixão por velozes automóveis esportivos, se transferiu para a América — nunca houve processo criminal. Contudo, a mãe de seu filho, Annie Murphy, quebrou seu silêncio, comprado ao longo dos anos, em 1992, num livro chamado *Verbotene Frucht* [Fruto proibido], no qual divulga com evidente prazer como seu tio cristão a seduziu como amante jovem — e como se revelou ruim como pai.

Até mesmo o Concílio Vaticano II, que se iniciou com tantas esperanças e esteve reunido entre 1962 e 1965, colaborou muito para abrir a Igreja para os problemas da sociedade moderna, mas não mexeu no celibato. De qualquer maneira, os membros do concílio deixaram expressamente claro que o celibato não está ligado à essência do sacerdócio.

Desde então, os debates não mais se calaram. Numerosos bispos e teólogos do mundo inteiro têm se empenhado, nos últimos anos, para a admissão de padres casados. Já em 1995, o cardeal milanês Carlo Martini, que durante anos a fio foi cotado como potencial sucessor de João Paulo II, exigia na revista americana *National Catholic Reporter*: "A Igreja deveria ser aberta e admitir padres casados ordenados como católicos-romanos..."

O alto clero de todos os continentes se uniu em torno desta exigência. Entretanto, João Paulo II fazia ouvidos de mercador. Eis seu credo inalterável: o celibato é um "presente do Senhor para sua Igreja e deve ser protegido com cuidado".

Aos padres que querem casar só resta, como antes, requerer ao papa para que sejam desligados de seus deveres sacerdotais e sejam reconduzidos ao estado laico — a não ser que virem simplesmente as costas para a Igreja, sem a bênção desta. Com isto, no entanto, eles são automaticamente excomungados da comunidade católica.

Nos anos 1960, o papa Paulo VI aplicou fartamente a dispensa. Porque, de acordo com sua justificativa, de qualquer maneira, não se pode mudar a opinião de um padre que está disposto a se casar. Por este motivo é que a Igreja deveria o reconduzir rapidamente para a condição de laico, para que o "filho infeliz" pudesse sanear sua relação pecaminosa por meio de uma celebração religiosa de seu casamento.

Todavia, desde que João Paulo II oficiava, sopra um vento desfavorável para os clérigos cansados de seu ofício. Durante anos, os requerimentos se acumularam sobre a escrivaninha do papa, que se recusava categoricamente a se ocupar do assunto. A cada vez que o cardeal da cúria, o alemão Joseph Ratzinger, lhe apresentava uma nova lista, era dominado pelas lágrimas. De lá para cá, a história se suavizou um pouco.

Num "pequeno guia" para padres com desejos de laicização, divulgado pela Associação de Sacerdotes Católicos e suas Mulheres, alemã, está escrito: "Deve-se comprovar com muitos argumentos sólidos que, na época da ordenação, não havia aptidão para o sacerdócio. Possivelmente, a falta de aptidão não foi absolutamente detectada ou não foi percebida de forma clara na época da ordenação e só se tornou manifesta mais tarde. Como comprovação, servem declarações escritas e verbais do requerente, de testemunhas ou de peritos acerca de dúvidas, dificuldades, adiamentos da data da ordenação, relações íntimas, doenças, distúrbios psíquicos do requerente."

Somente ao preencher estes pré-requisitos é que o proponente tem alguma chance. E somente, também, se ele já for mais velho ou psiquicamente doente. O guia alerta: "Mesmo no caso em que fique comprovada a não-adequação à ordenação sacerdotal, a Santa Sé geralmente não outorga a dispensa requerida quando o requerente tiver menos que 40 anos e quando este mantiver relações com mulher divorciada."

A pergunta que resta é por quanto tempo o Vaticano ainda vai poder se ater a esta linha rígida. Na sua assembléia geral, realizada no início de 2003, por exemplo, os bispos do norte do Canadá descreveram a situação dramática em suas freguesias: o clero estaria "totalmente envelhecido", em algumas regiões só se poderia celebrar a missa e administrar os sacramentos duas ou três vezes por ano.

Cento e vinte e cinco mil católicos vivem na região e são assistidos por 84 padres. Já em 1997, os bispos canadenses haviam solicitado ao Vaticano que autorizasse a ordenação de homens casados "experimentados" como padres. Não faltariam candidatos adequados para tanto.

Para o total da Alemanha, a estatística levada a cabo no fim de 2002 apontou somente 16.777 sacerdotes, ao passo que, 40 anos atrás, haviam sido contados 27 mil. Em todas as partes do país, paróquias estão sendo anexadas.

Até agora, os bispos alemães não exerceram nenhuma pressão em Roma; muito embora aqui na terra a situação também seja desoladora, eles não participam dos debates em torno da reforma. Principalmente os cardeais ultraconservadores de Colônia e de Munique, Joachim Meisner e Friedrich Wetter, bloqueiam as discussões. O celibato dos sacerdotes, declara Wetter despreocupado, seria "uma fonte de força espiritual para aquele que o vive com convicção".

E para os outros, para quem o celibato é um tormento que dura anos ou até mesmo uma vida inteira?

"Amor estrangulado"

> Eugen Drewermann, 63 anos, teólogo de Paderborn, sobre os filhos de padres e pais religiosos.

Qual é a culpa que a Igreja carrega sobre si ao ocultar os filhos de padres?

É difícil imaginar um acúmulo maior de sofrimento das crianças, mães e pais. A própria instituição que preza o amor acima de todas as coisas, conforme nos foi dado por Deus, toma a liberdade de adotar qualquer manobra sufocadora quando se trata de estrangular o amor que surge em suas próprias fileiras.

O senhor se refere a quais atitudes de força?

Normalmente, a Igreja declara a mulher culpada quando ela teve um filho de um de seus padres. Os superiores eclesiásticos dizem para ele que ele vive em pecado contínuo se mantiver a relação com ela. Caso o assunto tenha se espalhado pela comunidade, ele será transferido, obrigatoriamente, para um lugar bem longe da mãe de seu filho. Caso ela própria sirva em algum contexto religioso, será demitida. No fim, temos um sistema que providencia o pagamento de pensão alimentícia, separa os amantes um do outro e põe o filho assim gerado numa situação em que ele não conhece seu pai ou em que ele fica conhecendo-o somente muito mais tarde. Então, o sofrimento é imensurável.

Existem saídas?

Uma solução emergencial muito triste consiste no aborto. Justamente dentro de uma instituição que condena publicamente a interrupção da gravidez com extrema dureza, este caminho não é escolhido tão raramente.

O que acontece se o padre assumir sua paternidade?

Em princípio, esta é a única solução para sair desse drama todo. Contudo, a Igreja o demitirá então imediatamente de seu serviço e o arruinará economicamente. Inclusive, ele terá que estudar novamente durante muitos anos para poder exercer de novo uma profissão de nível comparável. A maioria deles carece de dinheiro para tanto e, portanto, deve calcular sofrer um rebaixamento social com o casamento. A mulher e as crianças devem, então, passar a lidar com um homem e um pai traumatizado, que sempre lhes imputará parte da culpa. Assim, a Igreja castiga não somente seus servidores rebeldes, porém também suas famílias.

Existem mesmo justificativas teológicas sérias para o celibato compulsório?

Não há nenhuma, a não ser a finalidade de separar os homens de Deus, a alma do corpo, os sacerdotes da comunidade. Resumindo: o que se almeja são exatamente as divisões entre o pensar e o sentir, para poder, então, aproveitá-las como poder político.

No caso do celibato, portanto, trata-se de poder?

E de dinheiro. No protestantismo, por exemplo, existe um estado constante de crise financeira, também pelo fato de que os pastores têm que ser sustentados junto a suas famílias. O celibato permite que a Igreja Católica economize imensamente em salários. E, de qualquer maneira, a Igreja ainda é compensada mais uma vez pela herança dos padres não-casados.

Dinheiro e poder são equiparáveis?

Claro que o fator psíquico é mais importante. É possível manter as pessoas mais dependentes e mais manipuláveis quando se lhes ensinou a reprimir seus sentimentos absolutamente normais, o fato de ansiar por amor, por sexualidade, por companheirismo, e a considerá-los pecado. Aquele que conseguir contaminar com sentimentos de culpa as necessidades instintivas normais, também dominará o pensamento de seus subalternos. O poder que é gerado ao se proibir os homens de amar é total. É o império do Grande Irmão de George Orwells.

É por este motivo que o Vaticano se agarra tão obstinadamente ao celibato?

O celibato é um pilar importante da estrutura fundamental psicológica e social da Igreja Católica. Não se trata de matéria secundária. Há 70 anos, Sigmund Freud já descreveu o conflito edipiano de base, com o qual as instituições arcaicas que são a Igreja e os militares trabalham para se defender da ameaça do inimigo — o mal.

Como é que isso funciona?

Submete-se a pessoa à censura instintiva, à autoridade paterna e a uma imagem ambivalente da mulher — santa ou prostituta. Leva-se a pessoa a jurar fidelidade ao dogma e ao rito. É só pensar no papa! Quanto mais marista ele for, isto é, quanto mais estiver orientado para a mãe de Deus, tanto mais severo será. Quanto mais reprime os instintos, tanto mais é totalitário. Não se deve acreditar que, no início do terceiro milênio, esta psicologia social arcaica — em breve, a destruição do indivíduo pela tradição e a instituição — ainda é justificada do ponto de vista religioso.

Não há nenhuma perspectiva de mudança?

Vamos precisar esperar ainda muito até que se possa falar a este respeito abertamente e até que se possa implementar mudanças. É que essas mudanças teriam uma repercussão enorme justamente sobre esta psicologia social da Igreja Católica. Portanto, deverão existir etapas intermediárias.

Diáconos católicos já podem casar, hoje em dia...

... da mesma maneira, um sacerdote protestante que se converte para o catolicismo pode se mudar para a casa paroquial com sua família. Os melquitas gregos católicos, que seguem o rito ortodoxo mas se submetem ao poder hierárquico do papa, também têm sacerdotes casados.

Estas não seriam exceções exóticas?

Haveria suficientes pontos de contato para ir buscar esse modelo da periferia para o centro da Igreja. O que é decisivo é que os argumentos de que Deus quer o sacrifício e exige a destruição da felicidade pessoal devem desaparecer.

E, em sua opinião, o que é que Deus quer?

O amor, que se declarou pecado, é dado por Deus. A Igreja deve se afastar da sua imposição e se voltar para a liberdade. Anos atrás, fiz um discurso para padres católicos e suas esposas. Preliminarmente, um teólogo moralista que deve ser levado a sério tinha dito que a Igreja Católica precisava aceitar o *ethos* do fracasso. Os padres que se casaram deveriam poder se reconciliar com a Igreja. Eu disse: isto não pode ser! Vocês realmente querem considerar a mulher que está sentada agora ao seu lado, no banco, como o pecado da vida de vocês? Vocês não querem francamente dizer: ela chegou em nossas vidas como um anjo e agradecemos a Deus por isto?

Experiências acumuladas durante o trabalho neste livro

Nada de campainha. A repórter bate à porta. Na linda casa de lavradores circundada de rosas, nada se move. Mas, ele disse que costumava madrugar, portanto, não pode fazer tanta diferença ter chegado meia hora mais cedo? Então, lá vai de novo: toc, toc, toc.

Mas, que ruído será este, dentro da casa? Ela bate com mais força, o ruído pára. Ah, o chuveiro! Já no momento seguinte, a porta se abre. Günter, o filho de sacerdote, parece com o próprio Salvador: está nu, com exceção da cueca, e, ademais, tem cabelos compridos e encaracolados. Seu rosto está radiante: "Que bom que a revista *Spiegel* emprega mulheres como você", obrigada, mas o senhor realmente não precisava ter se apressado tanto... "Estou como o bom Deus me criou, pra mim, tanto faz."

Para os jornalistas, a rotina é um descanso bem-vindo na variedade constante. Um encontro matinal como este, aliás, pertence à imprevisibilidade toda especial da profissão. Durante as pesquisas para nosso livro, aconteceram relativamente muitas situações deste tipo, e nem todas se resolveram de forma tão natural quanto esta: a repórter encontra a cozinha, pergunta pela máquina de fazer café e frisa: "Eu gosto de fazer isto e, enquanto isso, o senhor pode se vestir."

Três fatores dificultaram o trabalho. Em primeiro lugar, a procura: os filhos de padres não estão listados na lista telefônica. Não pertencem a nenhuma associação. Então, como fazer para encontrar pessoas que aprenderam a se calar a respeito de suas origens? Em segundo lugar: o fato peculiar dos filhos de padres é que eles têm um pai que não deveria tê-lo sido. Portanto, sua história é a de um conflito: o que existe entre pai e filho e no qual, logicamente, também a mãe está envolvida. Este é o motivo por que, quando possível, interrogamos todos os três. Mas o que fazer quando os três nunca responderam reciprocamente às perguntas que nós lhes fizemos — a sós? Principalmente porque nossa pretensão era que — obstáculo número três — todos os envolvidos autorizassem por escrito a história em que eles aparecessem nominalmente.

Günter, por exemplo: no início só sabíamos a seu respeito o nome e a profissão: maquinista. Então, enviamos um recado dirigido a Günter a diversos departamentos de pessoal da Deutsche Bahn (ferrovia alemã) na Baviera. A carta deve ter soado um tanto misteriosa para pessoas de fora: "Soubemos por meio da senhora e do senhor H., de Munique, que V. Sa. se tornou maquinista, coisa com que seu pai sempre sonhou. Seria maravilhoso se V. Sa. pudesse enriquecer nossas pesquisas com sua experiência." Na medida em que não sabíamos se esta missiva ia cair em mãos estranhas, não ousávamos mencionar diretamente sua origem.

Já havíamos desistido de poder encontrar-nos com o homem da ferrovia, quando o telefone tocou — seis semanas após termos enviado a carta ominosa. Uma voz alegre disse: "Olá, aqui é o Günter" e sim, sim, certamente, falaria com prazer sobre seu destino.

Depois deste começo moroso, a colaboração ficou melhor que a encomenda. Günter tinha a maior confiança de que nós, jornalistas, faríamos o melhor possível para contar sua história de forma fidedigna. Por ele, não a teria sequer relido: "Vocês sabem o que fazem." Outros não tiveram esta confiança absoluta.

Na maioria das vezes, as mães ocultam os filhos. Algumas dentre elas estão organizadas em grupos de apoio em seus países, outras, pelo menos, em grupos de vizinhança. Começamos nossa pesquisa junto a esses grupos. Entretanto, as mulheres, devido a anos de clandestinidade, interiorizaram sua desconfiança, perfeitamente compreensível. Normalmente, esta se estende inclusive às proles maiores de idade. "Não acredito que minha filha/meu filho vai querer falar", ouvimos freqüentemente — e ficávamos aliviados quando, depois de longas conversas, uma mãe dizia: "Está bem. Vou perguntar. Mas não tenham esperanças demais."

Anna é um exemplo disto. Soubemos dela por meio da mulher, de 32 anos, de um padre. "Eu sei de uma garota de 15 anos, que é filha de um alto religioso ligado a uma Ordem." A senhora prometeu telefonar para a mãe de Anna e lhe transmitir o número de telefone do repórter.

Duas semanas mais tarde, o celular tocou e, do outro lado da linha, ouvia-se uma voz insegura de mulher. Não poderia dizer seu nome, e ela queria deixar sua filha fora disso. Mas poderíamos nos encontrar numa pizzaria. Ela estaria esperando lá a partir das oito horas da noite. "Ainda hoje?" Sim, ainda hoje. Por sorte, o repórter estava justamente na casa de uma família paroquial nas proximidades.

Pontualmente às oito, uma mulher trajando a vestimenta combinada acenou gentilmente ao repórter, na referida pizzaria, como num encontro clandestino. No início, estava fechada como uma ostra — a mulher tímida sequer mencionou seu nome completo. Hesitantemente, contou sua história: a tragédia de uma relação secreta que durou 13 anos, e que terminou quando ela descobriu que o padre a traíra por todos aqueles anos com outra mulher.

Um pouco mais tarde, acaba por revelar seu nome. A essa altura, também já contou da sua terapia, que está fazendo há dois anos. Como Anna, sua filha, agüentou aquilo tudo? A mãe hesita. Será que se poderia conversar com ela? Defesa instintiva: "De jeito nenhum!" Ainda que — ela pensa — "talvez devêssemos conversar mais uma vez lá em casa. Talvez".

Muitos telefonemas e muitas semanas depois, o encontro se concretizou. E vejam só: Anna estava em casa também. A garota de 15 anos estava feliz de poder contar sua história para alguém. Chegou inclusive a produzir diários e poemas: tiradas de ódio contra seu pai, em rimas, ou versos repletos de nostalgia de uma "vida normal". No fim, redigiu para o artigo da *Spiegel*, em dezembro de 2002, um texto altamente comovente sobre sua vida, um retrato momentâneo de uma filha de padre na puberdade. Um ano mais tarde, não quis modificar nada para o livro, embora seu pai tivesse novamente aparecido depois do artigo. "Aos poucos, estamos nos aproximando um pouco. A publicidade só faria atrapalhar", diz Anna. Continua a escrever de frustração como naquela época, "porém, hoje em dia, estou mais adiantada na discussão".

Ficamos sabendo de Christian por acaso, na casa de amigos na Alemanha do Sul. "Também havia dois filhos de padres na minha escola", vangloriou-se alguém na roda. "Uma amiga minha de escola casou com um deles", interrompeu sua amiga. Ela deu uma risadinha: "Ele era '*Son of a Preacherman*' [filho de pregador] e ela, supostamente, o resultado de uma concepção imaculada."

"Christian" anunciou-se o *"preacherman son"* alguns dias mais tarde. Era gentil e solícito, achou a idéia do livro boa e tinha bastante para contar sobre si. Depois da entrevista, que durou horas, ele cozinhou para a repórter de Hamburgo e nos enviou cópias da troca de correspondências arrasadora entre ele e seu pai, provas de uma tragédia sobre rejeição e recalcamento.

Não obstante, quando Christian leu sua vida escrita, assustou-se. Mandou um *e-mail* dizendo que gostaria de ler nosso livro a qualquer momento. Entretanto, devíamos, por obséquio, deixar seu caso de fora, seu, de sua família, sua mãe — isto não podia ser, não, nem sequer depois de atribuir nomes fictícios a todos os envolvidos. A propósito, esse queixume público "não leva a nada mesmo". Se realmente sabíamos o que estávamos fazendo quando nos aproximávamos tanto das pessoas com nossas histórias — afinal, não tínhamos um consultório psicoterapêutico à disposição para oferecer-lhes apoio caso não conseguissem lidar com a publicidade.

A correspondência de Christian nos abalou profundamente. Com toda a força, tomamos consciência de que este livro era um empreendimento muito sensível. Além do mais, o que aconteceria se outros também se arrependessem ao ler as histórias contadas tão espontaneamente por eles mesmos?* Maria, por exemplo, que tivera que abortar um filho de padre, contrariamente à sua vontade. Ou Christina, que crescera com dois pais e uma mãe, portanto, numa forma-

---

*De fato, foi isso o que aconteceu com Dorothea, 34 anos, caso relatado na edição alemã, de 2004, mas não autorizado para ser incluído na edição brasileira, de 2006. (*N. do E.*)

ção triangular que, é bem verdade, não é algo muito raro, mas que custa uma coragem incrível aceitar. Ademais, além da filha Christina, ambos os pais — o seu biológico, o padre, e o seu "pai social", o ex-marido de sua mãe — e, naturalmente, também sua mãe deveriam autorizar o texto.

Deu certo. Da mesma maneira como Christian, no fim, conseguiu se convencer a liberar uma versão fragmentada de sua história de vida, mais de uma dúzia de filhos de padres e mais os respectivos irmãos, mães e freqüentemente também os pais nos deram seu consentimento. Cada um e cada uma dentre eles concordou, muito embora divulguem tanto de si mesmos. Sua determinação e sua coragem mostram o quanto é importante para eles encontrar finalmente uma expressão e ser levados a sério. É bem verdade que alguns só puderam aparecer de forma anônima em função das circunstâncias — por exemplo, por causa dos empregadores católicos de um dos genitores —, mas todos falaram abertamente e respondem pela sua história aqui reproduzida.

Seus testemunhos contribuem para, finalmente, acabar com um tabu: isto porque, de forma quase obrigatória, o reconhecimento de uma origem assim, a menção da profissão de seu pai que está comprometido com a castidade, estimula a fantasia de seus próximos. O estigma carregado pelos filhos de sacerdotes se parece com o dos filhos frutos de escapadas de criadas com o patrão, dos aidéticos e até com os filhos de prostitutas: cada um que fica sabendo do fato pensa, de forma quase automática, em instintos em vez de amor. O verdadeiro drama pelo qual essas pessoas passam permanece oculto por detrás disso. Um filho de padre francês, que ano passado assumiu publicamente sua condição, revelando seu pai, despertou com isto a ira de suas irmãs. Ele sofre com isto, porém afirma: "Tinha que ser. Por fim, pedi satisfação àqueles que são responsáveis por nosso sofrimento e por nossa vergonha. Tive que viver com isto sozinho, enquanto que meu pai e sua Igreja hipócrita conservavam suas aparências."

Nenhum dos representantes da Igreja oficial alemã se deixou convencer a opinar em relação a esse assunto tabu. Até mesmo o arcebispo Hermann Josef Spital, que em outubro de 2003, por ocasião do jubileu de 25 anos do papa João Paulo II, se deixara levar a uma tímida crítica do celibato, nos informou que "no momento" não queria conduzir nenhuma conversa com o *Spiegel* acerca de filhos de padres. Caso "ainda tivéssemos interesse no assunto no ano que vem", seríamos atendidos com prazer.

Escrevemos aos 27 bispados fazendo perguntas, desde as que começavam de forma inocente como "Quantos padres há atualmente em seu bispado?" até as do tipo "Quantos padres se tornaram pais desde 1960?". Dos 27 bispados, 20 não responderam às indagações. O serviço de imprensa do bispo Walter Mixa, de Eichstätt, nos repeliu de forma particularmente rude: "Tomamos conhecimento de sua pesquisa, mas não vemos motivo para respondermos com maiores detalhes às perguntas que foram feitas."

Por sorte, no caso dos filhos de padres que procuramos, aconteceu de nossas pesquisas não darem em nada apenas uma única vez. No fim, a história da filha de clérigos não pode entrar no livro — trata-se de um caso que nos parecera comparativamente inócuo: os pais — ele, monge, ela, freira — haviam desistido do sigilo bem antes do nascimento de seus filhos e haviam casado em seguida. Enquanto que, em geral, descrevemos filhos de padres que, pelo menos nos primeiros anos de vida, tiveram que ocultar seu pai, ou foram ocultados por ele, os filhos dessa família puderam chamar seus pais de "papai" e "mamãe" sempre e em toda parte. Evidentemente, porém, nesse caso esta circunstância não amenizou a tragédia que se caracteriza quase sempre quando os padres amam demais. Ele, o pai, ficou zangado a vida toda com a Igreja que não quis mais seus serviços enquanto padre casado. Com sua insatisfação, sobrecarregou profundamente seus filhos. Às vezes, chegava até a jogar-lhes na cara que eles teriam "saído tão errados" que ele preferiria ter continuado sendo padre.

Por este motivo, talvez tivesse sido ingênuo da parte de sua filha maior de idade supor que ela poderia narrar seu destino num livro e contar que seu pai abençoaria esta representação. Em vez de seu consentimento, obtivemos uma queixa, dirigida ao redator-chefe, acerca das declarações de sua filha que nós havíamos posto no papel. Ainda assim, fica claro que contribuímos para uma nova união da família: nós, os repórteres, éramos o inimigo comum que voltou a unificar esta família da Igreja que estava brigada — pelo menos isto nos foi certificado mais tarde pela mãe, às escondidas.

Endereços dos grupos

ALEMANHA

Initiativgruppe der vom Zölibat betroffene Frauen [Grupo de Mulheres Prejudicadas pelo Celibato]
Barbara Kremmer
Ammerseestrasse 26
82194 Gröbenzell
Tel.: 08142 / 9140
e
Liselotte Loemke
Am Schneidacker 24
86316 Friedberg
Tel.: 08217 / 81565
Homepage: www.zoelibat-frauen.de

Vereinigung katholischer Priester und ihrer Frauen e. V. [Associação de Sacerdotes Católicos e de suas Mulheres]
Presidente: Ernst Sillmann
Libellenweg 9
63741 Aschaffenburg
Tel.: 06021 / 46650
Fax: 06021 / 455116
E-mail: e.sillmann@t-online.de
Homepage: www.nwn.de/vkpf/

Annette Bruhns e Peter Wensierski

SUÍÇA

ZöFra — Verein der vom Zölibat betroffene Frauen [Associação das Mulheres Prejudicas pelo Celibato]
Gabriella Loser Friedli
Riaux 68
1746 Prez-vers-Noréaz
Tel.: 026 / 4701832
Fax: 026 / 4701208
E-mail: zoefra@kath.ch
Homepage: www.kath.ch/zoefra

"Priester und Beziehungen" [Sacerdotes e Relações]
Paul Jeannerat-Gränicher
Längenrüppstrasse 58
3322 Schönbühl-Urtenen
Tel.: 031 / 8593346
E-mail: graenicher.jeannerat@gmx.ch

ÁUSTRIA

Anni e Hans Chocholka
Feldbacherstrasse 1
8083 St. Stefan/R
Tel./Fax: 03116 / 81142
E-mail: hans.chocholka@aon.at
e
Rosi e Herbert Bartl
Gewerbelagerweg 32-34/8
2345 Brunn/Gebirge
Tel.: 02236 / 35386
E-mail: h.bartl@kabsi.at
Homepage: www.priester-ohne-amt.org

Os filhos secretos de Deus

Plattform "Wir sind Kirche" [Plataforma "Nós somos a Igreja"]
Ingrid Thurner
Hochschwarzweg 28
6111 Volders
E-mail: i.thurner@tirol.com
Homepage: www.we-are-church.org/at

REINO UNIDO

Seven-Eleven
Anne Edwards
PO Box 521
Coventry CV5 6ZH
E-mail: a-edwards521@lineone.net

Sonflowers
Adrianna Alsworth
Tel.: 01327 / 301344
E-mail: sonflowers@ccn.go-free.co.uk

FRANÇA

Plein Jour
A/C Temps Present
68, rue de Babylone
75007 Paris
Tel. / Fax: 01 / 40907139
E-mail: pleinjour@wanadoo.fr
       1dieux@nordnet.fr
Homepage: //plein.jour.free.fr

PAÍSES BAIXOS

Internationale Föderation verheirateter Priester [Federação Internacional de Sacerdotes Casados]
Lambert van Gelder
Archipelstraat 286
6524 LR Nijmegen

Stichting Magdala: vor vrouw en priester
Adrie de Jong
Mosaeikstraat 28
5628 PZ Eindhoven
Tel.: 040 / 2421981
E-mail: adr.jong@planet.nl

ITÁLIA

"Donne Co-si"
(Contro il Silenzio)
Homepage: www.donne-cosi.org
E-mail: donnecosi@tiscalinet.it

Italian Association of Married Priests [Associação Italiana de Sacerdotes Casados]
Presidente: Mauro Del Nevo
Via Abruzzi 8
47100 Livorno
Tel.: 0586 / 852001
E-mail: vocatio@ticino.com
Homepage: www.ticino.com/usr/alfag/vocatio

Este livro foi composto na tipologia Usherwood
Book, em corpo 11/15, e impresso em papel
off-white 80g/m² no Sistema Cameron da
Divisão Gráfica da Distribuidora Record.

Você pode adquirir os títulos da NOVA ERA
por Reembolso Postal e se cadastrar para
receber nossos informativos de lançamentos
e promoções. Entre em contato conosco:

mdireto@record.com.br

Tel.: (21) 2585-2002
Fax: (21) 2585-2085

*De segunda a sexta-feira,
das 8h30 às 18h.*

Caixa Postal 23.052
Rio de Janeiro, RJ
CEP 20922-970

Válido somente no Brasil.
www.record.com.br